대한제국 마지막 황녀

덕혜옹주

대한제국 마지막 황녀

덕혜옹주

지음 ● 혼마 야스코 │ 옮김 ● 이 훈

역사공간

석주선 여사가 필자에게 보낸 편지

아무쪼록 덕혜옹주의 행적을 널리 수집하시어
귀하신 공주라기보다는
한 가련한 여자의 일대기로 남기를 바랍니다.

1923년경 덕혜옹주_《지나온 세월》

첫돌 때 모습_(조선왕조궁중풍속연구)　　히노데 소학교 시절_조선일보사

고종일가, 왼쪽부터 영친왕 이은, 순종, 고종, 윤비(순종비), 덕혜옹주_(독립운동)

23세의 소 타케유키(1931)_소 씨 문중 소장   만년의 소 타케유키_히라야마씨 소장

1931년 10~11월, 대마도를 방문했을 때의 소 타케유키·덕혜옹주 부부
― 이즈하라 고토(古藤)씨 저택에서_쯔노에씨 소장

한회

바람이 갑자기 인다. 그 해궁의 문 옆 향나무 가지에.

파도가 쳐 올라온다. 내 배가 있는 곳간 밖까지.

바다 위로 흰 구름이 북쪽을 향해 흘러간다.

밀물도 북쪽으로 서둘러 흘러간다.

그리운 아내여, 해궁의 회랑에도 바닷물 치는 소리가 들리는가.

많은 새들이 무리지어 날개치고 있는가.

당신은 외딴집 붉은 서까래에

내가 준 하얀 진주를 걸어놓고 홀로 한숨짓고 있는가.

그리운 아내여, 이젠 오갈 길 마저 끊어져

사랑하는 아이를 나는 그저 안고 내내 서 있을 뿐이오.

옮긴이의 말

10년 전 혼마 야스코 선생님을 처음 만났을 때 덕혜옹주의 집필에 대한 이야기를 어렴풋이 들었다. 그리고 얼마 지나지 않아 선생님으로부터 《德惠姬》라는 책을 받았다. 그 책을 막 받았을 때만 해도 덕혜옹주라는 존재에 대해서는 남들보다 더 알고 있다고 생각했었다. 이미 TV드라마로 방영된 적이 있고, 윤석화가 주연한 연극 '덕혜옹주'도 보았다. 그래서 식민지시대라는 상황에서 일어났던 불행한 역사적 사실로 "더 이상 새로 밝혀낼 것이 있을까?" 하는 것이 솔직한 심정이었다.

그런데 막상 책을 읽어가기 시작하면서 "아! 그게 아니구나"를 절감하였다. 놀라웠던 것은 혼마 선생님이 덕혜옹주를 바라보는 시선이었다. '덕혜옹주'라는 '개인'을 통해 일본이 한민족을 어떻게 정책적으로 말살해가려고 했는지, 그것도 덕혜옹주가 여자였기 때문에 왕자들보다도 유린의 강도가 훨씬 심했음을 꿰뚫어 보고 있었다.

처음부터 끝까지 '여성'이라는 관점을 놓치지 않은 채 덕혜옹주라는 한 개인의 역사를 식민지 지배라는 구도 속에서 하나하나 비약없이 말하고 있었다. 주어를 한국과 일본이라는 거대한 주체로 놓고 보았을 때 생각할 수조차 없었던 부분들이 저자가 한 개인으로 바꾸어준 것만으로 갑자기 너무나 많은 것들이 보이기 시작했다.

일본의 한민족 말살 과정에서 왜 고종의 막내딸 덕혜옹주까지 유린의 대상이 되어야 했는지, 옹주의 결혼상대로 왜 하필 옛날 대마번주의 아들 소 타케유키宗武志가 뽑히게 되었는지, 본인의 의사는 아예 무시한 채 국가권력이라는 무섭고도 강력한 힘에 못이겨 정략결혼을 한 경우 그 사람들이 받는 중압감이란 어떤 것인지, 대한제국의 왕녀로서 1세기도 안되는 시간에 나라의 멸망과 식민지 지배를 거쳐 현대로 진입하는 격동기를 자신이 살아 있는 동안 모두 경험한다는 것이 현실 속에서는 어떤 변화를 의미하는 것인지 등이 비로소 느껴지기 시작했다.

사람들은 순간순간 자신의 삶을 선택하면서 산다고들 한다. 그러나 선택할 수 있는 가능성이 얼마 없는 지대에 놓여진 사람도 많다. 옹주도 그런 사람이 아니었을까? 일제라는 거대한 권력 앞에서 없어져버린 나라의 옹주가 뭔가를 선택한다는 것이 과연 가능한 일이었는지, 그녀의 삶은 바로 힘에 의한 강요 자체였다는 생각이 들었다.

인물사 또는 개인사를 별로 공부해본 적이 없는 역자로서는 한 개인이 겪는 변화를 통해 한국과 일본의 근현대사까지 저절로 재구성되게 하는 혼마 선생님의 작업이 놀랍기만 했다.

그러나 혼마 선생님의 책을 읽으면서 무엇보다도 놀라웠던 것은, 여태까지 드러난 적이 없는 덕혜옹주의 남편 소 타케유키에 대한 소개와 덕혜옹주와의 관계에 대한 해석이었다. 그것도 구체적인 자료가 아니라 그의 시詩작품을 통해서 였다.

저자는 일본의 한민족 말살과정에서 일본인이라 할지라도 특권계급일수록 일본 정부에 무방비상태로 노출되어 있었다고 보았다. 구대마번주의 아들 소 타케유키 백작이 어떻게 덕혜옹주와 결혼하게 되었는지를 추적함으로써, 그 역시 옹주와 마찬가지로 자신의 삶에서 뭔가를 선택할 수 있는 가능성은 없었다고 보았다. 그러나 덕혜옹주와의 관계에 대해서는 그가 남긴 많은 노래와 시, 그리고 딸에 대한 그림을 통해서 애정이 있었다고 해석하였다. 이것은 여태까지 덕혜옹주의 남편에 대해 한국이나 일본에서 이미 만들어져 있던 이미지와는 전혀 다른 해석이었다. 소 타케유키는 덕혜옹주와의 사이에서 낳은 딸 마사에正惠에 대해서 죽을 때까지 침묵을 지켰지만, 뜻밖에도 시와 그림을 남겼는데 이 흔적을 어떻게 볼 것인가라는 문제는 무척 어려운 문제라고 생각했다.

한 권의 책을 여러 번 읽지 않는 편이지만 이번에는 번역이라는 임무가 있었기에 부득이 몇 번을 읽었다. 그런데 처음 읽었을 때와 달리 몇 번을 읽어보면서 언뜻 시가 곧 그 인간 자체는 아니며 현실이 아닐 수도 있겠다는 생각이 들었다. 오히려 시란 현실에서의 혼란스런 고통과 고독감을 스스로 위로하고 끊임없이 방향을 잡아가기 위한 생존방법에 가까울 수도 있다고 여겨졌다. 그렇게 이해하자 저자가 책 속에서 소개하고 있는 많은 양의 시는 고뇌하는 인간 소 타케유키가 감당해야 했던 고통의 무게로 이해되었다. 동시에 그의 고뇌가 거짓이 아니었다면 고통의 무게와 덕혜옹주에 대한 연민 역시 역사적 현실로서 인정해야 하지 않을까라는 생각이 들었다. 시를 통해 소 타케유키의 정신세계와 덕혜옹주와의 관계를 그려낸 저자의 의도가 겨우 이해되면서 혼마 선생님의 통찰력과 노고에 다시 한번 놀라지 않을 수 없었다.

번역을 하면서 새삼 알게 된 것인데 덕혜옹주와 소 타케유키가 사망한 해는 두 사람 모두 1980년대 중후반이었다. 소 타케유키가 1985년, 덕혜옹주는 1989년. 두 사람은 바로 최근까지 우리들 속에 함께 살고 있었다.

그런데도 두 사람에 대해서 이제는 기억하지 않아도 될, 박물관 유물처럼 취급해버린 감이 없지 않다. 따라서 이미 잊혀져버린 사람들인데 왜 이제 와서 새삼 이들의 이야기를 알아야 하나 생각할 수도 있다. 이것은 두 사람의 이야기가 너무 기구해서 영화보다 더 비극적이고 흥미를 끌 수 있어서가 아니다. 어려웠던 한국의 근대사 속에서 왕실이 국가와 민족을 상징하는 측면이 있는 만큼, 덕혜옹주가 그냥 고종의 외동딸, 또는 한국의 마지막 황녀로 그치는 것이 아니라, 그녀의 삶, 불행, 남편과의 관계가 식민지 지배라는 강요된 구도 속에서 이루어졌음을 잊어서는 안 되기 때문이다. 혼마 선생님의 《德惠姬》가 여태까지의 덕혜옹주에 대한 저작물과 다른 점은 이렇게 개인과 여성이라는 시각을 통해 역사를 보는 안목을 넓혀 준 바로 이 부분이라 하겠다.

이 책의 번역에서는 소 타케유키의 시가 가장 어려웠다. 하이쿠를 비롯한 일본의 시와 고전문법에 대한 이해가 부족했던 역자로서는 갑갑함을 견딜 수 없어 실례를 무릅쓰고 저자에게 도움을 요청하였다. 바쁜 시간을 쪼개어 시를 쉽게 번역할 수 있도록 도와주신 혼마 선생님의 배려에 진심으로 감사드린다.

시를 한국어로 바꾸는 과정에서는 일본 사람이라면 설명하지 않아도 되는 부분이 오히려 부자연스럽게 되었다. 또 시어가 가지고 있는 느낌과 여운이 많이 훼손되었다. 서투른 번역으로 한국의 독자들이 소 타케유키를 얼마나 이해할 수 있을지 모르겠다. 그렇지만 이 책을 통해 격동기를 살았던 개인들의 아픔을 조금이라도 체험할 수 있다면 무엇보다 다행이라 하겠다.

2008년 4월

이 훈

저자의 말

토쿠에 히메德惠姬[1]란 조선왕조 제 26대 국왕(황제) 고종의 딸이었던 이덕혜李德惠의 일본식 호칭입니다. 한국에서는 덕혜옹주라 부르는데, 옹주는 왕녀의 의미로 어머니가 측실인 경우에 이 호칭을 사용합니다(어머니가 정비일 때는 공주라 합니다).

덕혜옹주가 태어난 것은 1912년, 그 당시 한국은 일본의 지배하에 있었지만 부왕의 비호 아래 그녀는 행복한 유년시절을 보냈습니다. 그러나 1919년 고종이 갑자기 서거하자 겨우 만 열두 살이 된 덕혜는 일본에 의해 강제로 도쿄의 여자학습원에 유학을 가게 됩니다. 그리고 도쿄에서 고독한 생활이 계속되는 가운데 내성적인 성격의 소녀는 한층 더 말이 없어지고, 열일곱 살 때는 어머니의 죽음으로 정신분열증을 일으키게 됩니다.

그런 가운데 조선왕공족朝鮮王公族*의 일본인화를 기도하고 있던 일본이 그녀를 대마번주의 후예인 소 타케유키 백작과 결혼시켰습니다. 이 결혼으로 첫 딸 마사에가 태어나지만, 덕혜옹주의 병이 다시

> * 조선왕공족, 한일합방이후 대한제국 황제의 신분을 새롭게 규정한 용어. 일본황족에 준하는 신분으로, 순종과 그 가족, 그리고 고종을 '왕족'이라 하고, 나머지 방계황족을 '공족'이라 했다.

악화되면서 전쟁 후에는 결국 이혼하게 됩니다. 그녀는 1962년이 되어서야 겨우 한국으로 돌아가게 되었지만 병은 회복되지 않은 채, 창덕궁의 낙선재樂善齋에서 1989년 비극적인 생을 마쳤습니다.

이 요약만으로도 알 수 있듯이, 덕혜옹주는 일생의 대부분을 정신병으로 고생하면서 살 수 밖에 없었던 사람으로 비참하고 불행했던 것은 더 이상 말할 필요가 없습니다. 사실 그녀의 삶은 역사적 사실에 근거해서 밝혀지지 못한 면이 많습니다. 뿐만 아니라 그녀의 삶이 한국과 일본 양국에 걸쳐서 펼쳐졌기 때문에, 한국에서는 일본에서 있었던 일을 알지 못하고, 일본에서는 한국에서 일어난 일들을 알지 못합니다. 알지도 못한 채 억측이 섞인 말을 하고 확인되지 않은 과장된 이야기가 퍼져서 결국 많은 오해가 생기게 되었다고 생각합니다. 한일 양국의 자료를 읽어가면서 나는 그 오해의 핵심을 이루는 것이 뭐라해도 덕혜옹주와 소 타케유키의 관계에 있다는 생각을 하게 되었습니다.

따라서 이 책의 중요한 목적은 두 사람의 관계를 사실에 근거해서 분명하게 밝히고, 그렇게 함으로써 비참하고 불행했던 덕혜옹주의 생애에 대해서도 인간으로서의 존엄성을 회복하는 데에 무게를 두고자 합니다.

일본에는 소 타케유키에 대하여 두 가지 극단적인 견해가 존재합니다. 하나는 그가 냉담한 인간으로 덕혜옹주를 비정하게 대했으며 그녀를 불행하게 만든 장본인이라는 것입니다. 이는 한국 사람들이 덕혜옹주에 대해 가지고 있는 생각과 일치하며, 한국을 알고 있으면서 덕혜옹주에게 동정적인 입장의 사람들에게 많은 것 같습니다.

다른 하나는 이와 전혀 반대로 그는 뛰어난 인격자였으며 많은 제자들과 친지들의 존경을 받았고, 시인·화가·대학교수로서 업적을 남긴 인물이라는 견해입니다. 이것은 그가 근무했던 대학 관계자나 예술을 통해 교류했던 사람들을 비롯하여 그를 잘 알고 있는 사람들에게 많습니다. 말할 것도 없이 현재 거의 모든 일본 사람들은 덕혜옹주의 이름조차 알지 못합니다. 소 타케유키라는 이름도 친한 사람들을 제외하고는 잊혀지려 하고 있습니다.

한편, 한국에서 덕혜옹주는 일제[2] 때문에 불행한 생애를 강요당한 조선왕조의 마지막 왕녀로 알려져 있으며, 소 타케유키에 대해서는 아주 가차없이 냉엄하게 인식하고 있습니다. 즉 그는 이왕가李王家* 의 막대한 지참금을 노리고 덕혜옹주와 사랑없는 결혼을 했고 그녀를 비정하게 대했으며 병에 걸리자 정신병원으로 보냈다는 식의 해석입니다. 한국에서도 시간이 흐르면서 덕혜옹주의 이름을 모르는 세대가 많아지고 있습니다. 그러나 전후 50년이 지나 역사에 대한 새로운 해석이 진행되는 과정에서 덕혜옹주의 생애도 가끔은 화제가 되고 있습니다.

*이왕가, 1910년 한일합방 이후 대한제국 황실을 왕공족 가운데 하나의 가문으로 격하하여 부르던 명칭.

1995년에는 연극 '덕혜옹주'가 서울에서 상연되었고(같은 해 가을 도쿄에서 공연했지만, 저는 공연 팜플렛 밖에 보지 못했습니다), 1996년에는 광복절 특집 TV 드라마 '덕혜'가 방송되었습니다. 그러나 제가 보기에는 어느 것도 구체적인 사료에 근거해서 말한다면 너무나도 불충분했습니다. 이를테면 김용숙金用淑 여사의 저서인 《조선왕조궁중풍속연구》의 말미에 보이는 "기울어져 가는 왕실에서 태어난 덕혜옹주의 비극"이라는 문장을 넘어서는 것은 없는 것 같았습니다. 특히 소 타케유키와 이덕혜의 인간관계에 대한 해석은 종래와 기본적으로 다르지 않았던 것으로 생각됩니다.

이상과 같이 한국(또는 일본)에서 소 타케유키에 관한 부정적 인식이 존재하는 것을 염두에 두면서 그 안에 들어 있는 많은 오해들을 분명히 밝히고 덕혜옹주의 생애에 관한 여러 가지 입장을 초월해서 공통된 인식에 이를 수 있는 시각을 찾아내려고 합니다.

이덕혜가 아주 불행한 처지를 강요당한 사람이었다는 점에서는 첫머리에 언급한 대로 양국의 견해차는 없다고 할 수 있습니다. 종래의 견해를 요약하면 '정략결혼이었기 때문에 저들 사이에는 사랑이 없었다. 그 때문에 덕혜는 불행했다' 가 됩니다. 이 견해에 대하여 필자가 이의를 주장하는 부분은 '사랑이 없었다' 라는 부분입니다. 저는 실증적인 조사를 바탕으로 '사랑이 있었다' 라는 것을 논증하려고 합니다. 그런 만큼 두 사람의 생애에 대한 인식은 다음과 같습니다.

즉 '국가정책에 의한 결혼이었지만 그들 사이에는 사랑이 있었다. 그럼에도 불구하고 그들은 불행하였다' 라고. 만약 이 책이 '사랑이 있었다' 를 입증해 낸 것이라고 한다면, 이 '그럼에도 불구하고' 와 같은 이중의 뒤틀림이 두 사람의 생애에 대한 이해를 한층 더 어렵게 한다는 것도 독자들은 분명히 이해하게 될 것입니다.

이덕혜의 생애를 기록하면서 그녀를 한 여성, 한 인간으로 보고 싶었습니다. 물론 왕족이라는 특권계급에서 태어난 까닭에 그것이 갖고 있는 정치적·사회적·경제적 의미도 중요하지만, 그녀가 인간으로 느꼈던 기쁨과 슬픔은 일반인과 조금도 다르지 않았다고 생각됩니다. 첫머리에 언급한 석주선石宙善 선생님이 "고귀한 신분의 왕녀라기보다는 한사람의 불쌍한 여성의 생애에 대한 기록으로 남기를 바랍니다"라고 한 말은 한국 측의 격려의 말로 들렸으며 저에게 늘 따뜻한 지침이 되었습니다. 한국복식사의 대가인 선생님은 재작년 만 여든네 살로 돌아가셨지만 그 자애로움에 넘친 모습을 기리면서 감사하는 마음으로 인용해봤습니다.

이 책에서 우선 저는 덕혜옹주의 생애를 이해하려고 노력했습니다. 특히 일본에서 있었던 그녀의 행적을 분명히 하는 것은 일본인인 나의 의무처럼 생각되었습니다. 그리고 한국에서 일본으로 끌려간 소녀의 마음을 이해하려면 한반도에서 일본열도를 바라보는 눈이 절대로 필요하다고 생각했습니다. 그 때문에 덕혜옹주의 성장과정을 정리한 1장은 될 수 있는 대로 그녀의 입장에서 썼습니다.

마찬가지로 2장은 소 타케유키의 입장에서 그의 성장과정을 그렸습니다. 한국인이든 일본인이든 위와 같은 시각에서 두 사람을 이해해주시기 바랍니다. 그래야 비로소 3장 이하 두 사람의 만남과 이혼의 복잡한 상황과 배경을 이해할 수 있을 것입니다. 각각의 입장에서 다른 견해를 가지고 있는 사람도 많겠지만 너그러운 아량으로 이 책에서 말하려고 하는 바를 곰곰이 생각해주시기 바랍니다.

덕혜옹주의 생애를 더듬어간다는 것은 제게는 한일 근대사를 공부하는 것과 마찬가지였습니다. 제 힘이 미치지 못하여 해야 할 조사가 아직 불충분하거나 틀린 곳이 있을까 두렵습니다. 당연한 일이지만 있었던 사실事實을 추측이나 판단과는 분명히 구별해서 쓰려고 주의를 기울였습니다. 이는 저 자신이 범할 수 있는 오류를 구별하기 쉽게 하기 위해서였습니다. 삼가 분별력 있는 가르침과 질정을 바랍니다.

서울, 도쿄와 그 주변, 대마도를 취재하기 위해 돌아다니면서 정말 따뜻한 마음씨를 가진 많은 분들과 만났습니다. 최근 몇 년간 저는 언제나 고독하고 이름 없는 여행객이었지만, 돌이켜 보면 아마도 인생에서 한번 하늘이 허락해주신 여행이 아니었나 하는 생각이 듭니다.

이제는 그만 마무리해야지 라고 생각할 때 언제나 어디에선가 무상의 원조가 주어지는 것 같은 느낌이 들었습니다. 신세를 진 많은 분들, 그리고 문헌을 통해서 은혜를 입은 많은 분들께 깊은 감사를 드립니다.

다만 이 책에서 인용한 내용에 한해서는 모든 책임이 저자에게 있음은 말할 필요도 없습니다.

1998년 4월 21일

혼마 야스코本馬恭子

덕수궁 1994년 여름

덕수궁에서 내 마음을 유난히 끌어당긴 유적을 하나 들라고 한다면
그것은 석어당과 덕흥전 사이의 돌담에 뚫려 있는 작고 아름다운 돌문이다.
문은 돌로 된 토대 위에 붉은 벽돌을 쌓아 아치 모양의 입구로 되어 있었다.
문 윗부분은 기와지붕이지만 이 아치를 장식하는 문양과 '꽃담' 이라 불리는
양쪽의 돌담 장식이 정말 우아하게 잘 조화되어 있었다.
기품 있고 우아한 이 문을 나는 속으로 혼자 '덕혜옹주 문' 이라 부르기로 했다.
녹색 문이 달려 있었는데 이 문을 어린 시절의 덕혜옹주가 즐거운 기분으로
드나들었을 것이라는 상상은 한동안 시간이 흘렀다는 것도 잊게 만들었다.
나중에 찾아보니 유현문이라는 훌륭한 이름이 있었다.
'현명함을 생각하는 문' 이라면 총명한 소녀였다는 덕혜옹주와 인연이 없는 이름은
아닐 것이다.

이 책의 관련 지도

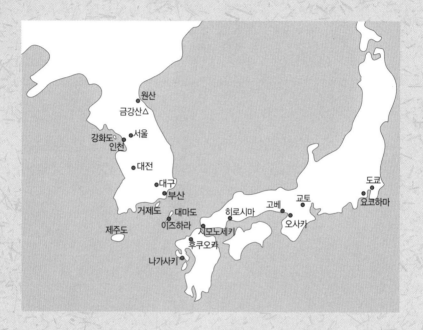

서울은 인구가 1,200만이나 되는 대도시로 조선왕조를 창건한 이성계가 수도로 정한 이래 600년이나 되는 고도古都이다.

1994년 여름, 서울은 50년 만에 찾아온 더위에 휩싸여 있었다. 그해 나는 처음으로 서울에 있는 조선왕조의 고궁, 덕수궁을 방문할 기회가 생겼다. 8월의 태양이 내리쪼이는 번화한 서울 시청 앞의 큰 길을 높은 돌담을 따라 걸으면서 덕수궁의 정문인 대한문으로 발을 들여 놓자 그곳에는 녹색의 큰 나무들이 늘어선 별세계가 있었다. 여기 저기 나무 그늘에 깔 것을 펴놓고 휴식을 취하는 시민들의 모습이 보였다. 덕수궁의 입장료는 이당시 500원, 오백년 역사를 자랑하는 조선왕조의 고궁이 이제는 시민들을 위한 한가로운 공원 역할을 하고 있었다.

나무 사이를 빠져나와 남쪽을 향해 서있는 중화문中和門에 이르러 올려다보니 바로 정전 중화전中和殿이 있었다. 하양고 평평하게 자른 돌을 깔아놓은 정전 마당에는 문관·무관의 양반이 위계에 따라 서있던 자리를 나타내는 주석柱石이 늘어서 있다. 왕의 위엄을 과시하는 듯한 커다란 기와지붕(지금은 1층이지만 1904년 화재 이전에는 2층 기와였다)은 파란 하늘로 치솟아 여행자를 내려다보고 있었다. 커다란 공포庇를 아래쪽에서 올려다보니 안쪽으로 알록달록하고 선명한 색으로 채색된 화초와 구름 문양의 단청丹靑이 아름답다. 게다가 그 중후한 지붕은 조선 건축의 독특한 아

덕수궁, 중앙의 큰 건물이 중화전, 오른쪽 옆으로 두번째 긴 건물이 함녕전(1930년경)

름다움이라 할 수 있는 완만한 곡선으로 뻗어 있어 마치 거대한 새의 날
개로 변하여 드넓은 하늘로 날아오를 듯한 약동적인 힘이 있었다.

중화전은 조선왕조 고식에 따라 지은 당당한 건물이긴 하지만 그 중화
전도 궁전 전체도 다른 고궁인 경복궁이나 창덕궁에 비하면 너무나도 작
고 비좁았다. 덕수궁에 막 들어섰을 때 내 가슴을 가장 먼저 철렁 내려앉
게 했던 것은 그것이었다. 그 궁전에 살았던 마지막 주인, 제26대 국왕이
면서 대한제국 황제였던 고종의 운명이 떠올랐기 때문이다.

고종은 45년에 이르는 치세 기간 동안, 오늘날까지도 위용을 지니고
있는 넓고 화려한 경복궁과 창덕궁에 살았다. 그러나 그의 긴 치세는 한
국이 일본을 비롯한 열강의 침략에 노출된 채 근대화를 위한 노력도 헛되
이 잇달아 국권을 빼앗기고 마침내는 일본의 한국병합에 이르는 왕조멸
망 과정과도 오버랩되어 있다.

1895년 10월 8일 경복궁에서 끔찍한 을미사변[일본인이 명성황후(민비)를 살해한 사건]이 일어난 다음 해, 일본의 지배와 간섭을 꺼려한 고종은 태자(나중에 순종이 됨, 어머니는 명성황후)와 함께 몰래 러시아 공사관으로 탈출하였다. 그곳에서 1년 남짓을 보낸 후에야 겨우 이 덕수궁(당시 경운궁)으로 들어와 1919년 서거할 때까지 움직이지 않았다. 그 이유는 덕수궁이 러시아·영국·미국의 각 공사관과 가까이 있었기 때문이다. 고종은 자신이 일본의 손아귀에 잡혀가는 것을 되도록 피하려 했다. 고종때 덕수궁

5살의 덕혜옹주_(조선왕조궁중풍속연구)

의 도면을 보면 부지가 지금의 2배 이상이었던 것 같다. 특히 중화전의 왼쪽 뒤편에 있는 석조전石造殿의 맞은편에는 지금은 없는 부지가 있어서 그 끝부분에 러·영·미 영사관이 복잡하게 뒤얽히듯이 들어서 있었다.

나는 중화전의 뒤쪽을 둘러보았다.

그곳에는 민가 양식의 2층 건물인 석어당昔御堂, 복도로 이어져 있는 준명당浚明堂과 즉조당卽阼堂도 있었다. 그 동쪽으로는 귀빈 알현장소로 쓰였던 덕홍전德弘殿과 고종이 일상생활을 했던 함녕전咸寧殿이 있었다. 또 그 뒤편에는 완만한 비탈을 이루는 정원에 서양식 정자인 정관헌靜觀軒이 있었다. 덕수궁에 남아 있는 건물이라면 서쪽에 있는 석조전(조선 왕궁으

로는 최초의 서양건축이라 한다) 말고는 이 정도밖에 없다.

고종 시대에는 더 많은 건물이 처마를 맞대고 들어서 있어서 건물과 건물들은 가로세로의 복도로 연결되어 있었을 것이다. 그리고 지금은 그 자취를 감춰버린 어느 건물에선가 1912년 여자 아이 하나가 태어났다. 그 소녀는 만 여섯 살 때 고종이 죽을 때까지 행복한 시간을 이 덕수궁에서 보냈다. 그 아이는 후에 덕혜옹주라는 칭호로 불리게 된다. 그녀가 살았던 시대의 흔적을 아주 조금이라도 만날 수 있었으면 하는 마음으로 나는 덕수궁을 찾았다.

그때 덕수궁에서 내 마음을 유난히 끌어당긴 유적을 하나 들라고 한다면 그것은 석어당과 덕홍전 사이의 돌담에 뚫려 있는 작고 아름다운 돌문이다. 문은 돌로 된 토대 위에 붉은 벽돌을 쌓아 아치 모양의 입구로 되어 있었다. 문 윗부분은 기와지붕이지만 이 아치를 장식하는 문양과 '꽃담'이라 불리는 양쪽의 돌담 장식이 정말 우아하게 잘 조화되어 있었다. 기품 있고 우아한 이 문을 나는 속으로 혼자 '덕혜옹주 문'이라 부르기로 했다. 녹색 문이 달려 있었는데 이 문을 어린 시절의 덕혜옹주가 즐거운 기분으로 드나들었을 것이라는 상상은 한동안 시간이 흘렀다는 것도 잊게 만들었다. 나중에 찾아보니 '유현문惟賢門'이라는 훌륭한 이름이 있었다. '현명함을 생각하는 문'이라면 총명한 소녀였다는 덕혜옹주와 인연이 없는 이름은 아닐 것이다.

궁전의 낡은 처마 밑에서 나는 마음속으로 또한번 남몰래 중얼거려 보았다.

    ……

바닷물 치는 소리가 들리는가. 해궁의 회랑에도   鳴るや、渡殿、

많은 새들이 무리지어 날개치고 있는가　　　　　百千鳥 群れ博くや、

당신은 외딴집 붉은 서까래에　　　　　　　　　離れ屋の 赤き長押に

내가 준 하얀 진주를 걸어놓고 홀로 한숨짓고 있는가 白珠を 掛けて 嘆くや……

그리고 귀를 기울여보았다. 물론 아무런 대답도 없었다.

이것이 덕혜옹주를 찾은 내 여행의 시작이었다.

나는 어렸을 때부터 '덕혜옹주'라는 이름을 알고 있었다. 소 타케유키
도 들어서 알고는 있었다. 그러나 실제로 덕혜옹주의 삶을 밝혀보려고 생
각한 것은 여성사를 공부하고 소 타케유키의 저작을 읽은 후이다. 그렇다
해도 '덕혜옹주'라는 주제는 너무나 무거웠다. 정신분열증으로 고통스
러웠던 불행한 삶을 어떻게 하면 이해할 수 있을까? 그런 사람의 전기를
쓴다는 것이 과연 가능할지도 의문이었다. 실마리가 될 만한 것은 거의
아무것도 없었다. 우선 실마리를 찾을 방법을 도무지 알 수 없었다. 그렇
지만 시작해야 한다. 어쨌든 우선 현장부터 먼저 찾아가보자 하는 것이
서울로 떠났을 때의 심경이었다.

이 첫 여행에서 나는 운 좋게도 단국대학교의 석주선 여사를 만날 수
있었다. 여사가 주신 논문은 덕혜옹주에 대해서 쓴, 내게는 최초의 한국
어 문헌이었다. 평생동안 전국에 있는 복식자료를 수집하였고, "뭐든 실
물이 중요하지요"라고 말씀하시는 여사가 고심한 성과는 훌륭한 박물관
에 전시되어 있었다. 그것은 실증주의가 낳은 보물이었다. 약해진 다리를
끌다시피 하면서 여사는 손수 1층의 전시를 설명해 주셨다. 인형이 입고
있는 치마·저고리의 색이 바래버린 소매 끝을 가리키시면서 이렇게 말

대한문

씀하셨다. "이음새 안에 원래의 색이 남아있어요"라고. 자세히 들여다보니 정말 망가지기 시작한 이음새 안쪽으로 아름다운 선홍색이 또렷이 보였다.

　나는 여사의 논문을 읽는 것으로 '덕혜옹주'에 대한 실증적 조사의 첫걸음을 내딛었다.

　다음날 아침, 김포공항으로 향하는 차안에서 나의 시야에 우연처럼 덕수궁 정문 대한문이 확 달려 들어왔다. 차가 시청 앞 광장에서 왼쪽으로 꺾였기 때문이다. 그런데 그것이 마치 '또 오세요!'라고, 그 소녀가 보일 듯 말듯 부드럽게 건네는 인사처럼 여겨졌다. 나는 다시 한 번 서울에 꼭 와야지라고 결심하였다.

1

이덕혜

덕혜가 태어난 1912년은 마침 고종이 회갑이 되는 해였다.
한국에는 회갑에 태어난 아이는 아버지를 그대로 닮는다는 말이 있다.
만 1살 때 사진을 보면 부리부리하고 귀여운 눈동자가 어머니 양귀인을
연상시키기도 하지만, 커가면서부터는 확실하게 아버지 고종의 얼굴 모습을
닮아가는 것을 알 수 있다.
덕혜는 정확하게 고종의 넷째 딸이지만 위로 세 사람은 모두 1살을 못 채우고
일찍 죽었기 때문에 사실상 외동딸이었다.
고종은 덕혜를 손에 들어 온 보물처럼 귀여워하여 흔히 쉬고 있을 때는
무릎 위에 앉혀놓고 어전의 상궁들에게 "이 갓난애 좀 보아라, 손 좀 만져보아라"
라고 했다고 한다.
상궁들이 주군의 얼굴을 본다는 것은 허락되지 않았으므로 어전에서는
고개도 들지 못한 채 "황송하게 어찌 감히 아기씨의 손을 만져보겠습니까"라고 대답하면,
고종은 "괜찮다. 머리를 들어 웃고 있는 이 아기의 얼굴을 보아라"라고 했다.

조선왕실 계보

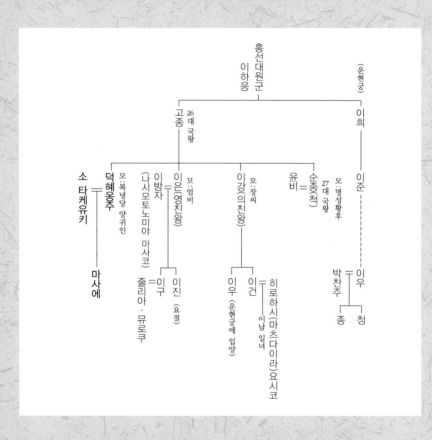

흥선대원군
이하응

(운현궁)
이희

고종 26대 국왕

모:명성황후

이준 ------ 이우
박찬주 = 이우
종 청

순종 27대 국왕(척)
모:장씨
윤비

이강(의친왕)

모:엄비
이은(영친왕)
이방자
(나시모토노미야 마사코)

모:복녕당 양귀인
덕혜옹주
소 타케유키

이진 (요절)
이구
줄리아·뮤로쿠

이우 (운현궁에 입양)
이건
히로하시(마츠다이라)요시코
이남 일녀

마사에

탄생

축복 속에서

500여년에 걸친 조선왕조 정사를 《조선왕조실록》(이하 《실록》으로 약칭)
이라 한다. 《실록》 가운데 덕혜옹주만큼 태어났을 때 환영받은 왕녀는 없
었을 것이라고 김용숙 여사는 《조선왕조궁중풍속연구》에서 말하고 있다.

1912년 5월 25일, 덕수궁 정원에 얼마나 아름다운 꽃들이 그 자태를 뽐
내고 있었는지 지금은 알 수가 없다. 그렇지만 그날, 덕수궁의 어느 건물
에서 여자아이 하나가 태어났다. 그 아이는 부모를 비롯한 사람들의 축복
속에서 덕수궁에 넘치는 기쁨과 활기를 불어넣는 커다란 꽃송이가 되었
다. 아버지는 제26대 국왕(대한제국 황제) 고종, 어머니는 양귀인梁貴人이라
는 궁녀였다.

《실록》에는 덕혜옹주의 탄생에 대해 다음과 같이 기록되어 있다.

5월 25일, 덕수궁 궁인 양씨, 딸을 낳다. 양씨에게 당호堂號를 내렸는데
복녕福寧이라 하였다.

덕수궁 궁인인 양씨가 여자 아이를 낳고 그날 복녕당이라는 당호를 받
았던 것이다.

또 다음날 26일, 고종은 복녕당을 찾아갔다. 복녕당 양귀인은 당시 덕
수궁에서 가장 임금의 총애를 받는 여인이었다. 고종은 갓난아이의 얼굴
이 보고 싶었을 것이다. 그리고 27일, 그는 이희李熹공 이하 친족을 침실인

고종_《獨立運動》, 上

함녕전咸寧殿으로 불렀다. 이희공은 고종의 친형으로 함녕전은 고종이 일상생활을 하는 곳이다. 그곳으로 친족을 불러 함께 기쁨을 나누었던 것 같다.

《실록》에는 계속해서 아래와 같은 기록이 있다.

5월 31일, 이강李堈공·이희공 이하 종척宗戚이 덕수궁에 알현하러 왔다. 새로 태어난 아지는 이제 막 7일째였다.

이강공은 고종의 둘째 아들이다. 아지란 갓난아이의 옛말로 신생아가 7일째 되는 날을 축하하기 위하여 왕의 일족이 모였다고 한다.

6월 1일, 음력 임자 4월 16일, 덕수궁에 가서 임금을 뵈었는데 왕비도 같이 갔다. 함께 이태왕 전하를 모시고 복녕당으로 갔다.

이 기사는 순종이 왕비 윤비尹妃와 함께 덕수궁을 방문했음을 말해준다. 순종은 고종의 아들로 당시 이왕李王으로 불렸고 창덕궁에 살고 있었다. 그는 부모를 섬기는 마음이 깊고 부드러운 사람이었던 것 같다. 부왕

의 기쁨을 함께 축하하려고 했을
것이다. 그는 덕혜옹주의 배다른
오빠로 나이는 38살이나 위였지
만 고종이 죽은 후에도 아버지 대
신 덕혜옹주를 아끼고 보살폈다.

또 6월 14일, 신생아의 삼칠일을
축하하기 위해 고종은 복녕당을
방문하였다. 왕족 일동과 이왕직
장관(자작) 민병석閔丙奭 · 차관 고
마츠 미호마츠小松三保松 등, 칙임
관 이상을 불러 주연을 베풀었다.

왕의 딸이라고는 하지만 갓난
아이 하나를 위하여 《실록》과 같
은 공적인 기록에 이렇게 정중하

복령당 양귀인_《韓國服飾史》

고 공손하게 취급했던 기록이 남아 있는 것은 보기 드물 것이다. 고종이
덕혜옹주의 탄생을 얼마나 기뻐했는지 알 수 있는 대목이다.

게다가 7월에 들어서면 주의를 끄는 기사가 하나 더 눈에 띈다.

7월 13일, 태왕 전하께서 복녕당에 나아가 신생 아지를 데리고 함녕전으
로 돌아오셨다.

복녕당을 방문한 고종이 갓난아이가 너무 귀여워 자신이 거처하는 함
녕전으로 데려와 버린 것이다. 석주선 여사는 "생후 50일도 안된 갓난아

이를 왕의 침전으로 데려오는 것은 왕실 법도를 무시한 행동이지만, 이를 보면 옹주에 대한 늙은 왕의 사랑을 짐작할 수 있다"라고 하였다.[3] 이렇게 해서 어린 왕녀를 위한 방이 함녕전 안에 마련되고 부왕의 사랑을 한 몸에 받으면서 성장하게 된다.

덕혜옹주가 태어난 건물은 알지 못하지만 이방자李方子가 지은 《지나온 세월》에는 덕혜가 일찍이 함유재咸有齋에 살았다고 되어 있다. 함유재는 함녕전의 서북쪽에 있었던 맞배지붕 형식의 건물이다.[4]

그렇다면 고종은 왜 덕혜의 탄생을 그렇게도 기뻐했을까? 이를 알기 위해서는 조선근대사를 되돌아볼 필요가 있다.

격동의 조선근대사

19세기 후반 열강의 아시아 침략은 활발해졌지만 조선은 여전히 쇄국체제를 유지하고 있었다. 특히 1863년 흥선대원군 이하응李昰應(고종의 아버지)이 정권을 잡은 후부터는 배외주의를 취하여 기독교도들을 탄압하는 한편, 프랑스·미국 등 외국함대의 침공이 있을 때는 무력으로 격퇴시켰다. 철저한 거부로 일관하여 조선의 독립을 유지하려 하였다. 그리고 중국淸과는 이전과 마찬가지로 종속관계를 유지하면서, 일본과도 에도江戶시대와 마찬가지로 부산 왜관倭館*을 통해서만 교류한다는 태도를 취하였다.

원래 고종은 아버지 대원군에 의해 1863년 불과

*왜관, 임진왜란 이후 조선과 일본(에도 막부江戶 幕府)은 국교를 회복했지만, 일본의 사정으로 전쟁 이전부터 조선과 일본의 중개 역할을 해왔던 대마도를 통해서 간접적으로 통교하였다. 그리하여 조선은 임란 이후 일본과의 교섭 장소를 부산으로 제한하고, 외교나 무역 업무를 처리할 수 있는 왜관을 설치해 주었다. 따라서 일본의 대조선창구 역할을 했던 대마도는 관리나 상인들을 부산 왜관으로 파견하여, 통교업무를 처리했으며 주거 공간으로도 사용하였다. 그러나 1868년 메이지유신明治維新이 일어나 신정부에 외무성이 설치됨에 따라 일본은 조선과의 통교를 대마도가 아닌 외무성을 통해 직접 통교하려는 시도를 하게 된다.

11살의 나이로 왕위에 오른 사람이다. 그런데 그가 성인이 되자 1873년 명성황후 일파가 대원군을 내쫓고 정권을 장악하였다. 1875년에는 일본이 일으킨 강화도사건을 계기로 다음해에 조일수호조규(강화도조약)가 체결되어 마침내 쇄국체제는 끝나지만, 그 후 조선은 국내의 여러 가지 정치·경제·사회문제와 외국세력의 압력으로 심하게 동요하게 된다.

중요한 사건만 든다 하더라도, 1882년에는 군인들이 배급 쌀의 부정 지급에 분노하여 일으킨 임오군란이 있었다. 1884년에는 실패로 끝났지만 김옥균·박영효 등의 개화파가 일으킨 갑신정변이 있었다. 1894년에는 동학당이라는 민중결사에서 시작하여 전봉준이라는 뛰어난 지도자를 중심으로 조선사회의 개혁으로까지 이어졌던 갑오농민전쟁, 조선의 지배권을 둘러싸고 일본과 중국이 싸웠던 청일전쟁, 또 1895년에는 일본인의 명성황후 시해사건 등이 있다. 어느 것도 일·청·러 등 강대국의 이권 쟁탈, 국내 수구파와 개화파의 대립, 왕족간의 정권다툼, 민중의 개혁운동과 봉기 등이 복잡하게 뒤얽힌 사건이었다.

근대화 정책의 실패

1895년 10월, 일본공사 미우라 고로三浦梧樓*는 그의 수하를 시켜 경복궁을 습격하고 명성황후를 살해하였다. 이 폭거로 고종은 다음 해인 1896년 왕태자(후일의 순종)와 함께 몰래 경복궁을 탈출하여 러

*미우라 고로, 일본 육군의 히로시마 진대사령관, 육군사관학교장, 귀족원 의원을 거쳐 1895년 9월 한국 주재 특명 전권공사로 부임하였다. 부임하자마자 조선에 있던 일본군인과 경찰을 동원 명성황후를 시해한 후 하옥되었다.

시아 공사관으로 피신하였다. 이 때문에 근대적 개혁을 추진하려 했던 김홍집 등의 친일파 정권이 붕괴됨으로써 일본이 궁지에 몰리게 되고, 일본

과 러시아의 대립이 깊어졌다. 러일전쟁의 싹이 트기 시작한 셈이다.

한편, 미국에서 귀국한 서재필과 이상재·윤치호 등은 독립협회를 조직하고 《독립신문》(한글로 제작된 최초의 신문)을 발행하였다. 그들은 국내 이권을 외국 침략으로부터 보호하고 청국과의 종속관계 청산을 주장하여 지지를 얻었다. 이 운동은 나아가 관민공동회 개최를 계기로 정치의 쇄신을 결의할 만큼 크게 고조되었다.

1897년 고종은 마침내 러시아 공사관에서 나와 경운궁(나중에 덕수궁이라 고쳐 부름)으로 들어갔다. 같은 해 조선은 국호를 대한제국으로 고치고 광무光武라는 연호를 정하여 중국이나 어떤 나라에도 속하지 않는 독립국가임을 국내외에 알리는 한편, 광무개혁이라는 일련의 개혁에 들어갔다.

그런데 1898년 11월, 고종은 수구파의 무고와 일본 공사의 제언을 받아들여 독립협회를 해산시켜 버렸다. 독립협회는 입헌군주제를 목표로 하고 있어서 필연적으로 왕권에 제한을 가하는 일이 생길지도 몰랐기 때문에, 고종은 이를 왕의 이해관계와 어긋나는 것으로 간주했을 것이다. 매킨지는 《조선의 비극朝鮮の悲劇》(1908)에서 "(황제는) 그가 개화파의 타도를 승인한 그 순간, 그는 그의 국가와 그 자신의 황제로서의 통치에 대하여 스스로 파멸을 선언한 것이나 마찬가지였다"라 하고 있다. 이 시점에서 조선왕조의 멸망은 결정적이었다. 대한제국은 국권을 회복할 마지막 기회를 놓쳐 버렸다 할 수 있다.

고종

국왕으로서 고종의 행동을 추적해보면, 자신이 주체적으로 판단해서 행동했다기보다는 주위의 강한 세력에 끊임없이 짓눌리거나 반발하는 것만이 가능했을 뿐, 그때그때 안이하게 모면해나가는 것밖에 할 수 없었다는 느낌에서 벗어날 수가 없다. 이것은 명성황후가 살아 있을 때도 마찬가지였다. 왕이라는 존재는 조선에서는 비교할 수 없는 막대한 부와 권위의 집중을 의미하였다. 그런 만큼 국민의 행복에 대한 책임도 무거웠을 것이다. 하지만 그의 머리속에 얼마 만큼이나 그런 책임에 대한 자각이 있었는지는 아주 염려스러울 뿐이다.

조선의 근대는 개화파와 수구파를 가리지 않고, 또 재야의 지도자와 민중 가운데서도 아주 유능하고 뛰어난 인재를 배출하고 있었다. 그러나 국왕은 결국 그러한 인재를 활용할 리더십을 갖추지 못한 채, 어느 한쪽이 시키는 대로 그들을 추방시키거나 잔혹한 죽음에 이르게 하는 일조차 있었다. 그는 결코 어리석은 사람이 아니었지만 국내외의 정세가 너무나 험악했기 때문이라고 할 수 있을지 모르겠다.

일본의 한국 병합

1904년 2월, 러일전쟁을 앞두고 한일의정서가 조인되었다. 8월에는 제1차 한일협약이 맺어져 한국의 식민지화가 진행되고 있었다. 1905년 러일전쟁에 승리한 일본은 11월 한국의 외교권을 박탈하는 제2차 한일협약(을사보호조약)을 한국에 강요하였다. 이토 히로부미의 협박외교였다. 한국의 조야에서는 사실상 조국의 멸망을 의미하는 이 조약에 대해 강한 반대의 목소리가 한꺼번에 끓어올랐다. H.B. 헐버트가 "내가 아는 한 가장 교양있고 공정한 동양인"[5]이라고 평한 시종무관장 민영환은 이 조약에

항의하여 몸부림쳤지만 도리가 없어 자결하였다. 《황성신문皇城新聞》주필 장지연은 당국의 탄압을 각오하고 체결 경위를 보도하였는데, "시일야방성대곡!(오늘 목놓아 크게 운다)"이라고 호소하다가 체포되었다. 또 유학자 최익현 등은 한일 의병 투쟁에 나섰다. 그는 조선정부군에 붙잡혀서 일본군으로 넘겨진 후 대마도 이즈하라嚴原로 보내졌는데, 적이 주는 밥은 먹지 않겠다고 거부하며 아주 당당하게 죽었다. 1907년 1월 1일, 74살이었다.

1905년 12월 이토 히로부미가 한국 통감에 취임하고 이듬해 2월에는 통감부가 새로 설치되었다.

1907년에는 헤이그특사 사건이 일어났다. 이것은 고종이 당시 네덜란드 헤이그에서 열린 제2회 만국평화회의에 은밀히 사자를 파견하여 일본의 횡포를 세계에 알림으로써 한국의 독립을 호소하려 한 사건이었다. 그러나 이 기도는 실패로 끝났으며, 이토가 고종에게 책임을 물어 부득이 퇴위하지 않을 수 없었다.

1907년 7월, 황태자 척坧이 즉위하여 순종황제가 되었다. 그렇지만 그는 어린 시절 본의 아니게 아편이 든 커피를 마신 후유증으로 정치적 판단력이 아주 부족하게 되었던 것 같다. 같은 달 조인된 제3차 한일협약에서 한국은 내정의 권한을 빼앗기고 군대는 해산되었다.

같은 해 11월, 순종은 경운궁(덕수궁)의 고종 슬하를 떠나 강제로 창덕궁으로 옮겨졌다. 그리고 12월, 황태자 이은李垠(순종의 배다른 동생)은 생모 엄비嚴妃의 반대에도 불구하고 일본으로 유학가게 되었다. 일본은 고종에게서 두 아들을 떼어내버렸다.

한국에서는 전국적으로 1908년 이래 반일의병투쟁이 끊이지 않고 구

국계몽운동도 활발해져 일본의 가혹한 탄압과 소탕전에 대한 대항이 계속되고 있었다. 그런 가운데 안중근은 하얼빈 역에서 이토 히로부미를 사살하였다.

이 사건을 빌미로 1910년 8월 일본은 한국병합을 강행하였다. 대한제국은 멸망하였으며, 1392년 이래 500년 남짓 계속되어온 조선왕조는 그 막을 내렸다.

한국 왕가의 처우

한국병합 조약은 표면적으로 한국 황제가 일본국 황제에게 통치권을 양보한다는 표현을 함으로써, 일본의 침략행위와 식민지 지배를 정당화하려 했다.

한국 왕가의 안태安泰는 약속되어 있었지만 실제로는 황제 폐하 순종을 이왕전하李王殿下로, 태황제 폐하 고종을 이태왕전하李太王殿下로 격하시키는 굴욕적인 처우였다. 그 후 왕족들은 한 사람 한 사람씩 조선왕공족朝鮮王公族으로서 일본 황실 아래에 편제되어 갔다.

일본은 궁내성에 소속된 13개 외국外局 가운데 하나로 이왕직李王職*을 설치하여 이왕가李王家 사람들 **＊이왕직,** 일제강점기에 조선왕족을 관리하던 직제. 모두를 관리하였다. 조선(일본은 대한제국을 이렇게 개칭하였다)에서는 조선총독부가 이왕직을 감독하였다.

덕혜가 태어난 것은 조국이 멸망하고 난 2년 후였다. 망국의 쓸쓸함 속에서 그 전해인 1911년 고종은 믿고 의지하던 엄비마저 잃었다. 그에게 순진무구한 어린 자식의 미소는 더할 나위없는 위로가 되었음에 틀림없다.

덕수궁의 꽃

회갑에 태어난 아이

덕혜가 태어난 1912년은 마침 고종이 회갑이 되는 해였다. 한국에는 회갑에 태어난 아이는 아버지를 그대로 닮는다는 말이 있다. 만 1살 때 사진을 보면 부리부리하고 귀여운 눈동자가 어딘지 어머니 양귀인을 연상시키기도 하지만, 커가면서부터는 확실하게 아버지 고종의 얼굴 모습을 닮아가는 것을 알 수 있다.

덕혜는 정확하게 고종의 넷째 딸이지만 위로 세 사람은 모두 한 살을 못 채우고 일찍 죽었기 때문에 사실상 외동딸이었다.

고종은 덕혜를 정말 손에 들어 온 보물처럼 귀여워하여 편히 쉬고 있을 때는 무릎 위에 앉혀놓고 어전의 상궁들에게 "이 갓난애 좀 보아라, 손 좀 만져보아라"라고 했다고 한다. 상궁들이 주군의 얼굴을 본다는 것은 허락되지 않았으므로 어전에서는 고개도 들지 못한 채 "황송하게 어찌 감히 아기씨의 손을 만져보겠습니까"라고 대답하면, 고종은 "괜찮다. 머리를 들어 웃고 있는 이 아기의 얼굴을 보아라"라고 했다 한다. 궁중에서 고종을 모셨던 나이든 상궁이 전하는 말이다.

또 어린 덕혜의 총명함을 말해주는 다음과 같은 이야기도 있다.

어머니 양귀인의 친정은 그다지 신분이 높지 않았는데 어느 날 어머니 쪽의 백부가 궁궐에 들어왔다. 그것을 보고 덕혜는 "양상관梁上官이 왔다"라고 하며 별로 신경을 쓰지 않는 눈치기에 옆에 있던 상궁이 "어머니의 친청집은 어디시지요?"라고 물었더니, 덕혜는 뜻밖에도 "죽동竹洞"이라 대답했다고 한다. 죽동은 명성황후의 친정이 있던 곳이다. 옹주는 왕의 서녀庶女이지만 덕혜의 적모嫡母는 명성황후였다. 덕혜는 어린 나이에도 이것을 터득하고 있었다.

이 두 가지 에피소드는 《조선왕조궁중풍속연구》에 실려 있다.

1912년은 메이지시대가 끝나는 해였다. 7월 30일에는 메이지 천황이 사망했다. 사실 고종은 메이지 천황과 같은 1815년에 태어났다. 두 사람 다 선대의 사망으로 인해 아직 정치를 모르는 소년시절에 즉위하였다. 그러나 조선과 일본의 근대화는 각각 한쪽이 다른 한쪽의 지배자가 되는 얄궂고도 무거운 운명의 길을 가게 된다.

고종은 자국을 멸망시킨 일본 천황의 부음을 듣고 어떤 생각을 했을까.

궁궐 속의 유치원

덕혜가 5살이 되었을 때, 1916년 4월 1일 부왕은 덕수궁 안의 즉조당 卽阼堂에 유치원을 만들었다. 1914년 이화학당에서 처음으로 개설한 유치원이 있기는 했지만 당시로서는 아직 드물었다. 이 유치원에는 일본인과 한국인 보모를 한 사람씩 두고, 학우로는 귀족의 딸을 7·8명 뽑았으며, 심부름 하는 소녀 2명을 합쳐서 10명 정도가 있었다.

덕혜는 그중에서 가장 어렸지만 그 모습처럼 조용하고 품위가 있으면서도 총명했다고 당시 유치원생 가운데 한 사람이었던 민덕임(김을한 씨 부인)이 말했다고 한다. 7~8살의 어린 아이들이기는 했지만 옹주에게는 아주 예의바르게 "아기씨"라 부르며, "그러하옵니다"라는 경어를 사용하였다. 옹주는 친구들을 이름만 부르며, "~하거라"라는 말투를 썼다.

유치원 시절의 덕혜옹주(앞줄 오른쪽에서 두번째)_(조선왕조궁중풍속연구)

그러나 철없는 어린 아이들이라서 어떤 때는 한 아이가 졸라 옹주의 옷을
빌려 입고 집으로 돌아간 적도 있다고 한다.

　유치원 생활은 오르간을 갖추어놓고 한일 양국의 동요와 춤을 가르치
고, 때로는 뒷산에 올라가 들풀을 따며 놀기도 하였다. 고종은 때때로 즉
조당을 찾아가 옹주의 천진난만한 모습을 바라보는 것을 즐거움으로 삼
았다 한다.[6]

《이왕궁비사》의 에피소드-입적 문제

　이 유치원에서 있었던 일은 곤도 시로스케權藤四郞介의 《이왕궁비사李

王朝秘史)에 실려 있으며 한국에서도 자주 인용되고 있다. 곤도는 순종의 재위 기간에 약 15년간이나 경성 왕궁 관리로 근무했던 사람으로 저널리스트 경험도 있었으며, 그의 인간적인 면모와도 맞아떨어져 상당히 객관적인 시각과 이해를 바탕으로 당시의 상황을 묘사하고 있다.

그가 유치원에 대해 묘사한 부분을 보면 실은 이때 덕혜의 입적이 문제가 되고 있었다.

덕혜는 덕수궁 이태왕 전하의 만년 복녕당 양귀인이 낳은 아이로 여러 가지 사정 때문에 왕가에 입적시키는 절차가 아주 어려웠다. 게다가 부군 전하로서는 막내에 대한 총애만 두터웠을 뿐 이 문제로는 골머리를 앓으면서도 쉽게 풀리지 않는 가운데 세월만 지나가고 있었다. 옹주가 여섯 살 봄을 맞이하였기 때문에 전하의 지시로 가정교사 쿄구치☒☐여사를 초빙하여 궁내의 별당에 유치원을 세우고 근친의 어린 자녀 십 여명을 학우로 맞아들여 매일 즐거운 유회를 하고 지내게 하면서 오로지 해결될 날만을 기다리고 있었다. 어느날 테라우치 총독이 덕수궁을 방문했을 때 의례적인 인사를 나눈 다음 기지가 넘치는 전하는 총독에게 넌지시 운을 뗐다.

"어린아이들이란 귀엽기 그지없는 것이라오. 천진난만하게 노는 아이들 모습을 보고 있노라면 인간사회의 속되고 악한 것은 모두 잊어버리게 되니 정말 재미있는 일입니다. 그래서 최근에는 궁내에 작은 유치원을 만들어 어린 자녀들을 모아 놀게 하면서 그것을 즐거움으로 삼고 있습니다. 그곳에 가면 몸은 늙었어도 어린아이와 같은 기분으로 되돌아가 유회라도 하고 싶어집니다" 라고 노회한 표정으로 말하였다. 인간미 없이 살벌한 총독의 얼굴에도 갑자기 부드러운 미소가 피어 올랐다.

"그렇습니까! 그건 틀림없이 즐거운 일이겠죠. 노인은 모름지기 젊은 사람과 접촉해야 합니다. 몸도 마음도 저절로 젊어지게 됩니다."

전하는 더욱 득의만면한 태도로 말씀하셨다.

"그럼 총독도 오늘 나와 함께 그 유치원에 가보시는 것이 어떻겠습니까? 번잡한 정무에 시달리는 총독의 머리에도 조금은 위로가 되리라 생각합니다."

전하가 몸소 총독을 인도하여 함녕전을 내려와 바로 옆에 위치한 즉조당 안의 유치원으로 가셨다. 군복에 칼을 차고 어디까지나 무장 군인같은 풍채를 한 총독과 조선옷 차림새도 멋드러지고 동그스름한 볼에 드문드문 수염이 난 얼굴의 전하와는 상반되는 모습으로 마련된 의자에 나란히 앉았다. 원아들은 교사 손에 끌려서 그 앞 몇발짝 떨어진 곳에 정렬하여 순진하게 경례를 한 다음, 일본 동요인 '하토폿포'를 부르면서 즐거운 듯이 유희를 하였다. 총독도 완전히 흥이 나서 사람 좋은 할아버지가 되어 어린아이를 안아 올려 머리를 쓰다듬고 손을 잡아주고 여러 차례 말을 걸기도 하였다. 그러나 눈 끝이 약간 위로 치켜 올라가고 머리는 훌렁 벗겨져 빌리

*빌리켄 인형, 머리가 뾰족하고 눈 끝이 올라간 벌거숭이 인형으로 미국에서는 복복福의 신이라고 한다. 일본에는 메이지 말기에 수입되어 행운을 가져오는 수호신 또는 마스코트로 유행했다.

켄*인형에 군복을 입혀놓은 것 같은 무서운 얼굴인지라 어린아이들은 누구라도 곧 울음을 터뜨릴 것 같이 가까이 가려고 하지 않는 것도 우스꽝스러웠다. 그런데 바로 그때 전하는 한사람 특별히 기품이 있어 보이는 어린아이를 무릎 앞까지 불러냈다.

"이 아이가 내가 만년에 얻은 아이입니다. 이 아이가 있기에 덕수궁이 웃음소리로 넘칩니다. 내 노후의 쓸쓸함을 달래주는 것은 오로지 이 아이 하나입니다."

라고 말하며 어린 덕혜옹주를 대면시켰다. 옹주는 무서운 할아버지라는 듯한 표정으로 총독을 보면서 얌전하게 경례를 하였다. 이 동작을 총독도 조금은 귀엽게 보았는지 말을 건넸다.

"호오! 귀여운 아이로군요. 이런 어린 자식이 있다는 것은 정말로 행복한 일이겠습니다."

총독은 옹주를 보면서 진심으로 애교스러운 위로의 말을 남기고 덕수궁을 떠나 관저로 돌아온 후 다른 사람에게 말했다.

"그 귀엽고 천진한 옹주를 보고나니 나도 너무 까다로운 핑계를 대지는 못하겠다. 오늘은 보기 좋게 한방 톡톡이 당했다."

그 후 얼마 지나지 않아 모든 문제가 순조롭게 잘 해결되어 덕혜옹주는 완전히 왕가에 입적하게 되었으며, 이태왕의 왕녀라는 사실이 일본 궁내성 쪽에도 분명히 전달되었다. 이 에피소드는 전하의 기지와 총독의 인간미를 알 수 있는 좋은 대조를 이룬다.

〈태왕 전하의 기지와 테라우치 총독의 인간미〉

고종이 우려했던 것은 가장 사랑하는 딸이 아직 왕족으로서 인정받지 못했다는 사실이었다. 일본이 덕혜의 입적에 난색을 표하고 있었기 때문이다.

곤도는 "여러 가지 사정으로"라고 애매하게 얼버무리고 있지만, 도대체 사정이란 무엇일까?

첫째는 덕혜가 태어났을 때 고종이 이미 왕위에서 물러나 이태왕의 지위에 있었던 것을 들 수 있다.

둘째는 어머니 양귀인의 신분이 그다지 높지 않았던 것과도 관계가 있어 보인다. 양귀인은 원래 궁중에서 일하던 상궁으로 귀족 출신이 아니었다. 김용숙 여사에 따르면 양귀인의 오빠는 육류를 취급하던 상인이었다. 물론 부계 중심의 조선왕조에서 아버지가 왕이라면 왕녀로서 문제는 없지만, 일본은 생모인 양귀인을 끝까지 왕족으로 인정하지 않았다. 생모의 신분이 낮은 것은 나중까지도 덕혜옹주의 삶에 영향을 미쳤다. 신분제사회의 숙명이었다.

셋째는 앞의 두 가지와 관련되는 사항으로 당시의 지배자 일본이 조선 왕족을 대우하는 방침이다. 일본은 한국병합 후 일조일체日朝一體라는 동화정책을 써서 조선 왕족을 일본인으로 만들어갈 의도를 가지고 있었다. 이에 왕족이 증가하는 것에 대해서는 신중한 태도를 취하였다. 조선민족이 왕과 왕족에 대하여 가지고 있는 소박한 숭배심과 경애심이 아주 손쉽게 민족의식을 고양시키는 실마리가 될 수 있었기 때문이다. 아마도 이점이 가장 중요했을 것이다.

곤도는 앞의 에피소드를 고종의 기지와 조선총독 테라우치 마사타케의 인간미를 보여주는 일화로 들고 있지만, 실제 사정은 달랐을 것이다. 이경재씨가 《서울 정도 600년》에서 언급한 것을 보면, 입적을 인정했던 것은 테라우치가 늙은 고종의 인간적 부탁에 공감했다기보다는 앞으로 조선 왕족의 처우에 대한 일본의 방침이 정해졌기 때문이라고 보는 것이 더 타당할 것이다.

옹주로 입적한 것이 덕혜의 인생에 가져온 것은 무엇일까? 부왕의 깊은 사랑이 가져다준 신분은 옳다 그르다를 떠나 왕녀로서 그 이후의 삶에 절대적인 영향을 미치게 된다. 그녀는 신분제 사회의 질곡에서 평생 자유롭지 못하였다. 덕혜의 불행과 이해할 수 없는 운명을 생각할 때는 이 입적문제가 항상 되살아나게 된다.

실은 '덕혜' 라는 이름이 정식으로 정해지게 되는 것도 뒤에서 언급하겠지만 히노데日の出소학교에 입학한 1925년 5월이다. 그때까지는 신문 등에도 '복녕당 아기씨'(복녕당 소생의 왕녀라는 의미)로 기재되어 있었다.

고종의 걱정

고종은 덕혜를 위해 또 하나의 계획을 갖고 있었던 것 같다. 그것은 덕혜를 되도록 빨리 결혼시키는 것이었다. 왕세자 이은처럼 일본으로 데려가거나 일본인과 결혼하게 되는 것은 어떻게든 피하고 싶었다.

당시 궁중에는 일제의 눈이 구석구석까지 미쳐 이완용 같은 친일파 세력이 상궁(정5품)을 비롯한 궁녀들을 매수하기도 하여 스파이가 횡횡하는 듯한 보이지 않는 무서운 분위기가 있었다고 한다. 고종과 접촉하는 사람들은 엄격한 감시를 받았으며 덕수궁에 출입하기 위해서는 총독부의 허가가 필요하였다.

그 때문에 고종이 마음을 터놓을 수 있는 신하와 상담하려면 여러 가지 방법으로 총독부의 눈을 피해야만 했다. 고종은 덕혜의 혼약을 김황진이라는 시종에게 부탁했다. 유서 깊은 가문 출신인 그에게 아들은 없었지만 조카들 가운데 혼인을 허락해도 좋을 만한 소년을 골라 양자로 삼은 후 덕혜와 결혼시킬 계획이었다. 그러나 이 계획은 어느새 누설되어 김황진은 덕수궁 출입을 금지당하게 되었다. 두 번 다시 고종을 배알하지 못한 채 그 계획마저도 고종의 죽음으로 실행되지 못하고 말았다.

이 비밀스런 이야기는 김황진의 조카인 김을한에 의해 알려졌다. 김을한의 동생이 바로 그 환상 속의 약혼자였다는 것이다. 이 이야기는 실증성은 떨어지지만 고종이 덕혜를 일본인과 결혼시키지 않으려고 애를 태웠던 사실을 감안한다면 얼마든지 있을 수 있는 일이다.

이은과 생모 엄비

　여기서는 덕혜의 배다른 오빠 이은과 생모 엄비에 대하여 언급하려 한다. 한국 사람들은 덕혜의 비극적인 생애를 이은의 삶과 겹쳐서 떠올리는 일이 많은 것 같다. 그의 생애는 왕조 멸망 시기를 살았다는 것뿐만 아니라 일본에 끌려가 망국의 비운을 한 몸에 지고 살았다는 점에서(인간으로서의 내면 갈등은 차이가 있을지 모르지만), 덕혜가 걸어온 운명과 너무 비슷하기 때문일 것이다.

　이은은 1897년 10월, 엄상궁을 어머니로 태어났다. 국호가 대한제국으로 바뀐 직후이다. 그리고 1907년 7월 고종이 퇴위하고 형인 순종이 즉위하자 그는 황태자가 되었다. 둘째형 이강이 있었지만 형을 제치고 책립되었다. 이보다 앞선 같은 해 3월에는 그의 결혼 상대를 고르기 위한 첫 번째 간택이 있었다. 세 차례나 실시된 간택에서 민갑완이라는 소녀가 선발되었다. 그녀는 을사보호조약(제2차 한일협약)에 항의하여 자결한 민영환의 조카딸이었다.

　그런데 황태자가 된 해 12월, 이은은 이토 히로부미(순종이 태자의 스승으로 임명)를 따라 본의 아니게 일본 학습원으로 유학을 가게 되었다. 한국 사람들은 이것을 인질로 붙들려 간 것이라 보았다.

　하나뿐인 아들을 일본에 내준다는 것은 엄비에게 살을 도려내는 듯한 아픔이었지만 반대해도 소용없었다. 이토는 그녀에게 반드시 1년에 한 번은 귀국시키겠다고 약속했지만 1년이 지나도 돌아오지 않았다. 다음해인 1909년 10월에는 이토가 암살되는 바람에 약속은 지켜지지 못했다. 이토의 뒤를 이어 통감, 총독이 된 테라우치 마사타케에게 그녀가 약속을 지켜주도록 호소했던 것이 《이왕궁비사》에 실려 있다.

이은의 생모, 엄비_《朝鮮神辝代》, 正

엄비에 대해서는 한 가지 재미있는 이야기가 있다. 어느 날 테라우치 총독이 덕수궁을 방문하여 태왕 전하를 배알하고 세상 이야기를 하면서 흥이 나 있었다. 그때 어떤 이야기에서 뜻밖에도 왕세자에 대한 이야기로 화제가 바뀌자, 총독은 무뚝뚝한 얼굴에 일부러 웃음을 지어보이며, 몇 번이나 사관학교에서의 성적과 건강상태 등을 보고하고 이번 더위에는 북해도로 수학여행을 가시게 되었다는 등의 이야기를 하였다. 태왕 전하는 언제나처럼 빙그레 듣고 계셨는데, 옆에 있던 엄비가 갑자기 일어나더니 정색을 하고 말했다.

"각하! 세자가 아주 건강하고 학업에도 정진하고 있다고 하는데 그렇다면 세자를 왜 귀성시키지 않습니까? 이토 공을 따라 유학갈 때 반드시 1년에 한번은 이 늙은 부모를 만나게 하겠다고 약속했습니다. 총독은 이를 모르는 것입니까? 알면서 실행하지 않는 것입니까? 부모 자식간 골육의 정은 어느 누구라도 똑같다는 것을 총독도 조금은 입장을 바꾸어 생각해주세요. 사람을 기만하는 것이 너무나 무정하지 않습니까?"

총독은 시가를 태우면서 듣고 있었지만, 갑작스레 몹시 화를 내면서 온 얼굴이 빨갛게 된 이 한 여성의 태도에,

"이건 당치도 않은 오해입니다. 세자를 귀성시키지 않는 것은 중요한 학업중이기 때문입니다. 훗날 학업을 이루면 반드시 귀성하시리라 생각합니다. 그런 말씀 마시고 기다리시지요."

라고 훈계하듯이 말하였다. 엄비는 굽히지 않고 다시

"학교에는 여름 방학이라는 것이 있어서 몇 사람이나 귀성하였습니다. 왕세자만 북해도인가로 여행할 틈이 있다면 조선에 돌아오지 못할 이유는 없습니다. 꼭 돌려 보내주세요. 이토 공과 약속한 것을 생각해서라도 또 인정을 생각해서라도……"

총독을 쩨려보았다. 총독도 거의 참을 수 없다는 태도로 의자에서 일어났다. 험악한 분위기에 태왕 전하가 엄비를 말리는 한편, 총독에게도 조용히 여자들의 가벼움을 설득하여 무사히 넘어가기는 했지만, 그때는 어느 순간 무슨 일이 일어날지 몰라 궁전 공기가 때 아닌 긴장으로 팽팽해진 적이 있다.

〈엄비와 테라우치의 에피소드〉

나는 이 에피소드를 곤도와 다른 시각에서 받아들인다. 물론 곤도가 냉정하게 사태를 기록해놓았기 때문에 다른 해석도 가능하겠지만, 나는 이 이야기에서 엄비가 말하고 있는 것이 아주 조리에 맞음을 인정하지 않

을 수 없다. 그녀는 자신의 절실한 마음을 분명히 말하면서 약속을 지켜 달라고 호소하고 있다. 테라우치는 조선을 지배하는 최고 권력자이다. 그에 맞서서 이렇게 확실하게 말할 수 있고 그것도 논리 정연함으로 그를 궁지에 몰아넣은 여성은 아마 일본에도 없을 것으로 생각된다. 당시 궁중에 이렇게 강한 정신력을 가진 여인이 있었던 것에 속이 다 후련해진다. 그 강인함은 마치 명성황후와도 같다. 단 엄비는 정치적 야심은 갖지 않은 사람이었던 것 같다.

양장 모습의 엄비_《朝鮮時代》續

　여기에서 사태를 수습한 것은 고종이다. 그는 아마도 명성황후를 떠올렸을 것이다. 그녀가 일본인에게 참살당한 끔찍한 사건을. 그리고 그는 엄비의 신변을 걱정하여 노련한 화술로 테라우치를 누그러뜨린 것이다.

　엄비는 상궁으로서 명성황후가 죽은 후 고종을 섬겼으며, 아관파천 때에도 고종과 왕태자 척坧(순종)이 경복궁에서 러시아 공사관으로 탈출하는 것을 도왔다고 한다. 마침내 은垠이 태어나 황태자가 되자 그녀도 귀비貴妃가 되어 황후에 버금가는 황귀비의 지위에 올랐다. 덕수궁 안에서 그녀는 거의 정비로 대우받았다. 그 증거로 자주색 치마를 착용했다고 한다. 자주색 치마는 원래 왕비에게만 허용되었다.

엄비는 또한 여성 교육을 위하여 1906년 4월 진명여학교, 5월에는 명신여학교(후의 숙명여학교) 설립에 도움을 주었다.[7] 그녀는 오래된 전통을 지키는 궁정사회의 후궁으로 살면서 새로운 것에도 눈을 돌릴 줄 아는 사람이었던 것 같다. 양장 모습의 사진이 남아 있는데 이 시대 여성으로는 가장 빨리 양장을 입은 사례가 아닐까 한다.[8]

엄비의 강인함에는 통쾌함이 있다. 동시에 가슴 저리는 안타까움도 있다. 그녀는 정말 이은이 유학 간 이후로 한 번도 만나지 못한 채, 4년 후 장티푸스에 걸려 죽었다. 장티푸스였던 만큼 급거 귀국한 이은은 유해에 접근조차 할 수 없어서 통곡했다고 전해진다. 엄비의 '한'은 이것뿐이었을까?

엄비는 1911년 7월 덕수궁 즉조당에서 죽었지만 경선궁慶善宮이라는 존호를 받았다. 장례절차는 거의 정비와 동격으로 치러졌다. 테라우치를 비롯한 문무대관이 빈전에 배례를 하여 장중함의 극치를 이루었다고 한다.

아버지 고종의 죽음과 3·1운동

*나시모토노미야 가문, 당시 일본 황족의 한 집안. 지금의 황실은 다이쇼 천황大正天皇의 자손으로 한정되어 있지만, 1947년까지는 이밖에도 후시미노미야伏見宮 가문의 혈통에 속하는 방계 황족이 11궁가宮家나 있었다. 나시모토노미야 가문은 그 중의 하나이다.

이은의 약혼 취소

제1차 대전이 시작되고 2년이 지난 1916년 8월 3일, 일본에 유학중인 왕세자 이은과 나시모토노미야* 마사코와의 혼약이 신문에 발표되었다. 본국에 이미 정식 약혼자 민갑완이 있다는 것은 무시한 혼약이었다.

또한 1917년 6월 8일 아침, 이왕 순종은 도쿄로 떠났다. 일본이 무리하게 강요한 〈천기봉사天機奉伺〉※를 위한 여행이었다. 일본은 고종에게 여러 가지 협박을 하면서 순종을 설※ 천기봉사, 신하의 예로 일본 천황을 배알하는 것

득하도록 강요하였다. 고종은 창덕궁의 순종에게 3인의 상궁을 사자로 파견하였는데, 그중 한 사람으로 복녕당 양귀인의 이름이 있다. 순종은 도쿄에서 황족을 비롯한 여러 사람과 만났으며, 동생 이은과도 재회하였다. 6월 20일에는 도쿄를 떠나 27일에 경성에 도착하였다. 조선왕조의 왕(황제)이 도쿄에 갔다 온 것은 일찍이 전대에 들어보지 못한 일이었다. 순종은 이때 평생 딱 한 번 명함을 만들었다.

1918년 12월 1일, 이은이 고국에 일시 귀국하였다. 민갑완은 이 소식을 신문에서 보고 알았다고 자서전 《백년한百年恨》에 쓰고 있다.

이튿날 어배식御陪食(지금의 파티)에는 아버님(민영돈)께서도 참석을 하시었다. 그때 어배식 석상에서 태황제(고종)께서는 아드님께,

"유길아. 열한 살 때에 간택 치른 것을 기억하고 있는가?"라고 물으셨다. 정유년에 나셨다고 하여 영친왕님의 애명은 유길酉吉이었다.

"네, 기억하고 있습니다."라고 똑똑히 대답 하시자, 태황제께서는 다시,

"그럼 어서 가례(혼례식)를 올려야지."

라는 말씀이 채 떨어지기도 전에 일인日人 측근자들은 곧 부자분의 말씀을 막고는 통역을 세웠다. 아버님은 한국말로 말씀하시고 아드님은 일본말로 하시고, 통역은 그 가운데서 통역을 했다. 오가는 대화가 자기들이 꾸며놓은 계책과는 어긋난다는 점에서 만들어낸 계책인 것이다.

고종은 이은과 민갑완의 결혼을 당연하게 생각하고 있었다. 그러나 일본은 나시모토노미야 마사코와 결혼시키려고 작정했기 때문에 서둘러서 대화를 끊어버린 것이다. 그리고 부자간의 자유로운 대화를 방해하기 위하여 일부러 이은에게 일본어로 말하게 하고 통역을 그사이에 집어넣었다. 일본이 얼마나 음흉하고 노골적인 방법으로 조선 왕가를 감시하고 있었는지 이것만 보더라도 알 수 있다.

이은은 2주 후인 12월 16일 일본으로 떠났지만, 이틀 후인 18일 이번에는 민갑완의 집으로 순종의 심부름을 왔다는 상궁들이 찾아와 약혼 반지의 반환을 요구하였다. 정식 절차를 밟은 약혼이었다. 민씨 집안에서는 물론 강하게 저항했지만 순종의 뜻이라 하니 어찌해볼 도리도 없어 마침내 다음해인 1919년 1월 3일에는 약혼반지를 돌려주었다. 민갑완은 일본의 압박을 피해 상하이上海로 망명한 후 평생을 독신으로 지냈다.

고종의 갑작스런 죽음

덕혜가 8살(만 6살) 되던 1919년 1월 21일, 고종이 갑자기 승하하였다. 68세였다. 너무나 갑작스러운 죽음으로 그것도 나흘 후에는 왕세자 이은과 마사코와의 결혼식을 앞둔 시기여서 독살당했다는 소문이 파다했다.

이때는 마침 파리평화회의가 열리던 시기로 고종이 조선 독립을 호소하기 위한 밀사를 파견하려고 했기 때문에 이를 저지하기 위해 일본이 독살을 기도했다고도 쑤군거리고 있었다. 진상은 아직도 알 수 없지만, 이은의 결혼은 연기되었고 그는 도쿄에서 서둘러 귀국하였다.

조선 전역은 고종의 죽음을 애도하는 슬픈 곡소리로 뒤덮혔다. 45년간

3 · 1운동 때 거리로 나선 여성들_《獨立運動》

조선의 왕이었으며, 일본에 의해 강제로 퇴위당하고 만년을 유폐생활과 마찬가지로 덕수궁에서 지내야 했던 그의 생애에 사람들은 민족 망국의 슬픔을 또렷이 상기해냈던 것이다.

국장일이 3월 3일로 정해지자, 독립운동의 리더인 종교지도자 · 지식인 · 학생들이 독립선언문의 기초를 만들고 이를 국장에 맞추어 발표하기로 약속하였다.

그리하여 3월 1일, 일본 관헌의 단속의 눈을 피해 파고다 공원 팔각형 정자에서 조선민족의 독립 의지를 드높이 외치는 선언서가 낭독되었다. 《조선독립운동의 혈사朝鮮獨立運動の血史》에 그 광경이 다음과 같이 기록되어 있다.

그날이 되자 약속도 하지 않았는데 모여든 학생이 이미 천여 명에 달하였다. 그때 9년 동안 흔적도 없어져 그림자도 보이지 않던 태극기가 갑자기 서울 중심부에 나타나 하늘높이 펄럭였다. 어느 이름 없는 천도교도가 몸을 던져 단상에 올라 한 장의 종이조각을 꺼내들고 독립선언문을 낭독하였다. 아직 낭독이 채 끝나기도 전에 '독립만세'를 외치는 소리가 우뢰와 같이 울려 퍼졌다. 무수한 선언서와 손에 든 깃발이 흔들리는 모습이 마치 신불을 모신 영산회靈山會에 하늘에서 꽃이 내려오는 듯했다. 학생들은 경쟁이라도 하듯이 모자를 공중에 내던지고 미친 듯이 기뻐하면서 그 감격을 맞았다. 그때 서울과 지방의 인민이 한꺼번에 봉기에 합류한 숫자는 수십만에 이르렀으며, 회장은 서로 밀치고 당기며 입추의 여지가 없을 정도였다.

이를 계기로 시작된 3·1독립운동은 조선민중의 광범한 지지를 바탕으로 마침내 전국방방곡곡에 이르게 되었다. 극심한 탄압에도 불구하고 "마지막 한사람, 마지막 한순간까지 민족의 정당한 의지를 쾌히 발표하라"라는 선언서처럼, 여성·어린이·노인에 이르기까지 만세를 외치는 소리가 끊이지 않았다.

조선의 쟌 다르크라 불리우는 유관순(이화학당 학생)의 저항이 있었던 것도 바로 이때이다. 일본에 의해 부모를 잃은 유관순은 체포당한 후 가혹한 고문에도 소신을 굽히지 않다가, 다음해 겨울 10월, 마침내 16살로 옥사했다.

우수에 찬 덕수궁

덕수궁을 감싸고 있던 독립만세를 외치는 민중의 소리는 궁중 깊은 속에서 슬픔에 쌓여 있던 덕혜옹주의 귀에도 들렸을 것이다. 만 6살 소녀에게 그 의미는 알 수 없었다 하더라도 부왕의 죽음을 애도하는 곡소리와 독립만세를 외치는 소리가 서로 호응하여 어린 가슴에도 깊이 새겨졌을 것이다.

곤도 시로스케는 그때 무슨 일이 일어날지 모르는 긴박했던 정세를 "태왕 전하의 국장에 직면하여 근심이 가득 찬 구름 속으로 깊이 고립되어가는 덕수궁이 순식간에 일어난 꿈만 같은 독립만세 소리에 휩싸였다. 대한문 바깥은 흰옷을 입은 인파를 쓰러뜨리고 곧 무슨 큰일이라도 일어날 것 같은 조짐이 시시각각 밀려들었으며, 유언비어가 횡행하고 무시무시한 기운이 전 시내에 흘러넘쳤다"고 고백하고 있다. 《이왕궁비사》에 따르면, 그는 3월 1일 국장 준비를 위해 금곡리金谷里에 있는 산릉山陵공사 현장으로 출장을 갔다가 전화로 사태를 보고받고 서둘러 덕수궁으로 향하였다. 덕수궁에서 종로에 이르자 흰옷의 군중은 길가에 넘쳐 있었으며, 무장 경찰과 헌병에 둘러싸여 있으면서도 그들은 완전히 무저항주의로 아무런 위험한 행동도 하지 않은 채 당당하게 시위운동을 할 뿐이었다. 겨우 대한문에 이르자 넓은 광장과 큰 길이 흰옷을 입은 군중으로 넘치고 있었는데, 아주 정숙하게 질서를 지키며 문안으로 밀물처럼 밀려들어와 광명문光明門 안의 빈전을 향해 배례를 올린 후 독립만세를 외치면서 물러갔다. 곤도 시로스케는 대한문을 경비하는 조선 보병대의 병사들조차 내심으로는 오히려 군중을 환영하는 것처럼 유유하게 들이는 것을 보고, "한발의 총성도 들리지 않고, 한 방울의 피도 흘리지 않은 채, 쌍방의 무저항주의가 합치하여 일찍이 보지 못했던 광경을 보여주었다"라고 감탄스런 필치로 쓰고 있다. 독립선언서 안의 "일체의 행동은 무릇 질서를 존중하며 우리의 주장과 태도를 어디까지나 공명정대한 것으로 만들자"라는 공약이 완전히 지켜진 것이었다.

민중은 질서를 지키며 행동하려 했지만 일본 관헌의 탄압은 무참하였다. 일본은 조선 민중의 정당한 행동을 눈앞에 보면서 너무나 큰 공포를 느꼈다. 탄압이 엄해지면서 저항도 격렬해져 전국에서 2백 만을 넘는 민중이 참가했다고 한다. 조선총독 하세가와 요시미치長谷川好道는 책임을 지고 사임하였다. 곤도는 그를 무위무능한 사람이라고 혹평하였다.

그를 대신하여 사이토 마코토齋藤實가 총독으로 취임하였다. 일본은 지금까지의 무단통치를 그만두고 겉으로나마 문치주의로 전환하지 않을 수 없었다. 《조선일보》《동아일보》라는 2대 민족 신문의 한글 발간을 인정한 것도 이 3 · 1운동의 결과였다.

이강의 상하이 탈출 시도

3 · 1운동 선언서는 조선민족의 독립 요구를 "전 인류가 공존 공생할 수 있는 권리의 정당한 발동"이라 외치면서 세계평화와 인류의 행복을 달성하기 위해 일본 · 중국을 포함한 동양의 영원한 평화를 호소한 민족정신을 높이 외친 선언서였다. 그 때문에 당시 일본의 침략으로 똑같이 고통당하고 있던 중국의 5 · 4운동에도 큰 영향을 미쳤다. 또 3 · 1운동 과정에서 생긴 몇몇 조직이 통합되어 4월에는 상하이에 대한민국 임시정부가 수립되었다. 독립 후의 한국이 공화제국가로 출범한다는 것은 이 시

점에서 결정되었다. 그리고 3·1운동의 영
향으로 의친왕 이강이 상하이로 탈출을 시
도하였다. 이 사건은 미수에 그쳤지만 일본
에 미친 충격은 컸다. 이강은 비 김씨의 동
생을 통해서 대동단(3·1운동 후 결성)과 연락
을 취하며 상하이 임시정부와 협력해서 독
립운동을 하려 했다. 그는 상하이에 갈 목적
으로, 일본인이 한국의 간신과 도모하여 고
종과 명성황후를 시해했음을 모든 외국에
호소할 것, 조선민족은 어디까지나 독립을
요구한다는 것을 세계에 선언할 것, 그리고
일본의 한국병합을 결코 부왕이 승인하지

의친왕 이강_《朝鮮時代》, 正

않았다는, 이 세 가지를 세계에 폭로할 것이라고 주장하였다. 나아가 네
번째로는 "나 또한 조선 국민의 한사람이다. 오히려 나는 독립국 조선의
일개 서민이 되더라도 우리나라를 병탄시킨 일본 황족의 일원이 되는 것
은 거부한다."라고 하면서, "나의 이 결심은 첫째는 자신의 집안의 복수
를 위한 것이며, 또 하나는 조국 독립과 세계평화를
위한 것이다."라고 결론지었다.[9)]

조선 왕족 가운데 왕족 신분을 버리고서라도 조
국 독립을 요구할 것을 분명하게 단언했던 사람은
이강 공 단 한 사람이지 않았을까? 그는 1919년 11
월 9일 밤, 몰래 궁전을 빠져나와 상하이로 가기 위
해 안동현安東縣*으로 향했으나 일본 경찰의 수사망

＊**안동현** 압록강 주변의 만주. 고대
에는 고구려 영역이었으며, 당의 고
구려 정복 이후에는 안동도호부가
설치되었던 곳이다. 청나라 때에는
1874년 만주에서의 한인의 입식入
植을 금지하는 봉금정책封禁政策이
폐지되면서 이곳에 1876년 안동현
이 설치되었다. 1903년 이후 안동
항이 대외적으로 개방되고 압록강
의 수운이 발달하면서 물류의 집산
지로 발달하게 되었으며, 1931년에
만주사변이 일어나자 일본군에 점
령당했다.

에 걸려들어 경성으로 되돌아왔다. 그러나 이강의 말과 행동이야말로 조선민족의 독립을 추구하는 염원에 호응한 것이었다. 이것이야말로 망국의 어려움을 당한 조선 왕족이 취해야 할 태도가 아니었을까?

창덕궁에서의 나날

창덕궁 관물헌

1919년 3월 3일, 고종의 유해는 국장에 따라 경성 근교의 경기도 양주군 미금면 금곡리에 먼저 간 명성황후와 함께 묻혔다. 현재 미금시의 홍릉洪陵이다.

이렇게 덕혜는 만 6살 때 최대의 보호자였던 부왕을 잃었다.

그 후의 나날을 덕혜가 어떻게 보냈는지 말해주는 사료는 아주 적다. 《실록》에 따르면 왕이 죽은 후 1년간은 함녕전이 효덕전이라는 이름으로 바뀌어 죽은 영혼을 모시는 혼전魂殿이 되었다. 그동안 복녕당 양귀인과 덕혜옹주는 덕수궁 안에 머무르고 있었다고 생각된다. 그러나 그 후 도쿄로 유학갈 때까지 덕혜는 어디에 살고 있었을까? 처음에는 짐작이 가지 않았지만 아마도 오빠 순종이 살고 있는 창덕궁으로 옮겼을 것이라 추측되었다.

창덕궁은 동궐로 불렸으며 원래 정궁인 경복궁의 동쪽에 있는 궁궐이다. 순종이 즉위해서 이곳으로 옮기고부터는 창덕궁이 덕수궁을 대신하여 정궁이 되었다. 돈화문敦化門이라는 웅대하고 훌륭한 정문과 정전인

창덕궁의 정전인 인정전, 오른쪽 흰 원 부분이 관물헌_《昌德宮》, 우진문화사

인정전仁政殿을 비롯하여 여러 채의 전각이 지금도 남아 있다. 뒤쪽에는 비원秘苑이라 불리는 넓고 아름다운 정원이 있다.

이 창덕궁에 관물헌觀物軒이라는 건물이 지금도 남아 있다. 김영상金泳上氏의 《서울 600년》에는, 한 때 이곳에 양귀인과 덕혜옹주가 살았다는 기록이 있다. 또 당시의 신문에도 도쿄에서 귀국한 덕혜가 관물헌으로 들어갔다는 기사가 있으므로 그곳으로 옮겼다는 추측이 가능하다.

이 건물은 순종이 일상생활을 하던 희정당熙政堂과 대조전大造殿의 동쪽에 자리하고 있으며 조용하고 아늑하다. 관물헌은 갑신정변의 무대가 되어버렸지만, 실은 순종의 어머니 명성황후가 이곳에서 1874년 2월 가랑비가 내리던 날 순종을 낳았던 곳이다. 그 남쪽으로는 성정각誠正閣과 내의원(궁중 내의 의약을 담당하는 곳)의 일부가 남아 있어서 지금도 그 자취를 전해주고 있다. 순종은 자식처럼 사랑스러운 덕혜를 자신과 가까운 곳

관물헌_(昌德宮), 대원사

에 살게 하였다.

어머니와 함께 지내던 관물헌의 일상

1920년 6월 3일자 《동아일보》는, 〈복녕당 아기씨, 아침저녁으로 두세 명의 학우와 더불어 공부에 마음을 붙이시고 부왕의 그리운 정을 위로〉 라는 제목으로, 그 당시 덕혜의 일상을 자세히 전하고 있다.

이 기사에는 "부왕을 잃어버린 복녕당 아기씨는 어린 몸이지만 부왕을 그리워하는 효성이 더할 나위가 없으며, 생모인 양귀인(39)과 함께 밤낮으로 눈물과 탄식 속에서 추도의 세월을 보내고 계시지만, 몇 개월 전에 덕수궁 이태왕 전하의 빈전을 창덕궁으로 옮김에 따라 관물헌으로 거처를 옮기셨다." 라고 적혀 있어서, 모녀가 창덕궁으로 옮긴 것이 확실하다.

《동아일보》는 같은 해 4월 1일 창간한 지 얼마 안 되었기 때문에 활자가 조악해서 읽기 어려웠다. 또 옛날 표기가 섞여 있어 이해하기 어려운 부분이 많았지만 대강 다음과 같은 내용이다.

만 8살 된 덕혜는 매일 아침 7시 반에 일어나 어머니와 함께 세수를 하고, 낙선재로 가서 순종·윤비 부부에게 아침 문안을 드린 후 관물헌으로 돌아가 아침을 먹는다. 그 후 9시 반부터 한효순·민영안·이혜순 세 학우와 함께 스미나가·사사키 두 교사로부터 일본어·산수·작문·그림 등을 배우고, 점심을 마치고 나서는 효덕전에 가서 참배를 한다. 오후에도 학우들과 구기球技를 하거나 산(비원일 것이다)에 올라가서 놀다가 저녁에 다시 효덕전에 참배하고 10시에 취침한다.

아마도 《동아일보》 기자가 덕혜를 가까이서 모시는 상궁에게서 취재했겠지만 상궁의 말을 정말 아주 자세하고 충실하게 옮겨 적어놓은 것 같다. 매일매일 규칙 바르게 생활하고 있는 모습이 눈에 보이는 듯한데, 고종이 남긴 아이 덕혜가 국민들의 깊은 관심의 대상이었음을 살필 수 있는 기사이다.

또 말이 나온 김에 곁들이자면 이 기사로 순종 부부가 당시 낙선재에 살고 있었던 것도 알 수 있다. 원래 왕 부부의 거처는 내전(희정당·대조전)이지만, 1917년에 창덕궁에 대화재가 발생하여 내전 대부분이 불타버렸다. 화재가 처음 일어난 곳은 대조전 서쪽에 있던 궁녀의 탈의실이었다고 한다. 그때 왕 부부는 비원의 연경당演慶堂으로 피난했다가 나중에는 낙

히노데 소학교 시절의 덕혜_중앙, 조선일보사

선재 일부를 수리하여 생활하고 있었다. 소실된 내전을 재건하기 위해 경
복궁 건물을 이축하기도 했지만, 때마침 고종의 승하와 3 · 1운동이 일어
났기 때문에 예정이 늦추어져 1920년 2월에서야 겨우 재건공사가 완료되
었다고 한다.

히노데 소학교 입학

　1921년 4월 1일, 덕혜는 히노데日の出 소학교의 2학년으로 입학하였다
(《동아일보》). 히노데 소학교는 서울에서 일본인 자제들이 다니는 소학교
로 조선인은 소수의 상류계급 아이들뿐이었다.

　덕혜를 일본인으로서 교육하기 위해 그런 학교에 다니게 했던 것이다.
당시 사진을 보면 덕혜는 깃을 댄 일본 옷차림으로 앉아 있다. 세라복 차림으로 소학교에서 치마·저고리를 입고 있는 사진은 없는 것 같다. 머리를 숙이고 부끄러워하는 듯한 표정은 내성적인 성격을 나타내는 것일 것이다.

통학은 처음에는 마차로 다니다가 나중에는 자동차를 타고 다닌 것 같다. 당시 동급생 말에 따르면 황족대우로 역시 특별취급을 받고 있었다. 무슨 일이 있을 때 마다 보라색 보자기에 싼 상자를 시중드는 사람이 공손히 들고 왔다고 한다. 재봉 상자나 도시락이었을 것이다. 아무튼 많은 일본인들 속에서 일본인 교사로부터 일본 중심의 역사와 일본어를 배우게 된 것에 대하여 거부감을 느끼지 않을 수 없었을 것이다.

이즈음의 《동아일보》에는, 덕혜가 병으로 학교를 쉬고 있는데 승마갈근탕升麻葛根湯을 마시며 치료하고 있으며(1921년 5월 7일), 사실은 홍역이었는데 겨우 회복되었다(5월 28일)는 기사가 보인다. 또 1923년 8월 17일자 신문에는, 덕혜옹주가 여름휴가로 원산(현재 북한의 동해안)까지 해수욕하러 갔다는 내용도 있다. 원산은 경성에서 꽤 멀리 떨어진 곳으로 당시에 이미 철도가 놓여 있었다.

'덕혜'라 명명

실은 소학교에 입학할 때까지도 덕혜德惠라는 이름은 없었다. 입학 후 얼마되지 않은 5월 초에 정해진 것 같다. 《실록》에는 5월 4일에 "복녕당 아지에게 호를 내려 덕혜라 하였다."라고 기록되어 있다. 1921년 5월 9일자 《동아일보》에는, 인정전 동행각東行閣에서 이재완·윤덕영·이지용·윤용구 등의 친족이 모여 협의한 결과, 이왕 전하의 결재를 받아 덕

1922년 4월 28일, 관현의례, 왼쪽부터 덕혜옹주, 이방자, 윤비, 순종, 이은, 시종에게 안긴 진_(조선왕조궁중 풍속연구)

혜라는 이름을 일본 궁내성에 상신했다고 되어 있다. 이어서 이 기사에는 덕혜 뒤에 어떤 존칭을 붙여야 할지 궁내성의 처분을 기다리고 있으며, 옹주라는 존칭을 붙이게 될지 어떨지는 아직 모른다고 이마무라今村 이 왕직 서무관이 말했다고 적혀 있다.

이 기사에 따르면 옹주라는 존칭도 이 시점에서는 정식으로 정해지지 않았던 것을 알 수 있다. 앞에서 언급한 입적문제와 어떤 관련이 있는지 아직 명확하게 판단할 수는 없지만, 어쨌든 덕혜옹주라는 호칭은 이때부터 '복녕당 아기씨'를 대신하여 그녀의 정식호칭이 되었다.

《실록》에 따르면, 1923년 3월 3일 덕혜옹주는 히노데 소학교 심상과尋常科를 졸업한 후 계속해서 고등과에 재학했던 것 같다.

이은 왕세자 부부의 경성 방문

이은과 나시모토노미야 마사코의 결혼식은 1919년 1월로 예정되어 있었지만 고종이 갑자기 서거하는 바람에 연기되어 다음해 4월 28일에 치루어졌다. 그 다음해 첫 아들 진晉이 태어났다.

진이 생후 8개월째 되던 1922년 4월 23일, 이은·방자 부부는 진을 데리고 경성을 방문했다. 결혼 후 처음으로 순종·윤비 부부에게 인사를 드리는 관현觀見 의례와 종묘에서의 묘현廟見 의례를 치루기 위해서였다.

이때 이은 부부는 덕수궁의 서양식 건물인 석조전에 머물면서 창덕궁의 순종을 방문하였다. 덕혜가 관물헌에서 어머니와 살고 있을 때다.

이때 덕혜도 함께 찍은 사진이 남아 있다. 덕혜는 처음으로 오빠의 부인인 방자方子를 만났다. '가만히 올케인 나를 바라보시는 덕혜님의 영리하고 발랄하며 동그란 눈동자를 보고 살짝 웃어보이자, 빙그레 부끄러운 듯이 웃었다. 그러고도 계속해서 애정어린 눈길로 나를 쳐다보는 그 귀여움이란……' 이라고 방자는 쓰고 있다(《흘러가는 대로流れのままに》).

또 이은은 방자를 안내하면서 덕수궁 안의 함유재咸有齋를 가리키며, 옛날에 덕혜가 살던 곳이라고 했다 한다(《지나온 세월》).

그런데 이 경성 방문은 이은과 방자에게는 잊을 수 없는 슬픈 여행이 되어버렸다. 갓난아이 진이 내일은 일본으로 돌아가야지 하고 기다리던 8일에 발병하여, 11일에 석조전에서 죽고 말았다. 갓난아이에게 흔한 소화불량이라고도 하고, 누군가가 독살했다고도 하지만 진상은 알 수 없다. 어느 쪽이든 이은 부부의 겉으로 드러난 화려한 결혼생활 뒤에 숨어 있는 어두운 측면을 상징하는 듯한 죄 없는 생명의 희생이었다. 진의 시신은 청량리에 잠들어 있는 할머니 엄비永徽園의 옆에 묻혔다. 숭인원崇仁園이라 한다.

일본유학

경성역을 떠나는 덕혜옹주

1925년 3월, 덕혜에게 도쿄 유학이라는 명이 떨어졌다. 《실록》에는 형식상 순종이 명한 것처럼 기록되어 있지만 순종이 찬성했을 리가 없다. 일본이 시킨 것이었다. 그리하여 3월 28일 오전 10시 경성 발 특별 열차로 덕혜는 도쿄를 향해 떠났다. 만 12살이었다.

이은의 경우 인천까지 경인철도로 간 후 인천에서 배로 일본에 갔지만, 덕혜 때는 부산까지 철도가 놓여 있었기 때문에 부산에서 시모노세키下關까지 배로 간 후 그곳에서 다시 기차를 타고 도쿄로 갔다.

《이왕궁비사》는 많은 사람들의 배웅을 받으며 경성역을 떠나는 덕혜의 모습을 다음과 같이 묘사하고 있다.

유학 때문에 도쿄로 가시기로 정해진 창덕궁 덕혜옹주는 3월 28일 오전 10시 경성 역을 특별열차로 출발하셨다. 수행은 스미나가 통역, 궁녀 2명, 하인 1명, 고용인 1명을 합쳐 모두 6명으로, 한장 시사장韓掌 侍司長이 도쿄까지, 민閔 이왕직은 대전까지, 시노다篠田 차관은 시모노세키까지, 오야마大山 히노데 소학교 교장 및 다수의 관민은 수원까지 배웅하였다.

이날 히노데 소학교의 낯익은 친구 100여 명과 관민까지 많은 사람들이 역에서 배웅하였다. 덕혜옹주는 연보라색 가는 비단실로 짠 지리멘金紗縮緬소재의 후리소데振袖*에 보라색으로 커다란 장미가 그려진 화려한 기모노에 걸치는 '히

*후리소데, 겨드랑이 밑을 꿰메지 않은 긴 소매가 달린 일본 옷으로 주로 미혼 여성이 입는 예복.

후' 라는 일본식 코트를 입었
다. 머리도 단정히 빗고 화장
도 약간 한 얼굴이 아름다웠으
며, 기분도 다른 때 보다 특별
히 좋아 보였다. 조용히 전망
차에 올라 열차가 정각에 움직
이기 시작하자, 하염없이 섭섭
해 하면서 몇 번이나 공손하게
인사를 하다가 동상東上의 길
에 오르셨다.

〈덕혜옹주 東都 유학, 국모 폐
하를 생각하며〉

일본 유학을 위해 경성역을 떠나는 덕혜옹주_(조선일보)

《조선일보》에 이때의 사진이 실려 있다. 이 기사는 어린이 · 부인을 대상으로 하는 페이지에 실려 있는데, 사진 옆에 '덕수궁 고 고종 태황제의 만년에 총애를 받고, 이왕 전하의 특별한 우애를 받으시는 덕혜옹주는 아직 14살의 어린 나이로 주위의 사정과 여러 가지 관계로 히노데소학교를 졸업하시고 정든 고국을 뒤로 하며 멀리 일본 도쿄 학습원으로 유학을 가시게 되었습니다.' 라는 설명이 붙어 있다. 유학 반대라고는 차마 쓸 수 없었던 기자가 할 수 있는 최대한의 표현이다.

내가 《이왕궁비사》의 기사를 읽고 놀랐던 것은 덕혜옹주의 후리소데 차림이다. 조선왕조의 왕녀에게 일본의 후리소데를 입히다니. 배웅 나온 사람들에게 덕혜옹주가 일본인이라는 것을 의식적으로 보여주고 있는 것이다. 이 노골적이고 오만한 퍼포먼스에 말문이 막히지 않을 수 없다.

이 두 기사에서 덕혜의 속마음을 헤아릴 수는 없다. 그녀는 아무 말도 하지 않고 오히려 빙그레 웃으면서 인내하고 있는 것처럼 보인다. 그러나 도쿄에 도착했을 때는 이미 자신의 마음을 감출 수 없는 지경이 되어 있었다.

도쿄역에 도착한 덕혜옹주

부산에서 시모노세키까지 배로 가서 열차로 도쿄역에 도착한 것은 이틀 후 아침이었다. 덕혜를 태운 기차는 3월 30일 오전 8시 반, 도쿄역에 도착하였다. 마중 나온 이방자는 이때의 덕혜를 다음과 같이 묘사하였다.

3월 30일 아침 8시 반, 수행원과 함께 도쿄역에 도착하신 옹주를 마중 나갔을 때에는 애처로운 나머지 나도 모르게 눈물이 나왔습니다. 경성에서 뵈었을 때 순진하게 생긋 웃고 계시던 귀엽고 아름다운 약간 길게 찢어진 커다란 눈망울에 이제는 어머니를 그리워하는 그리움이 서려 있어서 내성적인 이 옹주가 앞으로 보내야 할 세월이 걱정되어 견딜 수 없었습니다.

"긴 기차와 배 여행으로 피곤하시지요?"

"……"

한국어로 말을 걸어보아도 그 수줍은 듯한 귀여운 미소는 돌아오지 않았습니다. 기다란 속눈썹만 내리깔고 있을 뿐이었습니다.

《흘러가는 대로》

마중 나온 올케가 인사를 해도 아무런 대답도 하지 않는 소녀. 웃음기도 없는 표정. 그것은 덕혜의 무언의 항의였다. 어머니 양귀인과 오빠 순종으로부터 강제로 떼어내고, 편하고 익숙한 서울 생활과 사람들로부터 강제로 떨어지게 만들어 머나먼 타향인 도쿄에서 일본인들과 살아가지 않으면 안 된다. 다감한 소녀는 그것에 격렬한 반발을 느꼈을 것이다. 때마침 마중 나온 방자는 그런 일본인의 한 사람에 지나지 않았다.

생각해보면 덕혜는 사춘기에 들어선 소녀로 이미 주위에 대한 감정이나 이성도 어른의 영역에 들어서 있었다. 그것이 만 10살 때 강제로 일본에 유학가게 된 오빠 이은의 경우와는 크게 다른 점이었다. 만 12살, 특히 소녀의 경우 이 연령층에서는 일반적으로 소년보다도 정신연령이 높다. 그녀는 자신의 운명에 따르지 않을 수 없음을 알고는 있지만, 마음속은 일본의 방식에 대한 화와 분노로 가득 차 있었음에 틀림없다. 그녀의 무언과 무표정은 그녀가 할 수 있는 최대한의 저항이었다.

이것은 분명 일본이 눈치채지 못한 오산이었다. 이은에게서는 성공한 것처럼 보였던 방법이 덕혜의 경우는 실패하였다. 나중에 알게 되겠지만 일본의 이 강압적인 방법은 그녀를 압박하여 결국에는 광기의 세계로 몰아갔다.

이방자는 도쿄역으로 마중 나갔었을까?

앞에서 인용한 《흘러가는 대로》를 보면 이방자가 스스로 도쿄역으로 마중나갔던 것으로 읽히는 표현이다(실제 필자는 나카지마 모미코中島もみ子씨라 한다).

또 1967년 간행된 한국어판 《지나온 세월》에서는 '8시 반 도쿄 역착의 기차로 도착하셨다.' 라고만 되어 있어서 마중 나갔는지 어땠는지를 알 수 없다(작가 한무숙씨와 고정기씨의 도움을 받았다고 한다).

앞의 두 책은 자서전이라고는 해도 일본어판ㆍ한국어판 모두 다른 사람에게 쓰게 한 것 같으며, 이방자 자신이 어디까지 점검하여 출판한 것인지는 의문이다. 《서울 정도 600년》에 '도쿄 역에 도착한 덕혜옹주를 마중나간 영친왕비 이방자 여사는─' 이라고 되어 있지만, 역으로 마중나간 것처럼 쓰고 있는 것은 원저를 그렇게 해석했기 때문일 것이다.

그러나 1980년 간행된 한국어판 《지나온 세월》에 의하면 이방자는 역까지 마중나가지 않았다.

옹주가 일본에 도착한 것은 4월 30일(원문대로)이었다. 나는 집의 직원들을 모두 역으로 보내서 옹주를 영접하도록 했다. 이윽고 옹주가 일행과 함께 집으로 들어왔다. 나는 깜짝 놀랐다. 처음 내가 한국에 갔을 때(1922년 4월) 본 옹주와는 영 다른 모습이었다. 굉장히 성장했으나 얼굴에는 애수와 절망감이 깃들어 있었다. 처음 보았을 때 나를 매료시켰던 발랄하고 영롱했던 눈빛은 아예 찾아볼 수가 없었다. 나는 가슴이 덜컹 내려 앉으며 수줍은 어린 소녀에게 불행한 미래가 기다리고 있지는 않을까 생각했다.

이 문장은 석주선 여사의 논문에 인용되어 있다.[10] 이 표현으로는 분명히 이방자가 토리이자카鳥居坂의 저택에서 덕혜를 맞았다. 아마도 이것이 사실일 것이다. 사소한 것 같지만 이방자가 도쿄역까지 마중 나갔는가 아닌가라는 것은 덕혜의 심리적 상황을 고려할 경우 적지 않은 의미의 차가 있다.

여자학습원에 입학

1925년 4월, 덕혜는 아오야마靑山에 있는 여자학습원 본과 중기 클래스에 편입하여 토리이자카의 집에서 통학하게 되었다. 덕혜가 들어간 것은 중기 4학년 코스의 2학년으로 동급생으로는 타케다노미야竹田宮 · 기타시라카와노미야北白川宮 가문의 둘째 왕녀와 사가히로嵯峨浩(나중에 아이신카쿠라후케츠愛新覺羅溥傑)의 부인 · 오자키 유키카尾崎雪香 등이 있었다.

당시 여자학습원은 1912년 2월 11일 나가다쵸永田町에 있던 학습원 여학부의 본관이 화재로 불타버린 후 아오야마에 새로 설립된 교사이다. 새 학교 건물로 이전을 계기로 1918년 9월 5일에는 학습원 학제가 개편되고, 학습원 여학부가 학습원에서 분리되어 여자학습원이 되었다. 여자학습원은 1922년 3월 공포된 학제에 따라 본과가 전기 4년 · 중기 4년 · 후기 3년으로 편제되어 모두 11년을 하나의 학제에서 교육하게 되어 있었다. 일반 소학교 · 여학교와는 다른 독자적인 제도였다. 더욱이 본과 위에 고등과 2년이 있었지만, 고등과로 진학하는 것은 극히 일부 학생뿐으로 대부분은 결혼 준비가 시작되었다는 등의 핑계를 대며 본과 졸업으로 그치거나 그 이전에 퇴학하는 경우도 있었다.

1921년 여자학습원의 평면도를 보면, 동쪽에 정문이 있고 북쪽에는 강당 · 원장실 · 사무실 등이 있었으며, 본과 후기와 고등과가 주로 사용했던 본관이 있다. 또 서쪽으로는 전기와 중기의 교실이 있는 서관, 남쪽에는 유치원 등이 있는 남관이 있고 각각의 교사에는 황족 학생을 위해서 현관에 차를 댈 수 있게 만든 시설과 수행원을 위한 대기실 등이 있었다.

넓은 운동장 이외에도 테니스 코트가 있고, 1926년에는 서쪽에 철근

콘크리트로 만든 체조교실이 건설되었으며 체육이 중시되었다. 교육시설은 당시로서는 가장 양호하여 가정교실에 최신 기계인 외국제 전기세탁기도 설치되어 있었다. 황실의 번병격인 화족의 여자들에게 현모양처다운 교육을 하려고 했을 것이다. 또 다른 면에서 본다면 당시는 다이쇼 데모크라시*의 영향을 받아 학습원도 꽤나 자유스럽고 편안한 분위기였다고 한다.

*다이쇼 데모크라시, 1910~1920년 대 일본에서 일어난 자유주의적·민주주의적인 풍조 내지는 그 운동. 세계적인 데모크라시의 발전과 러시아 혁명, 도시 중간층의 정치적 자각 등을 배경으로 메이지시대 이래 형성되어 온 번벌藩閥·관료정치에 반대하여, 정치적으로는 호헌운동·보통선거운동을 비롯하여, 노동운동·사회주의운동 등이 고양되었으며, 사상적으로는 요시노 사쿠조吉野作造의 민본주의와 자유주의·사회주의 사상 등이 고양되었다.

**소마 유키카, 일본 〈헌정의 신〉이라 불리는 오자키 유키오의 딸로 1912년 도쿄에서 태어났다. 다이쇼 데모크라시의 사회분위기 속에서 소녀시절을 보내고, 1939년부터 MRA(도덕재무장운동)에 참가했으며, 전쟁이 끝난 후에는 주로 사회운동에 힘써서 아시아 아프리카 난민구호 활동 등을 하였다.

소마 유키카 여사의 회상

소마 유키카相馬雪香** 여사는 오자키 유키오尾崎行雄의 딸로 1924년에 여자학습원에 들어갔다. 그 다음해에 들어온 덕혜옹주에 대해서는 다음과 같이 말하고 있다.

그 다음해 한국 이은 전하의 여동생으로 덕혜님이라는 분이 우리 클래스로 들어오셨습니다. 그날 덕혜님은 우리들과 같은 세라복 차림이었으나 수행원인 3·4명의 상궁들은 핑크와 블루, 황색의 한국 옷을 입고 있었으며, 마치 선녀의 날개옷을 연상시키는 듯한 자태로 사뿐히 클래스로 들어오셨습니다. 그 아름다움에 강렬한 인상을 받았습니다.

선생님께서 "덕혜님과 사이좋게 잘 지내도록" 하라는 말씀이 있었습니다. 참견하기 좋아하는 나는 빨리 상대하고 싶어서 친구가 되었습니다. 말이 적은 편으로 무슨 말을 해도 별로 대답을 하지 않고, '네, 네' 라고 말씀하실 뿐이었습니다. 점심시간에는 모두 운동장으로 나가 학습원만의 독특한 놀이로 '토모에갓센' 이라는 싸움을 하였습니다. 빨강·흰색·노란색의 어깨띠를 매고 상대방의 깃발을 빼앗는 놀이입니다. 그런 놀이도 같이 해보자고 권유하였지만 교실에 그냥 앉아 계셨습니다. 어떻게 자라셨는지는 모르겠지만 운동 같은 것도 그다지 하지 않으셨습니다. 운동회에서는 언제나 꼴찌를 했기 때문에 정말로 안쓰러워 보였습니다.

한국의 덕혜님이 오신다는 것을 아버지에게 말했더니, 아버지가 "한국에 대해서는 일본이 아주 몹쓸 짓을 했으니까 언젠가는 보상을 해야 한다."라고 한 것이 머리에 남아 있습니다. 내가 덕혜님에게, "내가 당신 입장이라면 독립운동을 하고 있을 텐데, 왜 당신은 하지 않나요?"라고 물어도 가만히 계실 뿐이었습니다. 덕혜님에게는 가정교사가 붙어 있어서 하루 종일 학교에 와 있었습니다. 그 당시 학습원에는 수행원이 따라 오는 사람이 많아서 그들이 대기하는 공간도 있었습니다. 거기서 재봉 같은 것도 하고 있었습니다.

독립운동 운운 이라는 말을 하고 나서 한참 지난 후 나는 교관실로 불려 갔습니다. "쓸데없는 말을 하지 않도록 하라."는 주의를 들었습니다.

나는 모처럼 사이좋게 지내려 하고 있는데 그런 말을 듣는다면 차라리 함께 놀지 않겠다는 생각이 들었습니다만, 역시 졸업할 때 까지 할 수 있는 것은 하였습니다.

《마음에 놓은 다리心に懸ける橋》

오자키 유키카가 본 덕혜의 학교생활은 너무나 외로웠다. 학우와도 거의 말하지 않고 교실에 묵묵히 앉아있을 뿐인 소녀. 운동회에서는 언제나

학습원 시절의 덕혜옹주_(조선왕조궁중풍속연구)

꼴찌로 달렸다. 그녀는 달리고 싶지 않았다. 일본인들은 부모를 비롯한 가족이 참관하러 와서 성원해준다. 그러나 덕혜에게는 와주었으면 하는 사람이 아무도 없다. 외톨이인 그녀가 즐거울 리가 없다.

오자키 유키오는 도쿄 시장·국회의원·법무성 장관 등을 역임하였으며, 헌정의 신이라 불리던 진보적인 정치가로 조선에 대한 일본의 정책에 비판적이었다.

"왜 독립운동을 하지 않느냐?"라는 것은 너무나도 어린아이다운 솔직한 질문이다. "아무런 대답도 하지 않았던 것은 덕혜님이 너무 놀랐기 때문이겠지요."라고, 소마 여사는 내 질문에 전화로 대답해주셨다(소마 여사에 따르면, 덕혜옹주는 일본어를 충분히 이해하고 있었다. 말투는 〈~이옵니다〉라고 하는 아주 정중한 말투였다고 한다).

아마도 이 질문은 덕혜에게는 순간적으로 이해하기 어려웠을 것이다. 일본에 와서 그것도 학습원에서 그런 질문을 받으리라고는 꿈에도 생각지 않았을 것이다. 그러나 그때 덕혜의 마음속에 1919년 3월 1일의 독립만세 소리가 다시 들려왔을지도 모른다고 나는 상상해본다.

학습원 시절 세라복 차림의 웃고 있는 얼굴 사진도 있기는 있다. 그러나 덕혜의 마음을 즐겁게 해주는 것은 거의 없었던 것 같다. 그저 묵묵히 있는 것만이 그녀가 할 수 있는 저항이지 않았을까.

고독한 생활

　덕혜가 도쿄에서 살았던 곳은 아자부 토리이자카麻布 鳥居坂에 있던 이은 부부의 집이다. 한국에서는 '기숙사에서 살게 했다.' 라는 설도 있지만 그렇지 않다. 여자학습원에는 기숙사가 없었다.

　곤도의《이왕궁비사》에 따르면, 덕혜가 도쿄로 갈 때 따라갔던 궁녀와 스미나가 여사는 본인들이 덕혜를 가까이서 모시기로 희망했음에도 불구하고, 입학 절차가 끝나자 모두 조선으로 돌려보냈다고 한다. "옹주는 왕세자비 전하의 가르침 하에 교육을 받으시게 되었다."고 적혀 있다.

　요컨대 일본은 덕혜를 모든 조선적인 것으로부터 차단하여 완전히 일본인으로서 교육시키려고 하였다. 그것이 일본의 의도였다. 일조일체日朝一體의 상징으로 조선 왕족을 이용하기 위해 일본인으로 만들어가려 하였다.

　그러나 일본의 기도는 실패하였다. 이은의 경우와는 달랐다. 만 10살의 이은은 이토 히로부미를 의지할 정도가 되어버렸지만, 덕혜는 12살, 이 두 살 차이가 결정적이었다. 그리운 고국의 모든 것이 덕혜의 마음속에 분명하게 새겨져 있었으며, 일본 사회와 인간을 비판적인 눈으로 바라볼 수 있는 지성과 감성을 그녀는 이미 갖추고 있었던 것으로 보인다.

　그리고 그 내면에서 일어나는 격렬한 갈등이 결국은 그녀를 정신병으로 끌어가지 않았을까. 어떠한 저항도 그것이 절망적일 수록 본인에게도 커다란 보상을 요구하지 않을까. 누구에게도 본심을 털어놓을 수 없는 고독한 왕녀가 겪는 정신의 궤적은 너무나도 아픈 것이었다.

오빠 순종의 죽음

덕혜는 어머니가 사망한 1929년까지 고국에 돌아가지 못했다는 설이
퍼져 있으나 그것은 사실과 다르다. 실제로는 1926~1928년에 해마다 귀
국하였다. 그러나 그것은 불행한 사건과 관련된 귀국이었다.

순종의 위독을 알리는 소식

《흘러가는 대로》에 따르면 1926년 3월 1일, 이은 부부는 서둘러서 경성
으로 떠났다. 병으로 요양 중이던 순종의 병세가 더욱 악화 조짐이 있다
고 들었기에 병문안을 하기 위해서였다. 3월 11일에는 유럽 여행에 대한
칙허가 나올 것이라서 서둘러 다시 도쿄로 돌아갔다. 덕혜에 대해서는 언
급이 없지만, 《실록》에는 덕혜도 이은 부부와 함께 경성에 도착하여 11일
에 떠났다고 기록되어 있다. 이 사실에 대하여 《동아일보》는 〈덕혜옹주
도 동반, 세자전하 내경, 3월 3일 출발〉이라는 제목으로 다음과 같이 보도
하였다.

이왕세자 전하께서는 이번 봄 유럽에 건너가실 것이므로 이왕 전하께 알
현하기 위하여 오는 삼월 초순에 경성에 오신다고 하는 것은 일전에 보도
한 바이다. 이왕직에 도착된 공문을 보면 삼월 삼일에 동경을 출발하실 예
정으로 세자비 전하는 물론이요 덕혜옹주도 같이 오신다고 한다.

《동아일보》 1926년 2월 23일

순종의 위독 소식을 듣고 경성역에 도착한 이은과 덕혜_(조선일보)

《동아일보》가 덕혜의 동행을 강조한 것에 주의가 간다. 《흘러가는 대로》에는 씌어 있지 않지만 이때 덕혜가 같이 온 것이다. 또 이 기사에 의하면 유럽에 가기 전에 알현하기 위한 것으로 병문안이라 써 있지는 않다. 순종의 병세 악화를 비밀에 부치도록 한 것이었을까?

그러나 그 후 얼마 지나지 않은 4월, 순종이 위독하다는 소식이 도쿄로 전해졌다.

1926년 4월 8일 오전 7시 30분, 이은과 덕혜는, 고高 사무관, 그밖에 시종관 11명을 데리고 특별열차로 경성역에 도착하였다. 때마침 방자는 편도선염에 걸려 혼자서 시모노세키의 호텔에 머물렀다(《조선일보》1926년 4월 9일).

두 사람은 곧바로 자동차로 창덕궁으로 향하였으며, 대조전에 들어가 이왕 전하 순종을 배알하였다. 순종은 동생들과 담화를 나누었으나 캄풀 주사로 겨우 의식을 유지하고 있었다.

《흘러가는 대로》에는 4월 13일에 경성에 도착하였다고 쓰여 있다. 이는 방자가 병 때문에 혼자 늦게 올라온 것으로, 이은과 덕혜는 닷새나 빠른 4월 8일에 대조전으로 병문안을 갔다.

간병의 나날

《조선일보》는 위독한 순종을 간호하는 이은과 덕혜의 모습을 〈오색영롱한 채의로/ 침식구망寢食俱忘의 시탕侍湯/ 근시들의 만류도 불청하시며/ 세자궁의 극진하신 우애〉라는 제목으로 다음과 같이 전하고 있다.

창덕궁 전하의 환후에 대한 급보를 받으시고 즉시 귀국하여 곧바로 창덕궁 낙선재에 체재중이신 왕세자 전하와 복녕당에 계신 덕혜옹주께서는 각각 오색의 조선옷을 입으시고 매일 전하의 신변을 떠나시지 않는다고 하는데, 밤에는 늦게까지 옆에서 지키며 주무시지도 못한다.

《조선일보》 1926년 4월 11일

오색영롱한 채의가 어떻게 생긴 한복인지 알 수 없지만, 두 사람이 알록달록한 색상의 조선옷을 입고 있었다는 것이 주목된다. 또 덕혜의 동정을 같은 지면에서 더욱 상세하게 보도하여, '덕혜옹주는 원래 성격이 온후하고 부드러우며 왕 전하의 병세가 회복될 것을 밤낮으로 빌고 계신다.

매일 아침 관물헌에서 내전으로 납시어 전하의 옆을 떠나지 않고 눈물고인 눈으로 전하의 고통을 지켜보면서 비통에 잠겨 계신다. 근시近侍들도 감격하여 몸둘 바를 모른 채 울 정도이다. 또 옹주는 내전에서 물러나온 후에도 생모인 양귀인과 함께 쾌유를 비는 기도를 올리고 계신다.' 라는 내용의 기사를 싣고 있다.

이 기사와 함께 눈에 띠는 제목으로 이왕직에 대한 비판도 기재되어 있다.

〈걱정스러워서 견딜 수 없는 중태인데도 옆에 시의侍醫 한 사람 두지 않다. 성의

혼자서 경성역을 떠나는 덕혜옹주_
(조선일보)

도 없고 경의도 없는 이왕직〉, 또는 〈배진 결과도 듣지 않고 마음대로 용태 발표, 시의 말도 듣지 않고 자기 마음대로 용태를 발표하다. 스에마츠 末松 서무과장의 실태〉라고 있듯이, 아무래도 이왕직이 의사를 배치하는 데 소홀한 것과 잘 확인해 보지도 않고 용태를 발표해 버린 것을 비난하고 있는 것 같다. 평상시 이왕직에 대한 분노와 불만이 이 시점에 와서 일시에 뿜어져 나오는 듯한 《조선일보》의 기사다.

순종의 죽음

마침내 4월 25일 묘시(《실록》), 융희황제 순종은 대조전에서 돌아가셨다. 1874년에 태어나 그때 나이 53세였다. 일본에 의해 강제로 즉위하여

정치적으로는 전혀 무력한 황제였지만, 고종과 명성황후 사이에서 태어난 대한제국 마지막 황제의 죽음에 조선 국민은 깊은 슬픔을 느꼈을 것이다.

국장은 6월 10일로 정해졌다. 그런데 덕혜는 이보다 빠른 5월 10일 혼자서 도쿄로 떠났다. 오빠의 국장에 참석하는 것을 허락하지 않은 것이다.

이날 이른 아침, 관물헌을 나온 덕혜는 바로 태례奉祭(장례식을 치르기 전에 공물을 바치는 식)를 마쳤다. 이어서 생모인 복녕당 양귀인에게 가슴 아픈 이별을 고하고, 대조전 서쪽 방의 윤비와 낙선재에 있는 이은 · 방자 부부에게도 이별의 인사를 올렸다. 모자에서 구두까지 모두 검은색의 양장 상복 차림이었다. 그리고 태행전하太行殿下의 빈전에 마지막 작별 인사를 한 후 경성 역으로 떠났다(《조선일보》 1926년 5월 10일).

이 기사의 제목은 〈창덕궁을 원망遠望하시고 玉顔에 珠淚滂沱〉였다. 사진은 열차의 전망대에 올라 먼 곳을 바라보는 듯한 덕혜의 표정을 포착하고 있다. 배웅 나온 사람들보다는 막 빠져나온 창덕궁 쪽을 바라보고 있는 것 같다. 오빠의 죽음에 대한 슬픔이 너무나 컸을 것이다. 이런 때 어머니와 헤어지는 것은 얼마나 힘들었을까?

순종의 죽음으로 덕혜는 지금까지 아버지를 대신하여 자신을 비호해 주던 큰오빠를 잃었다.

도쿄로 돌아온 덕혜를 기다리고 있던 것은 변함없는 유학생활이었다. 《나시모토노미야 이츠코비의 일기梨本宮伊都子妃の日記》에 따르면, 1926년 6월 27일, 황족 모임이 신쥬쿠 교엔新宿御苑*에서 있었다. 하루

*신쥬쿠 교엔, 도쿄의 신주쿠에서 시부야澁谷에 걸쳐있는 공원으로, 원래는 신슈 타카토번信州高遠藩의 번주인 나이토内藤씨의 도쿄 저택이었으나 1879년 궁내성 소관이 되었다가 1949년부터 공원으로 개방하였다.

종일 골프 · 테니스 · 점심 등을 먹으며 마음 편하게 놀았다. '덕혜 사마도 데리고 갔으며 바래다주고 돌아왔다.' 라고 되어 있다. 6월 10일 오빠 순종의 국장이 있은 지 얼마 안 된 때였으므로 덕혜가 좀처럼 놀 기분은 아니었다고 생각되지만, 일본 황족에게 순종의 죽음은 잊혀진 듯하다.

순종의 뒤를 이어 이은이 이왕 전하가 되었다. 그러나 즉위식은 없었다. 한 나라의 왕이 아니라, 일본 황실을 따르는 왕족의 장에 지나지 않았다.

순종과 어머니 명성황후

순종은 명성황후가 낳은 4남 1녀 가운데 무사히 성장한 단 한 사람이다. 그는 어린 시절 어머니 명성황후와 할아버지 대원군의 격렬한 정쟁 가운데서 자랐다. 그리고 그가 22살 때 경복궁에서 을미사변이 일어났다. 일본인이 저지른 명성황후 시해사건이다. 고종과 그도 바로 근처에 있었다. 말하자면 그의 눈앞에서 어머니가 일본인에게 참살을 당했다. 매킨지에 따르면 그는 어머니가 죽음의 문턱에서 그를 부르며 외치는 소리를 세 번이나 들었다고 한다. 하수인들이 아직도 미지근하게 체온이 남아 있는 유체를 능욕한 후 가까운 소나무 숲으로 옮겨 기름을 뿌려 태웠다.

그 몇 년 후 독이 든 커피 사건으로 고종은 곧바로 토해서 무사했지만, 순종은 그것을 마셨기 때문에 아주 건강하지 못한 몸이 되었다고 한다.

순종이 정치적으로 아주 무력했음은 틀림없다.

매킨지는 순종을 '입을 벌리고 턱은 빠진 채 무관심한 눈빛으로 지적인 관심도 일어나지 않는 듯한 얼굴이었다.' 또는 '키가 크고 뻣뻣하고 어설픈데다 얼빠진 듯이 보였다.' 라고 묘사하고 있다.

그러나 순종은 부드러우며 배려 깊은 성격이었던 것 같다. 《실록》을 보면 그는 고종이 죽었을 때 창덕궁에서 덕수궁의 효덕전까지 매일같이 다녔다. 그가 아버지를 그리워하는 마음은 그 누구도 일본조차도 막을 수 없었다.

그는 돌아가신 아버지가 남긴 혈육 덕혜옹주를 아주 귀여워하였다. 《실록》의 순종을 추도하는 문장 가운데는 '덕혜옹주에 대해서는 아주 귀여워하고 자애로운 마음으로 뭔가 즐거워할 만한 일이 있으면 반드시 나눠주었다.' 라는 구절이 있다.

효심이 두터웠던 그는 고종의 후궁들에게도 아주 든든한 보호막이 되어줄 정도로 배려가 있었다. 고종의 생전 당호를 받지 못했던 김옥기라는 여성에게도 일부러 삼축당三祝堂이라는 당호를 내려주었다. 하물며 복녕당 양귀인은 고종의 총애가 가장 두터웠을 뿐 아니라 덕혜의 생모이기도 했으므로 그 모녀를 위해 순종이 마음을 쓰고 있었던 것은 쉽게 짐작할 수 있다. 《조선왕조궁중풍속연구》에 따르면 1926년 당시 복녕당 양귀인이 다달이 받는 급료(상궁으로서의 급료)는 580원으로 후궁 중에서 가장 많았다.

복녕당 양귀인과 덕혜가 옮겨 살았던 관물헌은 앞에서 언급했듯이 순종이 태어난 내전의 바로 동쪽에 있었다. 그의 덕혜에 대한 애정과 아버지가 중하게 여기던 부인 복녕당 양귀인을 위로하고자 하는 마음을 읽을 수 있지 않을까?

순종은 분명히 일본으로서는 얼마든지 조종할 수 있는 인형 같은 존재였다.(《베르츠의 일기ベルツの日記》를 보면, 이토 히로부미는 황태자였던 다이쇼 천황大正天皇에 대해서도 마찬가지로 인식하고 있었다) 그러나 나는 순종이 어머

니가 일본인에게 참살당한 일
을 잊어버릴 수 있는 사람이라
고는 생각되지 않는다. 《실록》
을 읽어보아도 명성황후가 돌
아가신 날과 탄신일은 해마다
결코 잊어버린 일이 없다. 겉으
로는 아무 말도 내뱉지 않고 할
수도 없었지만 그의 마음속에
서는 말하고 싶어도 말할 수 없
는 원통하고 분한 마음이 소용
돌이치고 있었을 것이다. 곤도
시로스케는 《이왕궁비사》에서
순종의 사람 됨됨이를 칭찬하

명성황후_나가사키현립 도서관

고 있다. 그러나 곤도도 명성황후 시해사건을 알고 있었을 텐데, 순종이
일본에 아주 협조적이었음을 칭찬하는 사고구조란 내게는 오히려 소름
끼칠 정도로 그가 이상하게 느껴질 뿐이다. 무릇 "조선 병합은 세계적인
대세와 우리 제국의 국시가 명한 바로, 이 1만 5천 방리 강역과 2천만 민
중에게 평화와 문명의 은광恩光을 베풀기 위한 위업이다." 라고 하는 것은
일본인 관료로서 그의 한계일 것이다. 그러나 곤도가 때때로 내뱉는 듯한
말, 예를 들면 순종의 도쿄 방문을 기술하는 대목의 말미에, "도쿄에 가서
천기봉사天氣奉伺하는 것에 대해 왕 전하가 어떤 델리케이트한 부분에서
까지 불편해 했던 것은 깊이 동정해야 한다" 라던가, 또는 "전하의 심리를
헤아려야 할, 또는 사정이 있음을 알아야 한다" 등을 읽으면, 곤도 시로스

케가 순종의 복잡한 심중을 알고 있었다고 생각되는 부분도 있다.

순종은 마음속으로 자신조차도 이해하기 힘든 현실과의 상극을 끌어안으며, 암울하고 고민에 찬 나날을 보내고 있지는 않았을까.

어쨌든 명성황후와 순종의 모자지연과 무참한 운명에 대하여, 우리들 일본인은 그것이 왕조말기 특권계급의 말로라고 간단하게 말해버릴 수는 없을 것이다. 모자의 삶으로 받아들이기는 하지만, 거기에서 엄비와 이은에 대해서 처럼 소름이 돋는 느낌, 즉 우리 일본이 만들어낸 죄업을 자각해야 하지 않을까.

복녕당 양귀인, 계동으로 옮기다.

순종이 죽은 지 얼마 안 되어 덕혜의 생모 복녕당 양귀인은 창덕궁 관물헌을 떠나 계동桂洞에 있는 친정집으로 옮긴 것 같다. 친정집이란 그녀의 오빠 아니면 동생 집이었을 것이다.

대비(죽은 선왕의 비)가 된 윤비(계비이지만 정비)는 관례에 따라 낙선재로 옮겼다. 복녕당 양귀인은 선왕 고종의 후궁이며 옹주의 생모이므로 창덕궁 안에서 사는 것이 당연할 텐데 왜 친정으로 옮겼을까? 추측건대 그것은 복녕당 양귀인이 왕족의 일원으로 인정받지 못했기 때문이 아닐까? 덕혜의 생모이기는 해도 그녀는 궁녀의 한 사람에 지나지 않았다. 양씨의 친정은 귀족도 아니고 양반도 아니었던 것 같다. 이에 대해서는 나중에 또 언급하겠지만, 요컨대 복녕당 양귀인은 순종 사후 궁중에서 자신을 비호해줄 사람을 상실했기 때문이다.

이 매몰찬 처사를 이은은 왜 막지 못했을까. 그들 부처는 매년 봄 성묘

차 귀국하여 창덕궁에 있었으므로(당시 이왕 전하가 된 그가 창덕궁의 주인이다) 그 사실을 모를 리 없었다.

같은 오빠라도 이은의 경우 나이 차가 더 적었음에도 불구하고 덕혜와의 사이는 소원하였다. 일본은 이은을 1907년 10살 때 데려 갔다. 덕혜가 태어난 것은 그로부터 5년 후인 1912년이지만 이은은 가끔 귀국할 뿐이었으므로 누이동생과 만날 기회도 적었다. 1925년 덕혜의 도쿄 유학으로 비로소 형제가 함께 집에서 사는 모양새가 되었다. 게다가 이은은 일본인 부인을 얻어 일본 생활에 익숙해져 있었다. 당연한 일이지만 덕혜의 마음을 깊이 헤아려주기도 어렵고 덕혜를 위해서 뭔가 해주고 싶다는 마음도 부족하지 않았을까?

양귀인이 계동 친정으로 옮긴 이유로 또 하나 생각할 수 있는 것은 그녀의 병이다. 《조선왕조궁중풍속연구》에 따르면, 궁녀들은 일단 궁중에 들어가면 종신제이지만 예외가 두 가지 있다. 하나는 불행하게도 그가 모신 전궁殿宮의 주인(왕이나 왕비 등)이 승하한 때이다. 장례식과 제례가 끝나 종묘로 들어가 버리면 그녀들은 유품을 받아 뿔뿔이 자신들의 친정집으로 돌아가게 된다. 친정이라 해서 자식이 있는 것은 아니기 때문에 대부분 조카들의 집이다. 또 하나는 자신이 병들어 의약원에서 주는 약을 먹어도 회복되지 않는 경우이다. 왜냐하면 궁중 안에서는 왕의 직계 이외에는 절대로 죽을 수 없으며 긴 병을 앓는 것도 허용되지 않았기 때문이다.

복녕당 양귀인은 1929년 유방암으로 죽었다. 1927년경부터 병을 앓았다는 소문이 있으므로 그 때문에 친정으로 옮겼다고 볼 수도 있다.

순종의 죽음을 계기로 다시 한 번 조선독립을 추구하는 움직임이 고조되기 시작하였다. 6월 10일 국장을 치르던 날, 청년 학생들이 격문을 뿌리며 독립만세를 외쳤다. 6·10만세 운동이다. 100명 또는 200명 이상이 검거되었다고 하지만 당국이 사전에 엄한 경비망을 펴고 있었기 때문에 3·1운동과 같은 대규모 운동으로 커지지는 못했다.

그러나 왕족이라는 존재가 언제라도 조선독립의 민족정신을 상징하는 심볼이 될 수 있었음을 일본이 끊임없이 두려워하고 있었다는 것에는 변함이 없었다.

어머니, 복녕당 양귀인의 죽음

순종의 1주기·2주기

순종이 죽은 1926년 12월 25일, 일본에서는 다이쇼 천황이 죽었다. 다음 해인 1927년 4월 7일은 순종의 1주기였기 때문에 덕혜는 이은 부처와 함께 조선으로 떠났다. 《동아일보》(1927년 4월 6일)에 〈이왕 양전하, 오는 10일 귀경, 덕혜옹주께서도 10일에 오신다〉라는 제목으로, 이왕 부처와 덕혜옹주가 7일 도쿄를 떠나 10일 오후 7시경에 열차로 경성역에 도착함을 알리는 짧은 기사가 있다.

이때 덕혜는 도쿄로 한발 빠른 4월 15일에 돌아갔다. 《동아일보》(1927년 4월 15일)에 '德惠姬 출발, 금일 오전 열시 동경으로 가시어'라는 제목으로, 순종 효황제 1주기에 참석하기 위하여 귀국했던 덕혜가 15일 오전 경성역을 출발하는 열차로 엄 시종이 수행하여 도쿄로 갔다고 기재되어 있다. 돌아갈 때는 혼자 먼저 돌려보냈던 것이다.

이 직후 1927년 5월 23일, 이은·방자 부처는 염원하던 유럽여행에 나섰다. 요코하마에서 하코네마루에 승선하였는데, 덕혜옹주·이강 공도 요코하마 언덕까지 배웅하였다. 유럽을 돌아보고 귀국한 것은 다음해인 1928년 4월 9일, 덕혜는 이때도 고베항으로 오빠 부부를 마중 나갔다.

2주기에 맞추어 귀성한 것은 1928년 5월이었다. 《조선일보》 5월 1일자 기사에 따르면, 이은 부처와 덕혜는 5월 1일 오후 7시 40분 경성역 도착 예정, 12일 오전 10시 10분 경성 역 출발 예정으로 되어 있다.

이때 덕혜는 어머니 양귀인을 마음대로 만날 수 없었다라거나, 또는 일본이 방해해서 만나지 못하게 했었다라는 것을 한국 책에서 본 적이 있다. 이 이야기는 덕혜가 귀국해서 창덕궁 관물헌에 들어갔을 때 그 곳에 양귀인이 없었다는 것을 말하고 있다. 그녀는 계동의 친정으로 옮긴 것이다. 계동은 창덕궁에서 그렇게 먼 곳이 아니다. 그러나 덕혜가 어머니를 만나러 가려 해도 옹주의 신분으로 마음대로 방문하기는 어려웠으며, 양귀인도 창덕궁에 들어가는 것이 간단하지는 않았을 것이다. 게다가 양귀인은 언제부터인지 병에 걸려 있었다.

어머니가 죽다

덕혜가 막 17살이 된 지 얼마 안 된 1929년 5월 30일, 생모 양귀인이 유방암으로 영면하였다. 〈3년 전부터 유방암으로 정양중이었지만, 30일 오전 6시경부터 위독해져서 7시에 영면하다.〉 라고 《조선일보》(6월 1일)는 보도하고 있다.

어머니 사망 소식을 듣고 경성역에 도착한 덕
혜_(조선일보)

이 신문에 따르면, 양귀인은 1882년 경성에서 태어나 1905년 창덕궁에 들어가 덕수궁의 세숫간 나인으로 봉사하였다. 이케베池部 궁중의의 치료를 받았으나 효과가 없었으며 마침내 긴 잠에 빠져들었다고 한다. 장례식은 오는 5일로 덕혜옹주는 2일 아침 경성에 도착할 예정임을 알렸다.

5월 30일, 도쿄에서 부고를 들은 덕혜가 나카가와中川[11]여사와 함께 실제로 경성역에 도착한 것은 6월 2일 오전 7시였다. 한韓 이왕직 장관 등이 영등포까지 마중을 나왔으며, 역에는 이왕직 장관과 귀족 친척 등이 많이 나와 있었다. 《동아일보》는 덕혜의 모습을 다음과 같이 전하고 있다.

옹주는 검은 양장에 애통함으로 야위신 몸을 감싸고 자동차로 창덕궁에 들어가 이전에 어머니가 계시던 관물헌에서 잠시 휴식을 취한 후, 곧바로 낙선재로 가서 대비전하께 배알하였다. 천담복으로 갈아입으신 후 12시 반에 계동 빈소로 가서 새로 1시에 거행하는 성복전에 참례하셨는데 오직 한분밖에 안계시다가 돌아가신 어머니의 유해 앞에서 너무나 애처롭게 통곡하는 모습은 가까이서 모시는 사람들의 눈물을 자아내게 하였다.

《동아일보》 1926년 6월 3일

덕혜는 검은 상복을 입고 귀국했지만 성복전成服奠에는 천담복만 입도록 했다. 성복전이란 상을 당한 지 3일 또는 5일 후에 처음으로 상복을 입는 의식이다. 또 천담복이란 3년상 후에 100일간 입는 옥색(푸른색을 띤 색, 옅은 하늘색)의 조선옷이다. 흑백사진으로 보면 하얀색으로 보인다.

실은 여기에서 덕혜옹주의 상복문제가 새로 대두되고 있었다.

복상 문제

양귀인의 장례식은 조선에서 옛날부터 전해 내려오는 고식에 따라 6월 5일 치르게 되었다. 그런데 뜻밖에도 덕혜는 어머니를 위해 상복을 입을 수 없다고 이왕직이 말을 꺼냈다.

《동아일보》는 이 문제를 다음과 같이 보도하고 있다. 제목은 〈복녕당의 서거逝去와 옹주 상복 문제, 제복祭服만 잠깐 입고 참례하다, 어친구신御親舊臣간에 물의 분분〉이라고 되어 있다.

복녕당 양귀인의 장례식은 오는 5일 오전 9시에 자택인 계동 133번지에서 발인하여, 오후 2시에 고양군 숭인면 월곡리 묘지에 안장한다고 한다. 복녕당 아기씨(덕혜)는 이번 2일 오후 7시 30분에 경성역에 도착하여 즉시 창덕궁 낙선재로 들어가 대비 전하께 배알한 후, 오후 1시에 거행하는 성복에 참례하였다가 그 후에는 발인할 때만 배별拜別할 예정으로 되어 있다. 그런데 덕혜옹주의 복상에 대하여 일반 구신 및 친척들과, 이왕직의 견해가 틀리므로 이 때문에 적지 않은 분규로 번질 염려가 있다. 이것은 옛날 가례(일가의 예의범절)에서는 의례히 3년 복상을 해야 하는 것이 법이지만,

궁내성에서 제정한 왕공가규범에 의하면 복녕당은 귀족이 아니며, 덕혜옹주는 왕공족이기 때문에 복상할 수 없다고 되어 있다. 따라서 상복도 입을 수 없으며, 오직 발인하는 날 제복을 잠깐 입는 것 밖에 할 수 없다. 그 때문에 비로소 문제가 생기게 된 것인데, 혹 덕혜옹주께서 애통해하시는 지성이 지극하여 사사로이 상복을 입으신다 하더라도 공식적으로는 입을 수가 없게 되었다고 하는 것이다. 이에 어머니와 자식 사이에 너무 가혹한 일이 아니냐는 것이다. 이전 엄비가 돌아가셨을 때 현재 왕 전하께서는 9개월간 복상하신 전례가 있다고 한다.

《동아일보》 1929년 6월 2일

어머니의 죽음이라는 견디기 어려운 슬픔의 한가운데서 덕혜는 신분 때문에 복상조차도 할 수 없는 비정한 현실에 처해 있었다.

'문제의 초점은 왕공가규범'

《동아일보》는 앞의 기사에 이어 '문제의 초점은 왕공가규범'이라는 제목으로 더욱 자세한 해설을 붙이고 있다.

《왕공가규범》 제186조에 '부모, 남편 상은 1년으로 한다.' 라는 조문이 있으므로 당연히 덕혜는 1년간 복상할 수 있으며, 또 14조에 '서자는 어머니 쪽에만 친자간에 한하여 이를 친족으로 한다.' 라는 조문이 있다. 양귀인은 친족이면서 어머니이기 때문에 조문대로 읽으면 복상할 수 있다. 그러나 궁내성 및 이왕직 측에서는 같은 규범 193조에 '왕공족은 황족·왕족·공족·조선귀족이 아닌 친족을 위하여 상喪을 복服하지 않음.' 이라고 되어 있기 때문에, 복녕당 양귀인은 친족에 해당되기는 하지만 귀족이 아니므로 덕혜는 복상할 수 없다고 주장하고 있다. 어떻게 해결될 지 주목된다 라고 되어 있다.

《왕공가규범》이라는 것은 1926년에 제정된 것으로 한국 병합 후 구한국황제 및 그 친족(조선왕공족)의 신분과 재산 등에 관한 규정이다. 황실령으로 공포되었지만 1947년의 일본국 헌법 시행과 함께 폐지되었다.

왕공족에 대해서는 처음부터 황족 대우를 하여 황실전범에 준해서 하면 되므로 새로 법령을 만들 필요가 없다는 인식도 있었다. 그런데 1919년 이강 공의 상하이 탈출 미수사건도 있어서 1926년 3월 와카츠키 레이지로若機禮次郞* 내각은 〈왕공족의 권의權義에 관한 법률안〉을 제출하여 22일 중의원의 동법안위원회 비밀회의에서 질의가 이루어졌다. 이 자리에서 야

> *와카츠키 레이지로, 시마네현 출신의 정치가로 오쿠라쇼大藏省 장관 등을 역임하였으며, 1926년 수상이 됨.

마카와 즈이후山川瑞夫 법제국 장관은 '대우는 황족에 준하지만, 곧바로 왕공족이 황족과 동일한 존재가 되는 것으로 볼 수는 없다. 노골적으로 말하자면 역시 신민이다.' 라고 말하여 법률이 필요함을 설명했다고 한다(《나가사키신문長崎新聞》 1927년 12월 7일).

《흘러가는 대로》에는 《왕공가규범》 제정에 따라 1926년 12월 21일 이방자가 황후로부터 훈일등보관장을 받았다고 되어 있다.

《왕공가규범》이란 결국 조선 구왕실 사람들이 일본에 대해 이반할 수 없도록 구속하기 위한 법령이었다. 이것이 덕혜의 경우 가장 심각한 형태로 적용되었다. 왕공족이란 한정된 사람들로 복상에 대해서도 한 사람 한 사람의 조건이 이미 제정단계에서 파악되었다고 생각된다. 즉 덕혜가 어머니에 대한 복상을 할 수 없다는 것은 알고 있었다. 오히려 복상할 수 없

천담복 차림으로 어머니를 떠나보내는 덕혜옹주(상), 양귀인의 장례행렬을 지켜보는 군중(하)_(동아일보)

도록 규정해 둔 것은 아닐까. 그 이유는 덕혜가 고종이 남긴 유복자로서 조선 민중에게 가장 인기있는 소녀였기 때문이 아닐까?

천담복을 입고 어머니의 장례행렬을 떠나보내는 옹주

궁내성과 이왕직의 주장이 관철되어 덕혜는 어머니를 위한 복상은 할 수 없게 되었다. 《왕공가규범》의 조문 해석에 따라서는 뭔가 유연한 조치를 취하여 더 인간적으로 대응할 수 있었을 것으로 생각되지만, 책임을 회피하려는 관료적인 방식이 관철되어버린 것이다. 어머니 쪽의 친족은 힘이 없었다 치더라도, 구 신하, 특히 어떤 자리든 지위에 있던 사람들이 덕혜를 위해 복상을 주장할 수는 없었던 것일까.

이렇게 해서 너무나도 상식에 어긋난, 인간의 감정을 무시한 방식으로 덕혜의 슬픔은 가벼이 취급되고 짓밟혀졌다.

6월 5일 장례식 광경을 《동아일보》는 다음과 같이 전한다.

귀인 양씨의 장례식은 예정대로 어제 5일 오전 9시에 계동 자택에서 발인하였다. 덕혜옹주께서는 천담복으로 눈물을 머금으시고 중문까지 영영 떠나가는 어머니의 유해를 전송하셨다. 장의반차(장례행렬)는 선두에 말 탄 순사가 2기騎가 서있고, 망거멸炬(행렬의 선두를 밝히는 송명松明)·곡비哭婢를 비롯하여, 혼교魂轎(장례식 때 죽은 사람이 평상시 몸에 걸쳤던 의복과 관을 실은 가마)·크고 작은 가마 등, 순 조선식 반차였다. 구경하는 사람들은 계동에서 경운동, 재동 근방까지 대 혼잡을 이루었다.

《동아일보》 1929년 6월 6일

곁들인 사진 2장은 천담복을 입은 덕혜옹주의 모습과 장례행렬의 성대함, 그리고 떠나 보내는 수많은 민중의 모습을 전하고 있다. 장례의 성대함은 근친들이 겨우 할 수 있는 최대한의 저항이었으며, 길거리에 넘치는 민중들은 덕혜에 대한 동정이 얼마나 큰 것인가를 보여주고 있다. 이 움직임이 반일운동으로 이어지는 것이야말로 이왕직(일본)이 가장 두려워하던 것이 아니었을까.

상주가 된 사람은 양귀인의 남동생이었다. 그러나 진짜 상주가 누구였는지는 너무나도 분명해서, 신문에는 '덕혜옹주에게 조의를 표하고 싶은 사람은 창덕궁의 보춘정報春亭을 찾아가면 된다.'라고 덧붙이고 있다. 보춘정은 관물헌의 남쪽에 있는 건물이었던 것 같다.

복상도 하지 못하고 도쿄로

장례식 이틀 후인 6월 7일, 덕혜는 벌써 월곡리月谷里에 있는 어머니 묘소에 이별을 고하고 경성을 떠나야만 했다.

덕혜는 그날 오후 3시 자동차로 월곡리에 가서 어머니 묘소에 마지막 참례를 하고, 4시경에 창덕궁으로 돌아와 밤 10시 20분 기차로 경성역을 떠났다. 부산 - 시모노세키라는 긴 여행길을, 돌아가신 어머니에게서 조차도 강제로 떼임을 당하고 천애고아가 된 슬픔을 안고 낯선 곳으로 향하는 17살 소녀의 마음이 어떠했을지 헤아리고도 남음이 있다.

당시의 추억으로 소마 유키카 여사는, 덕혜옹주는 어머니가 돌아가신 때에도 서울로 돌아갈 수 없었다라고 말하고 있지만(《월간 금요일》1993년 8월 27일), 그것은 너무 빨리 도쿄로 돌아가 버린 데다 복상도 하지 않았기 때문에 학교 친구들에게 그런 인상을 심어준 것이 아닐까.

정신에 이상 징후

발병

어머니를 잃은 슬픔을 감당하기도 힘든데 복상도 못하게 하고 곧바로 도쿄로 보내버리는 식의 취급이 덕혜의 마음에 얼마나 상처를 입혔는지는 아무도 상상할 수 없을 정도이다. 이방자는 귀경한 덕혜를 "더욱 말없는 소녀로 만든 것은 말할 것도 없다."《흘러가는 대로》)라고 말하지만, 복상문제에 대해서는 전혀 언급하지 않고 있다. 마치 모르고 있었던 것처럼.

사랑하는 사람을 잃어버리게 되면 어느 누구라도 위로받을 시간과 환경이 필요하다. 어머니의 죽음은 피할 수 없었다 하더라도 병이 유방암이라는 것을 알고 있었으므로 조금이라도 빨리 귀국시켜 간병할 시간을 주어 마음의 준비를 하게 하는 것이 진짜 도리일텐데 아무리 생각해도 상식이 없다. 아니 차라리 잔인하다. 이왕직이나 궁내성도 마찬가지다. 장례식을 치른 후 얼마간이라도 어머니와의 추억이 깃든 관물헌에서 지내도록 하면서 그동안 익숙했던 친척이나 사물과 자연에 둘러싸여 지내게 했더라면, 덕혜의 비통함도 얼마간은 누그러뜨릴 수 있지 않았을까?

이은은 어머니 엄비가 죽었을 때 경성에 3주나 체류하였으며, 9개월간 복상하였다고 한다. 궁내성이 《왕공가규범》을 고집한 진짜 이유는 덕혜가 조선민족의 국민적 우상이었기 때문이라고 볼 수밖에 없다.

키오이쵸 이왕가의 새 저택으로

1929년은 10월의 뉴욕 주식가격 대폭락으로 세계 대공황이 시작된 해이다. 이즈음 이은 부부의 마음을 차지하고 있던 것은 새 저택의 건축이었다. 지금까지 사용해왔던 아자부 토리이자카의 저택을 일본 궁내성에 돌려주고, 그 대신 키오이쵸紀尾井町에 있는 전 기타시라카와노미야前北白川宮 저택 2만평을 받아 새로운 저택을 짓는 공사가 시작되었다. 이 저택은 현재 프린스 호텔 구관으로 남아 있다. 일본에서 생활하고 일본 여성을 아내로 맞을 것을 강요당한 이은에게 궁내성이 베푼 보상이었을까. 그들이 집 설계에 정신이 팔려 있는 동안 덕혜의 고통은 점점 깊어갔던 것 같다.

그해 가을 10월 18일 방자는 테이코쿠帝國 대학의 이와세岩瀨 산부인과에 입원하여 자궁후굴증 수술을 받았다. 진晋이 죽은 지 8년째, 남자아이를 낳아야 할 텐데라는 초조함 때문이었다. 방자에게는 그녀 나름대로의 고민이 있었다(염원하던 둘째 아들 구玖가 태어난 것은 1931년 12월이다).

그리고 1930년 봄 3월 3일, 덕혜는 이은 부부와 함께 키오이쵸의 새 저택으로 이사하였다. 당시 신문에는 다음과 같이 보도되었다.

재작년 5월부터 고지마치쿠 키오이쵸에 칸인노미야閑院宮의 저택과 마주보는 방향에 신축중인 이왕가의 도쿄 저택은 이번에 공사를 모두 마쳤으며, 이왕과 비 전하는 덕혜옹주와 함께 3월 3일 삼짓날 좋은 날을 택하여 이전하시게 되었다.

《東京朝日》1930년 2월 26일

방자는 이사한 지 얼마 안 되어 임신 사실을 알았지만 4월 23일 5개월 만에 유산하고 말았다. 그런 가운데 이은 부부가 눈치 채지 못하는 사이 덕혜의 병은 진행되고 있었던 것 같다. 그런데 그것이 마침내 눈에 보이는 형태로 나타나게 되었다.

이즈음 덕혜님은 다소 신경 쇠약 징후가 있어서, 뭔가 학교친구로부터 들은 말들을 감정적으로 아주 강렬하게 받아들여 언제까지나 전전긍긍하며 신경을 썼습니다. 마침 사춘기에 접어든 시기에 어머니의 죽음이라는 커다란 슬픔에 처하게 된 것도 치유할 수 없는 마음의 상처가 되었습니다.

여름방학에는 내가 옆에 붙어서 이카호伊香保*로 피서를 갔습니다만, 가을에 학교가 시작되어도 가고

* 이카호, 군마현의 하루나산榛名山 중턱에 있는 온천으로 유명한 마을.

싶지 않다며 하루 종일 방에 틀어박혀서 식사하러 나오려고도 하지 않았습니다. 밤에는 심한 불면증으로 어떤 때는 갑자기 밖으로 튀어나갔는데, 놀라서 찾으려고 하면 뒷문에서 아카사카미츠케赤坂見附 쪽으로 걸어가고 있던 적도 있기 때문에, 보통 일이 아니라고 생각되어 정신과 선생에게 왕진을 부탁하였습니다. 간호사

** 오이소, 가나가와현에 있으며 1885년 일본 최초의 해수욕장으로 개방된 이래 별장지로 발전.

를 붙여 당분간은 오이소大磯** 별장에서 정양하게 했습니다.

원래 내성적인 편이었다고는 하지만 우리들에게는 밝고 희망에 찬 말투로 장래에 학교 선생님이 되서……라고 말을 똑부러지고 씩씩하게 했었는데, 지금은 깜빡깜빡하면서 단지 방에 틀어박혀 있을 뿐입니다.

"빨리 건강해 지셔서……"

라고 침대 머리맡에서 무릎을 꿇고 몇 번이나 눈물을 흘리며 말했지만,

아무런 반응도 없었고, 마침내는 〈조발성 치매증〉으로 진단받았습니다.

《흘러가는 대로》

앞머리의 '이즈음'은 문장으로는 키오이쵸의 새 저택으로 옮긴 이후로 읽히지만, 실제로는 그 전해 5월 말 양귀인이 서거한 후부터 서서히 이런 증상이 나타났던 것은 아닐까?

학교에 가고 싶지 않다는 것은 요즘의 '등교거부'와 비슷하다. 덕혜의 경우 참고 참아온 신경줄이 끊어져 이제 싫은 것을 싫다고 주장하기 시작한 것이다. 그것은 이성으로 판단해서 나온 행동이 아니라, 이제 더 이상 어떻게 할 수도 없을 정도로 막다른 곳까지 몰린 결과였다. 그렇다 해도 밤의 불면증·배회 등은 이미 병적인 증상이다.

《흘러가는 대로》에 따르면, 아무리 말을 걸어도 반응이 없어 마침내 〈조발성치매증〉이라는 진단이 내려졌다고 한다. 조발성치매증이란 요즘의 정신분열증이다. 나는 이 시점에서 이렇게 확실한 진단이 나온 것이 약간 뜻밖이다. 그리고 방자의 다음과 같은 서술에도 의문이 생긴다.

소학교 6학년 때 어머니 품을 떠난 이래 너무 자극이 강했던 탓인지, 뇌의 어느 부분이 선천적으로 약한 탓인지, 어느 쪽이든, 우리가 아무리 신경을 썼다 해도, 도저히 손을 쓸 수 없는 깊은 곳으로 덕혜님의 불행은 하나하나 쌓여가고 있었다.

《흘러가는 대로》

'너무 자극이 강했다.'라는 것은 무슨 의미일까? '뇌의 어딘가가 약한 성질'이란 유전적인 체질을 말하는 것일까? 이왕가와 양씨네 양쪽에 그런 병을 가진 사람이 있다는 이야기는 들어본 적이 없다. 이러한 서술은 방자가 덕혜의 내면을 너무나도 이해하지 못하고 있었던 것을 보여주는 것이 아닐까?

원래 덕혜가 도쿄로 유학가게 되었을 때, 곤도 시로스케는 "정숙하고 덕망 높은 비 전하는 덕혜옹주를 정말 진짜 동생을 대하는 자애로움으로 옹주의 도쿄행이 결정되자 더욱 즐거워하며 손수 의상 준비 등을 하며 손꼽아 기다리는 모습이었다고 들었다", "옹주는 왕 세자비 전하의 가르침 하에 교육을 받으시게 되었다."(《이왕궁비사》)라 쓰고 있다. 앞에서도 언급했듯이, 방자에게 그녀의 고민이 따로 있었으리라는 것은 짐작할 수 있다. 하지만 자신의 배려가 부족했었다 하지 않고 "우리가 아무리 신경을 썼다 해도"라 쓰고 있는 것에 책임을 회피하는 태도를 느끼게 되는 것은 나쁠일까.

어쨌든 덕혜에게 가장 의지가 되어야 할 오빠 이은과 올케 방자도 그다지 이해해주지 않는 방관자에 지나지 않았다고 할 수 있다. 덕혜를 정양시킨다면 얼마동안 고국에 돌아가게 하는 것이야말로 가장 좋은 방법이었을 텐데. 적어도 매해 봄 조선에 성묘하러 갈 때 언제나 함께 데려가주는 이은부부였더라면 좋았을 텐데. 덕혜는 이은에게는 순종에게 그랬던 것처럼 어리광도 부리지 못했던 것 같다.

이렇게 해서 어머니의 사후 1주기에도 또 2주기에도 덕혜는 고국에 돌아갈 수 없었다.

정신분열증이란

덕혜의 생애를 추적하기 위해서는, 특히 그 불행한 상태를 이해하려면 아무래도 정신분열증이라는 병에 대한 이해가 필요하다. 사실 덕혜의 병에 대해서는 카르테를 조사하거나 치료했던 사람에게 물어봐야 하겠지만, 내 입장에서는 무리이다. 그래서 적어도 덕혜의 병과 고뇌의 관계를 추측하기 위해서는 정신분열증에 대해 알아보는 것이 필요하다고 마음먹게 되었다.

정신분열증이란 일반적으로 크게 세 가지 유형이 있다.

첫째는 '하카형破瓜型'으로 사춘기에 많이 나타나는데 서서히 발병해서 천천히 진행된다. 불면·피로를 핑계로 학교 등을 쉬고 태만해지다가 망상이나 환각이 나타나기도 한다. 능동성이 떨어지며 감각이 둔해지고 무위·자폐에서 시작하여 마침내는 인격이 붕괴되기에 이른다. 다음의 두 가지에 비하여 발병 후 좋지 않은 증상이 많다.

둘째는 '긴장형'으로 20살 전후에 많이 발병하며, 운동 증상 즉 흥분이나 혼미의 형태로 시작되는 경우가 많다. 말은 많지만 내용이 지리멸렬하거나, 말도 안하고 그저 한없이 앉아만 있는 경우도 있다. 강한 불안·망상·환청을 동반하기도 하며, 천천히 진행되어 인격의 변화를 가져오기도 하지만 일반적으로 '하카형'보다는 발병 후 증상의 정도가 심하지 않다.

셋째는 '망상형'으로 30~40살 사이에 많이 발병한다. 주로 망상을 하며 환청·환각도 있고 병의 경과가 장기적인 경우가 많다.

분열증 증상은 사람에 따라 천차만별이나 덕혜의 경우는 아마도 '하카형'에 해당된다. 발병 후의 증상이 아주 좋지 않은 경우이다.

분열증의 원인은 아직 확실하지 않다. 미야모토 타다오宮本忠雄씨는 "현 단계에서 분명하게 이것이 원인이라고 판정할 만한 것은 없지만, 그것에 가까운 조건으로는, (1) 본인 자신에 관계되는 요인으로, 나이 · 기질 · 체형 · 유전 등, (2) 본인을 둘러싼 환경적인 요인으로 가정 · 직장 · 사회 등, (3) 발병과 직접 관련되는 요인으로 심리적 체험과 신체적 계기 등의 세 가지로 나누어볼 수 있는데, 이것들의 유기적인 연결이 발병과 관련되는 것으로 생각하는 것이 무난할 것이다."라고 한다《정신분열증의 세계精神分裂症の世界》).

덕혜의 경우를 생각하면, (1)에서는 17살 정도의 나이 · 내성적인 성격, (2)에서는 본의 아니게 일본으로 가게 된 데 따른 환경의 급변, (3)에서는 어머니의 죽음과 복상을 할 수 없었던 것에서 볼 수 있듯이, 세 가지 경우에서 보이는 모든 조건이 갖추어져 있었음을 알 수 있다.

또 슈빙 부인은 저서《정신병자의 혼에 이르는 길精神病者の魂への道》에서, 그녀가 간호사로서 치료했던 분열병 환자(여성)들에게서는 '모성'적인 것에 대한 경험이 공통적으로 결여되어 있었다고 지적하고 있다. 그것은 반드시 어머니와의 사별을 의미하는 것은 아니다. 덕혜의 경우는 12살 때 어머니와 강제로 떨어져서 고향에 돌아가지도 소식도 제대로 전하지 못했다. 그런 채로 어머니를 대신할 만한 사람이 없는 상태가 계속되었던 것이 어머니의 죽음에 대한 충격을 한층 더 깊게 만들었다고 생각할 수 있지 않을까.

옛날과 달라 요즘은 정신분열증이 치료가능한 병이다. 분열증은 결코 적지 않은 병으로 인구 1천 명당 7 · 8명의 비율로 발병한다고 한다. 최근 신문기사에 따르면 정신병환자가 전국에 약 34만 명 입원해 있으며, 그중

60퍼센트가 분열증 환자라고 한다(《아사히신문朝日新聞》 1995년 9월 3일, 도카시키 사토루渡嘉敷曉씨에 따름).

1950년경부터 향정신성약물을 사용한 효과적인 약물치료법이 발견되어 분열증의 치료가 비약적으로 진전되었다. 위 기사는 19살 때 발병한 여성에 대한 어드바이스로, 발병 후 몇 년간은 병이 재발하기 쉬우며 재발을 막으려면 약을 계속 복용할 필요가 있다. 10대 후반에 발병한 경우 환갑 정도까지 계속해서 복용하는 것이 안전하다고 되어 있다.

어떤 병이나 그렇지만 병의 징후를 조기에 발견하여 빠른 시일 안에 적절한 치료를 하는 것이 중요하다. 1930년경에는 아직 효과적인 치료법도 확립되어 있지 않았다. 지금과 다르기는 하지만 덕혜의 병에 대한 치료는 과연 적절하게 지속되었을까. 구체적인 것을 추측하기는 아주 어렵지만 결혼이라는 사태를 포함해서 다시 생각해 보아야 할 것 같다.

미야모토 타다오씨는 《정신분열증의 세계》에서 정신분열증이라는 것이 문학·회화라는 예술적 창조에까지 깊이 관련되어 있음을 지적하고 있다. 넓은 시야에서 쓴 것으로, "인간에게는 누구에게나 '이상' 한 부분이 있으며 '정상' 과 '이상' 의 미묘한 균형이 잡혔을 때라야만 참다운 '건강' 이 성립된다." 라는 기본적인 견해에 공감한다. 나아가 "분열증의 경우, 보통은 '자폐' 로 불리며 주위에 대한 관심을 완전히 잃은 것처럼 인식되고 있지만, 그러나 (중략) 사실은 전혀 그 반대가 많다. 즉 그들의 마음은 애처로울 정도로 주위, 특히 인간세계를 향해 있으며, 또 인간 세계로부터의 여러 가지 통신과 자극에 매달려 있다."라는 지적이 가슴에 와닿는다. 분열증으로 시달리는 덕혜의 내면을 짐작한다는 것은 아주 어려운 일이다. 하지만 이 지적을 기억하면서 고찰해가려 한다.

한 사례를 증거로 들자면, 《햄릿》에 나오는 오필리어의 광기는 정신의 갈등 끝에 초래된 분열증으로 간주되고 있지만, 덕혜옹주의 경우는 이보다 더 가혹한 갈등, 즉 민족적 고난과 정치적 압력의 틈바구니에서 인간으로서의 존엄을 말살당한 고독한 영혼의 고뇌였다고 할 수 있다.

혼담

덕혜의 증상이 약간 진정되었다고 하는 1930년 가을, 일찍이도 소宗 백작 집안과의 혼담이 나오기 시작하였다. 그리고 11월 초순, 장래 남편이 될 소 타케유키를 쿠죠九條 공작의 저택에서 만났다. 처음 보는 선이었다. 그러나 선을 본 이상 결혼하는 것이 그 시대의 상식이었다.

두 사람의 혼담은 어떻게 진척되어갔을까?

이를 말하기 이전에 우선 소 타케유키의 출생과 성장, 소년 · 청년시대에 대하여 보기로 한다.

2

소 타케유키

소 타케유키의 생애는 크게 전반과 후반으로 나눌 수 있다.
전반은 탄생에서 도쿄 제국대학 영문과를 졸업하고 덕혜옹주와 결혼하여
광복 후 이혼할 때까지, 후반은 재혼한 이후이다.
이 책에서는 주로 전반을 회상하려고 한다. 특히 이 강에서는
그의 유 · 소년기부터 도쿄 제국대학을 졸업할 때까지를 되돌아보려고 한다.
그는 15살 때 소 백작가를 계승했는데, 시인 · 화가로서, 또 레이타쿠대학교수로서
다채로운 활동을 하였으며, 많은 작품을 남김과 동시에 젊은 사람들의 교육에 헌신하였다.
그는 시작 이외에도 꽤 많은 양의 문장을 남겼으나, 덕혜옹주와의 결혼생활에 대해서는
일체 침묵을 지켰다.

소 씨 관련 계보

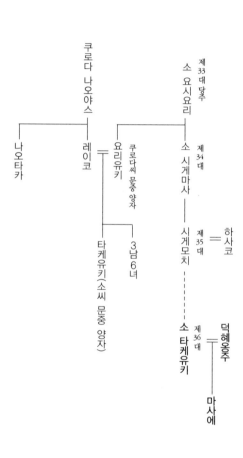

쿠로다 나오야스

소 요시요리 — 제33대 당주

나오타카

레이코

요리유키 — 쿠로다씨 문중 양자

소 시게마사 — 제34대

하사코 =

시게모치 — 제35대

3남 6녀

타케유키(소씨 문중 양자)

소 타케유키 — 제36대

덕혜옹주 =

마사에

쿠로다 타케유키

소 타케유키宗武志의 생애는 크게 전반과 후반으로 나눌 수 있다. 전반은 탄생에서 도쿄 제국대학 영문과를 졸업하고 덕혜옹주와 결혼하여 광복 후 이혼할 때까지, 후반은 재혼한 이후이다. 이 책에서는 주로 전반을 회상하려 한다. 특히 이 장에서는 그의 유·소년기부터 도쿄 제국대학을 졸업할 때까지를 되돌아보려고 한다.

그는 15살 때 소 백작가를 계승했는데, 시인·화가로서, 또 레이타쿠麗澤 대학교수로서 다채로운 활동을 하였으며, 많은 작품을 남김과 동시에 젊은 사람들의 교육에 헌신하였다. 그는 시작詩作 이외에도 꽤 많은 양의 문장을 남겼으나 덕혜옹주와의 결혼생활에 대해서는 일체 침묵을 지켰다.

탄생

소 타케유키는 어렸을 때는 쿠로다 타케유키黑田武志라 불리었다. 그는 1908년 2월 16일, 도쿄시 요츠야쿠 텐마쵸 신 1쵸메 20반치(東京市 四谷區 傳馬町 新1-20, 新宿區 四谷2-6)의 쿠로다 가문에서 태어났다. 아버지는 쿠로다 요리유키黑田和志, 어머니는 쿠로다 레이코黑田鱗子로, 타케유키는 그 집의 막내(일찍 죽은 2명도 포함하여 10형제의 4남)였다.

쿠로다 가문은 치바현千葉縣에 있던 쿠루리번久留里藩(3만석) 번주 집안으로 어머니 레이코는 그녀의 오빠가 은거한 후 뒤를 이었는데, 옛 대마번주 소 시게마사宗重正의 친동생이었던 요리유키가 양자로 들어와 쿠로다 자작 집안을 계승하였다. 그 때문에 타케유키에게는 소 씨 문중이 아버지 쪽의 친가에 해당하였다.

소 타케유키가 나중에 정리한 수필집 《슌다이라쿠春庭樂》에 의하면 친아버지 쿠로다 요리유키는 나가사키長崎에서 재판소에 재직했으며, 나중에 요코하마로 전근을 갔었고, 타케유키가 태어날 무렵에는 도쿄의 요츠야 텐마쵸에 살고 있었다. 귀족원 의원을 지낸 이외에는 평생을 거실에 단정하게 앉아 있는 일이 많았다. 소문에는 사법대신을 사양했다고도 한다. 병약했지만 운동을 위해 때때로 활을 당기고, 노오가쿠能樂*에 쓰는 작은 북小鼓을 연습하였다. 그림을 좋아하고 시간이 있을 때는 화조·산수·인물·풍속 등, 무엇이든지 그리는 것을 즐겼다. 그는 근엄 그 자체인 듯한 사람으로 가족의 존경과 사랑을 받고 있었지만 막내인 타케유키에게는 결코 꾸지람을 하지 않았다고 한다. 그는 1917년 1월, 타케유키가 만 8살 때 65살로 타계하였다.

* 노오가쿠, 일본의 고전 예능 가운데 하나로 중세의 사루가쿠猿樂에서 발전하여 무로마치시대에 칸아미·제아미 부자가 대성시킨 후, 에도 중기에 현재의 양식으로 정착되었다. 역할에 따라 연기를 하는 타치카타立方와 노래를 부르는 지우타이가타地謠方, 악기를 연주하는 하야시카타囃子方가 있다. 이 가운데 하야시카타에는 피리·소고·대고·태고가 있다.

타케유키에게 예의범절 등을 가르친 것은 오히려 어머니 레이코였다고 한다. 어리광도 피우게 내버려 두었지만 때때로 꾸짖기도 하였다. 당시로서는 사치스러운 외국산 연필을 사주고 여러 가지 글자를 가르치고 쓰게 하였다고 한다.

소 타케유키는 태어나고 자란 집에 대한 기억을 "요츠야에 있던 집 정원은 아주 넓어서 커다란 벗나무가 4~5그루나 있었다. 정원에는 카가미이타鏡板**에 그려진 듯한 늙은 소나무, 가운데 뜰에는 연못과 박달나무, 뒤뜰에는 은행나무, 느티나무, 단풍나무, 대나무 숲 사이로 딸기밭, 닭의 계사, 포도

** 카가미이타, 노오가쿠 무대의 정면 배경으로 사용되는 널빤지로 보통 노송을 그려 넣었다.

줄기가 뻗어나가게 만든 선반까지 있었으니까, 놀기 위해서 밖으로 따로 나갈 필요가 없었다."(《슌다이라쿠春庭樂》의 〈一所不住〉)고 쓰고 있다.

소학교 입학

쿠로다 타케유키가 입학한 것은 당시 화족이 다니는 학습원이 아니라, 도쿄의 요츠야 제일 심상소학교였다. 소학교 5학년이 되던 해에 일본 세이비濟美학교로 전학하였다.

일본 세이비 학교란 소 타케유키가 〈세이비의 정신濟美のこころ〉이라는 제목을 붙인 문장에 잘 나타나 있다. 그는 이 학교에 대하여 '도쿄의 서쪽 근교, 호리노우치堀の內의 조사당에서 걸어 내려가는 길 오른쪽에 "日本濟美學校"라 쓴 굵은 글씨의 문표가 보인다. 단풍나무와 벗나무, 떡갈나무를 섞어서 조림한 수풀을 지나 작은 개천이 흐르는 다리를 건너면, 왼쪽에 "청명 못清明が池"의 수면이 반짝거린다. 짧고 경사가 급한 언덕을 오르면 언덕 일대에 잘 정돈된 소나무 숲 사이로 언뜻언뜻 보이는 목조의 하얀 학교 건물, 교장 선생님의 사택이 있는 학생들의 기숙사……' 라고 쓰고 있듯이, 도쿄 근교의 풍부한 자연 속에서 약 3만평의 부지에, 전원교육을 목표로 학생 모두가 기숙사 생활을 하는 학교였다. 도쿄 대학 고전 강습과를 나온 이마이 츠네로今井恒郎가 창립자로 동서양에 대해 깊이 연구한 교사들을 모아 1907년에 개교한, 독특한 교육을 하는 학교였다.

이 특색있는 학교에 타케유키를 보낸 것은 여동생 남편이었다. 그러나 세이비 학교에 다닌 것은 소학교 5학년 1학기뿐, 2학기부터는 어머니 품을 떠나 대마도의 이즈하라嚴原 소학교로 전학하였다.

소 씨 문중의 후계자로

이 무렵 양자로 들어가는 이야기가 나왔던 것 같다.

아버지의 형인 소 시게마사宗重正의 아들 시게모치重望가 소 씨 문중의
제 35대 당주였지만, 아들이 일찍 죽었기 때문에 종제인 타케유키가 뒤
를 잇게 되었다. 앞에서 언급했듯이 소 씨 문중은 타케유키에게 아버지
쪽의 친가였기 때문에 대마도를 선조의 땅으로 받아들이는 데 어린아이
마음에도 그다지 거부감은 없었던 것 같다.

소 타케유키는 양아버지 시게모치에 대하여 다음과 같이 쓰고 있다.

실제로 상속이 정해진 것은 양아버지가 돌아가신 후였으니까, 법률적으
로는 선정상속인으로 아들은 아니지만, 나한테는 뭐랄까 굳이 딱딱하게 선
대랄까 피상속인이랄까 하는 말에 구애될 필요는 없으며, 아버지라고 하면
될 것이다. 그러나 그 슬하에서 자랐다거나 모신 적은 없고 만난 것도 단
한 번뿐. 말하는 것을 들은 것도 불과 두세 마디에 지나지 않는다. 장래 집
안을 잇기로 정해진 날, 숲속 저택에서 살이 찐 양아버지가 나를 끌어안다
시피 하여, 자신이 마시던 맥주를 가까이 갖다 대주면서 마시겠냐고 물었
다. 그곳에 함께 있던 어머니가, 이 아이도 그림을 좋아하는데 시범을 보여
주셨으면 좋겠다고 하자, 당시 저명한 남화南畵 화가였던 양아버지는 그림
같은 것은 배우는 게 아니야, 라면서 웃었던 것을 기억하고 있다.

《슌다이라쿠》〈筐底の遺戒〉

소 시게모치는 당시 쇼오세키星石라는 호로 유명
한 남화 화가였다. 남화는 오쿠라 우손大倉雨邨*에게

*오쿠라 우손, 당시 도쿄에 거주하
던 화가.

배웠으며, 전각은 쿠와나 테츠죠桑名銕城에게 배웠다. 글씨도 뛰어나 황산곡黃山谷*과 비슷한 육조시대 풍의 글씨를 즐겨 썼다. 또한 한학에도 소양이 깊

어 그림과 시, 글씨를 모두 갖춘 뛰어난 사람이었다고 한다. 그 후 타케유키 소년은 대마도로 옮겼으나 그의 양아버지와는 다시 만나지 않았다.

추측컨대, 세이비로 전학간 것과 소 씨 문중의 후계자 문제는 뭔가 관련이 있는지도 모른다. 후계자가 되면 대마도로 내려가야 되고 부모를 떠나게 되는 것이다. 세비에서의 기숙사 생활, 그리고 자연에 둘러싸인 생활은 대마도로 옮겨가기 위한 준비로 볼 수 있지 않을까.

어머니 품을 떠나서

그렇다 해도 도대체 왜, 소 백작가를 잇는다는 이유로 10살 밖에 안된 소년이 혼자서 일부러 대마도로 가야만 했을까?

무릇 메이지 초기 판적봉환版籍奉還***의 시행으로 공가·제후가 모두 화족이 되었는데, 실제로는 공가이면서 화족이 된 사람들이 여전히 교토京都에 거주하고 있었다. 무가武家로 화족이 된 사람들도 번지사藩知事로서 구영지에 살고 있었다. 그러나 1871년 7월 폐번치현廢藩置縣***에 따라, 번지사는 모두 면관免官 조치되어 도쿄에 거주하도록 명령을 받고 도쿄 관속 화족이 되었다. 공가 화족에게도 이주를 장려하여 점차 도쿄로 적을 옮기게 되었다. 그리하여 1884년에는

공·후·백·자·남으로 구분한 화족령華族令＊이 발령되어 많은 숫자의 새로운 화족이 생기게 됨으로써 다가오는 국회개설에 있어서 귀족원 설치를 위한 바탕이 마련되었다(귀족원 의원은 공·후작에 세습되었으며, 백·자·남작은 호선으로 7년 임기였다).

화족 자제를 위해서는 학습원이 창설되어 그곳에 다니도록 장려하였다. 그럼에도 불구하고 타케유키 소년을 후계자라는 이유로 멀리 대마도로 가게 한 것은 누구의 결정에 따른 것이었을까. 당주 시게모치重望의 결정이라고 하는 것이 타당하겠지만, 그렇다면 왜 그럴 필요가 있었던 것일까.

아마도, 당시는 지금으로서는 생각하기 힘들 정도로 구번주와 구영지 사람들간의 유대가 강했음에 틀림없다. 도쿄에는 대마회對馬會라는 것이 있어서 대마도 출신 사람과 대마도를 연결시키는 역할을 하였다. 이 대마회와 대마도에 있는 유력자들의 의견도 강력했다고 생각된다. 왜냐하면 타케유키의 대마도 생활에서 그들이 전원 협력했던 대목을 엿볼 수 있기 때문이다. 소 씨 문중의 당주가 될 사람은 대마도에 대해 끊임없는 애착을 가지고 대마도를 고향으로 여길 인물이 아니면 안 된다 라는 것이 한결같이 가지고 있던 생각이 아니었을까. 그런 만큼 구영지 사람들은 당주를 따르고, 당주는 구영지의 영민을 잊지 않았던 시대였던 것이다.

이렇게 해서 1918년 9월, 타케유키는 만 10살 때 어머니 품을 떠나 멀리 대마도 이즈하라로 떠났다. 그 결과 타케유키의 마음 속에 '고향 대마도'가 평생 살아남아 소 씨 문중의 당주로서 자부심과 책임을 다하는 힘의 원천이 되었다. 주위 사람들의 염원과 배려가 훌륭하게 열매를 맺은 것이라 할 수 있겠다.

그러나 그것은 타케유키 개인에게는 아주 중대한 인생의 전기였다. 불과 10살의 소년에게 그 일의 중대함에 대한 자각은 거의 없었다고 생각된다. 하지만 단지 다른 집안의 양자가 되는 것 이상으로, 헤아리기 힘든 운명의 전환점을 향해 그는 첫걸음을 내딛게 되었다.

대마도로

대마도

1918년 대마도로 간 쿠로다 타케유키는 그곳에서 약 7년간의 세월을 보내게 된다.

대마도는 한국과 일본 사이에 있으며 현해탄에 떠 있는 섬이다. 남북으로 길쭉한 지형은 산 투성이로 험하며, 해안선은 복잡하게 들낙날락하여 흥미가 넘치는 자연경관이다. 바다는 풍부한 어장으로 주민들의 생활을 지탱해주고 있으며, 또 옛날부터 아름다운 진주를 생산하고 있다. 섬의 북쪽 끝에서는 맑은 날이면 한반도가 보인다.

대마도는 옛날부터 대륙과의 교통 요충지로서 한반도에서 일본으로 유입되는 선진문화의 중계지였다. 그 때문에 대마도는 고대 이래 역사와 전설의 보고로서 《만요슈萬葉集》*와 《코지키古事記》**에도

*만요슈, 나라시대에 만들어진 현존하는 일본 최고의 歌集이다. 20권으로 되어 있으며, 정확한 성립 시기는 모르나 단가 · 장가 · 連歌 등 4,500여 수가 수록되어 있다. 닌토쿠仁德천황의 황후 이와노히메의 작품으로 알려져 있는 노래부터 759년 오토모가의 노래까지 약 400년 간에 걸쳐서 전국 각지는 물론, 변방을 지키는 사키모리防人의 노래까지 각 계층의 노래가 수록되어 있다.

＊코지키, 나라시대의 역사서로 712년에 완성. 템무天武천황의 칙명을 받아 히에다노아레가 송습한 《帝紀》와 《先代舊辭》를 템무천황의 사후에 켐메이元明천황이 명하여 오노야스마로가 문장으로 기록한 것. 상권은 신대에 대해서, 중권은 캄무神武천황에서 오진應神천황까지, 하권은 닌토쿠仁德천황에서 스이코推古천황까지의 기사가 수록되어 있으며, 신화·전설·가요 등도 들어 있다. 일본에서 현존하는 것 중 가장 오래된 역사서.

＊번, 에도시대 다이묘(지방 영주)의 지배영역 및 지배기구에 대한 총칭. 따라서 대마번이란 대마도의 다이묘 소 씨의 지배하에 있던 영역 및 정치기구를 일컫는 것이다. 대마번의 규모는 작은 편이었지만, 임란 이후 조선과 일본의 간접 통교체제 속에서 조선이 일본으로 파견하던 외교사절인 통신사의 초빙교섭을 비롯하여 각종 외교 및 무역에 관한 교섭을 처리해 냈다.

＊＊참근교대, 에도시대 일본의 중앙 정부인 막부가 지방의 다이묘를 통제하기 위하여 실시한 정책의 하나로, 지방에 있는 다이묘로 하여금 정기적으로 에도까지 참근하도록 한 제도이다. 1635년 무가제법도의 개정을 계기로 제도화되어, 각 다이묘들은 1년씩 교대로 지방과 에도에 거주하게 되었다. 그 결과 각 다이묘들은 에도 왕복에 드는 비용과 에도 저택의 유지에 많은 비용을 지출하여 재정 압박을 받는 측면이 있었으나 전국적으로는 교통의 발달과 문화의 교류 등에 많은 영향을 미쳤다. 단 대마번은 일본의 대조선외교 창구라는 역할의 중대성 때문에 3년에 1번씩 참근하도록 하였다.

＊＊＊오후나에, 바닷가 후미진 곳에 대마번주의 배를 격납하고 또 정비도 할 수 있도록 만든 시설로, 현재 쓰시마對馬市 이즈하라쵸 구타우라에 있다.

그 자취를 노래한 것이 남아있을 정도로 문학의 보고였다.

에도시대 대마번藩＊은 조선통신사를 맞아들이고 배웅하였으며, 막부의 외교를 도맡아 독자적인 역할을 하였다. 참근교대參勤交代＊＊는 3년에 1번씩 하도록 허용되었으며, 번주가 배에 오르내리기 좋도록 만들어진 오후나에お船江＊＊＊는 지금도 이즈하라 시대의 남쪽에 옛 모습 그대로 얌전하게 후미진 채 남아 있다. 작은 번이지만 10만 석 급의 다이묘大名＊＊＊＊대우를 받았기 때문에 1884년 소 씨는 백작 작위를 받았다. 메이지시대에 들어 외교권을 잃게 되면서 이 섬은 군사요새로 간주되었다. 옛날 사진은 모두 능선과 해안선이 잘려 있다.

1914년에 시작된 1차 세계대전에서 영국·프랑스 연합군 측에 가담한 일본은 어부지리로 아시아 시장에 진출하였으며, 경제계는 지금까지 없었던 호경기를 맞았다. 이 전쟁 경기 덕분에 일본은 세계 유수의 제국주의 국가가 되었다.

쿠로다 타케유키가 대마도 땅을 처음 밟은 1918년은 전후의 호경기 속에서 다이쇼 데모크라시의 여파가 이 섬에도 미치고 있었던 때이다. 대마도의 중심은 과거에 후쮸府中라 불리던 이즈하라이다. 이즈하라쵸 산 아래 사이토齋藤씨 집에 당시 소 씨 문중의 사무소가 있었으므로 쿠로다 타케유키는 처음에 그곳에 머물렀으나 얼마 지나지 않아 사지키바라棧原의 히라야마平山 씨 집으로 옮기게 되었다.

✽✽✽✽ 다이묘, 에도시대 막부의 쇼군에 직속되어 있는 1만 석 급 이상의 무사를 일컫는다.

히라야마 씨 집에 맡겨지다

히라야마 씨 저택은 이즈하라의 사지키바라에 있던 옛날 무사들의 저택 가운데 하나로, 중앙의 큰길 쪽인 동편에 상하의 문이 있고, 약 육백수십 평 되는 부지의 서쪽에는 넓은 뒷산이 있었다. 이 부지에는 주택 말고도 연못과 밭, 감·배 등의 과실나무, 양봉 상자, 양계장이 있었으며, 뒷산에는 땔감목재는 물론, 차나무·버섯·송이버섯·밤나무·죽순 등을 기르고 있었다. 또 양잠도 하고 있었다.

이 집에는 히라야마 타메타로平山爲太郎·미치盈 부부와 7명(나중에 9명)의 자식이 있었다. 장남인 세이치精一는 이듬해 쿠마모토熊本 5고등학교에 들어갔다(후에 도쿄대학 법학과에 입학했으나 만 24세로 요절). 3남 6녀의 대가족에 쿠로다 타케유키가 보태지게 되었다. 형제 중에서 3녀인 마키槇가 타케유키와 같은 나이(학년은 하나 아래)였다.

쿠로다 타케유키가 처음으로 히라야마씨 집에 온 것은 1918년 9월 18일이다(타메타로의 메모에 따름). "탄텐바시의 모퉁이谷出橋角에서 두 명의 노인이 데리고 왔는데 쿠루메가스리久留米絣로 짠 하오리 하카마羽織袴 차림의 도시 소년다운 모습이었다."고 마키는 회상하였다. 두 노인이란 타메타로의 친구인 시모다 료下田良와 장인 소다 테이쇼早田定祥를 말한다.

쿠로다 타케유키는 히라야마 씨 집에서 가장 좋은 방을 받았다. 히라야마씨의 아이들은 소년을 '타케유키 사마'로 부르도록 교육받았다(그사이 약칭해서 '타케 사마'가 되었다).

히라야마 타메타로는 당시 이즈하라 심상 고등 소학교의 교장으로 근무하고 있었다. 타케유키는 자신이 다니는 소학교 교장 집에 맡겨졌던 것이다. "집안에서는 충실한 가정교사가 학교에서는 완전히 일변하여 엄격한 교장선생이 되었다."라고 동급생이었던 추르타 켄이치鶴田謙一가 회술하고 있다(《시덴詩田》追悼號).

이즈하라 소학교 시대

나카무라 쿠니에中村國枝씨에 따르면, 소학교 담임은 코메다 타카타米田隆太라는 선생으로 "자세에 대해서만 주의를 주셨습니다"라고 말했다고 한다. 타케유키 소년은 키가 훤칠하게 커서 등이 굽은 듯했다. 히라야마 타메타로는 자신의 아이들에게 별명을 잘 붙였는데 타케유키에게는 "하얀 눈에도 견디지 못하고 구부러지는 대나무 도련님"이라 했다고 한다. 자세 이외에는 아무런 문제가 없는, 성적이 우수한 아이였던 것 같다.

히라야마 타메타로는 소 씨 문중의 후계자로서의 격식은 지키면서도, 일상생활에 있어서는 다른 아이들과 아주 똑같이 서민적으로 씩씩하게 키웠다고 한다. "(아버지는) 일부러 기회를 만들어 대마도에서 아리야케야마有明山와 시라타케야마白嶽山, 전망 좋은 카미자카上見坂 언덕에 올라 현해탄에 떠 있는 장대한 자연 속에서 호연지기를 키웠어요. 사계절이 바뀔 때마다 산속에 들어가 송이버섯과 표고버섯, 고사리를 채취하고, 바닷가 물놀이로는 썰물 때 갯벌에서 조개잡이, 수영, 낚시를 하고, 또 강물 놀이로는 장어 낚시, 새우잡이에 빠졌었지요. 아즈카와阿須川의 등나무 꽃, 반 딧불을 보러 가는 등등, 아버지를 따라 가족 모두가 도시락을 싸가지고 가서 즐겁게 놀았어요."라고, 타케유키보다 여섯 살 아래인 차남 칸지完二 는 회상하고 있다《시덴詩田》追悼號).

소학교 교훈은 '성誠' 이었다. 교기에는 '고시치五七*로 배열된 오동나무'(소 씨 문중의 문장) 한 가운데에 성이라는 글자 하나가 크게 씌어 있었다. 타케유키가 대마도로 갈 때 어머니가 준 돌아가신 아버지의 그림 속에 한 장의 색종이가 있었는데, '성실이란 모든 일의 처음과 끝이요, 성실하지 않으면 되는 일이 없다.' 라는 《중용中庸》의 문구가 적혀 있었다. 히라야마 선생이 이것을 보시고 "역시 아버님도 성

* **고시치**, 고시치는 오동나무꽃이 중앙에 7개, 좌우로 5개씩 달리도록 배치한 문양을 말한다. 원래 오동나무는 봉황이 머무는 나무로 옛날부터 신성시 되었는데, 고대에는 천황가에서 고귀함을 뜻하는 문장으로 사용하다 중세 이후는 무사 집안의 다이묘 가문에서 문장으로 사용하였다.

이라 하셨군요!라고 말씀하셨다. 아마도 내게는 성이 부족하다고 생각되는데 그것이 학교에서 선생님의 교훈이었고, 또한 가정에서 나를 교육하는 방침이기도 하였다."《슈다이라쿠》)라고 타케유키는 쓰고 있다.

당시는 매년 11월 12일이 되면 소학교·중학교·여학교의 어린 아이·학생들이 모두 아직 어둠이 가시지 않은 새벽부터 일어나 대마도 서쪽 해안에 있는 코모다하마小茂田濱 신사에 참배하는 것이 연중행사였다. 카마쿠라鎌倉 시대 몽고가 침입해 왔을 때, 소 씨의 선조 소 스케구니宗助國**는 아주 적은 숫자의 부하들과 함께 코모다하마로 달려가 적의 대군을 맞아

** **소 스케구니**, 카마쿠라시대 중기의 무장으로 대마도의 슈고다이守護代였다. 1274년 제1차 몽고 침입 때 전사하였다.

싸우다가 모두 전사하였다. 이 스케구니를 모신 곳이 코모다하마 신사이다. 타케유키 소년에게도 이 행사는 잊을 수 없는 기억으로 남아 있었던

것 같다. 그는 나중에 〈코모다하마〉라는 제목의 긴 시를 지었다.

한편 어린아이다운 짓궂은 이야기도 전한다.

타메타로는 도라지꽃을 좋아하여 해마다 꽃이 피는 것을 즐거운 마음으로 기다리고 있었다. 그런데 타케유키는 아침 일찍 부풀어 오른 꽃망울을 보고는 호기심이 발동하여 모두 짓이겨버렸다. 이것을 알아챈 타메타로가 짓이겨버린 사람이 정직하게 자신을 밝히기 전 까지는 식사를 하지 않겠다고 선언했기 때문에(그날은 마침 일요일이었다) 다른 아이들까지 모두 아침을 먹지 못해서 곤란한 적이 있었다고 한다.

또 어떤 때는 족제비를 해부하려고도 했는데, 타메타로가 엄하게 꾸짖고 못하게 말렸다고 한다. 그러나 끝내 말을 듣지 않고 칸지와 함께 정원 근처에서 해부를 시작해버렸다. 몰리다 못한 족제비가 마침내 최후의 수단으로 악취를 뿜어내고 말았다. 굉장한 악취 때문에 집안 식구 모두가 아주 꼼짝을 못했다고 한다. "아버지가 내게 엄청 화를 냈어요."라고 80살 노인이 되버린 칸지 큰아버지가 웃으면서 그리운 듯이 필자에게 말해 주었다.

둘째딸 우타歌에 의하면, 도쿄의 어머니 레이코는 소포를 자주 부쳐왔다고 한다. 어느 날 탁구 세트 하나가 배달된 적이 있는데 마루와 정원에 탁구대를 설치해놓고 탁구를 즐겼다고 한다.

히라야마 집안의 아이들은 주종을 분간하면서도 타케유키에게는 좋은 놀이 상대, 협력자이면서 경쟁자로, 때로는 싸움 상대이기도 하였다. 형제와도 같은 마음의 유대는 평생 계속되었던 것 같다.

대마중학교

1920년 4월, 쿠로다 타케유키는 대마중학교에 진학하였다. 입시 성적이 1등이 아니었던 것을 히라야마 미치가 아주 분해했다고 하는데, 대마도의 아이들도 '토노사마殿様의 아들'이라 하여 사양은 하지 않은 것으로 보여 오히려 웃음이 나온다. 이때 중학교 입학생 수는 50명 정도였다.

대마중학교에서 배운 선생에 대해서는 소 타케유키 자신이 《창립70주년기념지》에 아주 자세히 쓰고 있다. 기억력이 좋은 것에는 아주 감탄할 정도이다. 예를 들면 영어에 대해 시부타니 마스타로澁谷益太郎라는 선생은 "타테이시 야스유키 이즈 마이 네임. 써!"라고 성과 이름을 반대로 하지 않고 일본식으로 말하게 했다. 소 타케유키는 그 식견을 평가하여 후년에는 그 자신도 이 어순을 따랐다. 또 3학년 초기에 고등사범을 막 나온 쯔쯔이 하루에筒井東衛, 와세다 대학 영문과 출신의 나오에 노부오直江忍가 와서 더욱더 충실한 영어교육이 이루어졌다. 쯔쯔이 선생은 오카쿠라 유사부로岡倉由三郎* 선생에게 직접 배운 제자로 죤즈의 발음학(음성학)을 가르쳤다. 토라노코의 C·O·D(Concise Oxford Dictionary)도 타케유키에게 빌려주었다고 한다. 소 타케유키가 나중에 도쿄대학東京大學 영문과에 진학하게 된 바탕이 이 대마중학교 시절에 만들어졌다고 해도 과언이 아니다. 도쿄쪽에서 볼 때 서쪽 맨 끝에 위치한 외딴 섬으로 보내진 타케유키에게 공부라는 면에서 본다면 결코 불리한 환경이 아니었음을 상상할 수 있다. 당시 대마중학교의 교사 수준은 상당했던 것 같다. 아마도 다이쇼 데모크라시의 영향이 대마도에도 미치고 있었던 것 같다.

중학교 재학기간 5년 동안 그는 다른 아이들에게 지지 않고 늠름하고

> *오카쿠라 유사부로, 영어학자로 東京高師의 교수를 역임하였다. 영어교육의 보급에 힘썼으며, 〈新英和大辭典〉, 〈발음학강화〉 등의 편저가 있다.

씩씩하게 지냈던 것 같다. 영어는 특히 뛰어나 나가사키현 내의 중학교 영어 웅변대회에서 우승한 적도 있다. 또 대마중학교에는 가을철에 학예부 웅변대회라는 것이 있어서, 1923년 11월 9일, 4학년이던 소 타케유키가 "일어나라! 대마중학교의 건아들이여, 일본혼을 청년에게"라는 제목으로, '지진으로 인한 재난 부흥의 안팎과 일본인의 자각'에 대해 논하였다고 한다. 그해 관동대지진*이 일어난 지 얼마 되지 않은 때였다.

*관동대지진, 1923년 9월 1일에 관동 전 지역과 시즈오카현·야마나시현의 일부를 덮친 대지진으로 인한 피해를 일컫는다. 진원지는 사가미완으로 진도 7.9의 대지진이었다. 이 지진으로 사망자 및 행방불명자 14만 명, 가옥 소실 45만 채, 가옥 파괴 13만 채 등의 피해가 발생했으며, 천변지재의 혼란 속에서 사회주의자와 많은 조선인에 대한 불법체포·학살사건 등이 일어났다.

실은 이때 타케유키는 소 타케유키宗武志가 되어 있었다. 3월에 양아버지 소 시게모치가 죽고 타케유키가 뒤를 이었다.

소 백작가를 계승하다

1923년 10월, 쿠로다 타케유키는 정식으로 소 씨 문중을 계승하여 백작 소 타케유키가 되었다. 그러나 습작이 순탄하게 이루어진 것은 아니었다. 선대 소 시게모치의 사후, 소 씨 문중이 재정적으로 커다란 부채를 지고 있던 것이 드러났다. 부채 정리를 위해 타케유키가 아닌 다른 집안의 인물을 양자로 들이는 문제가 새로 대두되었다. 이것을 뒤집고 다시 타케유키를 후계자로 결정한 것은 나가토메 코타로永留小太郎라는 사람이 노력한 때문이었다. 그간의 사정은 히라야마 타메타로가 남긴 기록을 통해 어느 정도 추측할 수 있다.

다음 문장은 나카토메 코타로(1930년 12월 고베神戸에서 사망)를 위하여 그가 작성한 추도문의 일부이다.

다음에는 씨의 구번주 소 씨 문중에 대한 행동을 간단히 언급해 보려고 합니다. 소 백작가의 선대이신 시게모치 사마는 아들이 없어서 고 쿠로다 요리유키 자작의 3남인 타케유키 사마를 후계자로 내정하시고 교양의 연마에도 신경을 쓰셨습니다. 그런데 백작이 돌아가신 후 가재 정리의 형편상 다른 집안에서 양자를 들이는 문제가 논의되었습니다. 그 때 구 번사의 대부분은 700년 이래 면면히 이어져온 구 번주가의 혈통이 단절되는 것을 애통해 했지만, 어찌되었든 재산 정리 상 큰 액수의 금액을 요하는 일이었기 때문에 어떻게 해볼 도리도 없었습니다. 눈물을 삼키며 양자설을 받아들이고 인선도 거의 결정되어 그것이 실현될 시기도 차차 다가오고 있었습니다. 이때 씨가 분연히 일어나 혈통 존중설을 외치고 거액의 사재를 제공하셨습니다. 원래 양자설을 주장했던 사람들도 이것을 좋아서 주장했던 것이 아니라, 단지 재산 정리의 어려움에서 부득이 주장했던 것이었으므로 나카토메 씨의 이 기특한 행동에 감동하여 앞서 말했던 것을 뒤집고 기꺼이 선대의 유지와 구 번사가 열망해온 타케유키 사마가 소 백작가를 계승하시는 것으로 확정하여 잘못되어 가던 형세를 원상태로 되돌려 놓았습니다. 이 소식이 온 섬에 전해지자, 씨를 아는 사람이건 모르는 사람이건 가리지 않고 모두 미친 듯이 기뻐하며 서로 축하하고 씨의 공적에 대하여 감사하였습니다. 노인들은 감격의 눈물로 소매를 적시는 사람도 적지 않았습니다.

〈대마도와 나가토메 코타로씨〉 1931년 9월 하순 원고

타메타로의 4녀 쯔치다 쯔네土田恒가 남긴 유가집遺歌集에 '여러 곡절 끝에 당신은 백작을 계승하셨네, 고향 대마도에 넘치는 환희' 라고 쓰여 있는 '여러 곡절' 의 의미를 오랫동안 이해하지 못했었는데, 바로 위와 같

은 경위를 말하는 것이었다.

이렇게 해서 소 시게모치가 죽은 지 7개월 만에 타케유키는 정식으로 소 타케유키가 되었다. 중학교 4학년 10월, 만 열 다섯살 때였다. 그리고 양어머니 히사코尙子는 시게모치가 죽은 같은 해 1월에 이미 타계한 상태였다.

같은 해 타케유키는 동지들과 함께 문예잡지 《히쿠이도리火喰鳥》를 발행하였다. 또 다음해 1924년에는 시와 동요 잡지 《무쿠게槿》를 발행하였다. 이때부터 시나 문학에 대해서도 적극적인 활동을 시작했던 것 같다. 그림도 당시 학교 교육에서는 어떤 한 가지 그림을 모사하는 것이 대부분이었지만, 타케유키는 뜰 안의 풀이나 꽃 등을 직접 사생하였으며 솜씨가 좋았다고 한다. 자연을 꼼꼼이 관찰하고 식물의 이름과 형태에 주의를 기울이는 습관은 어린 시절부터 몸에 배어있었다.

어머니의 편지

《슌다이라쿠》에서 소 타케유키는 어머니를 다음과 같이 묘사하고 있다.

양가養家를 계승하기로 약속이 정해지고 나를 그곳에 익숙해지도록 대마도로 보낸 것은 만 10살 때이다. 아버지는 이미 돌아가신 후였으니까 어머니로서는 슬하에 하나 남아 있던 막내를 내손에서 떠나보내는 것이 쓸쓸했을 것으로 생각된다. 그 후 중학교를 졸업하고 입시를 치르기 위해 도쿄로 올라갈 때까지, 딱 한번 여행 도중에 병이 나서 입원한 나를 문안차 오사카大阪로 내려오신 것 이외에는 7년 동안 만난 일이 없다. 때때로 헨타이

變體 가나*가 섞인 긴 편지를 받았지만 언제나 그 끝에는 글씨가 서투르니까 태워버리라고 되어 있었다. 나는 시키는 대로 태워버렸지만 여름이나 겨울이나 매일같이 일찍 일어나서 글씨를 연습하셨던 어머니가 정말로 악필이었을까. 어떤 때는 내게 읽기 어려웠던 벌레 먹은 듯한 편지도 지금 본다면 읽어내는 보람이 있는 글씨였을지도 모른다. (중략)

어머니는 상경한 나를 한 번 본 것만으로 긴장이 풀린 탓인지 얼마 지나지 않아 뇌졸중으로 돌아가셨다. 불효한 자식이라 생각되어 나이가 들어가면서 점점 부모의 마음을 헤아리게 되는 일이 많다

《슌다이라쿠》〈筐底の遺戒〉

*헨타이가나, 현재 통상적으로 사용하고 있는 히라가나와는 다른 글자체의 가나를 말한다. 특히 1900년의 〈소학교령시행규칙〉을 계기로 통일된 히라가나의 글자체 이외의 카나를 말한다. 한자 초서체의 간략화가 조금 덜 진행된 글자나, 또는 현행 카나의 바탕이 된 한자와는 다른 한자의 초서체에서 비롯된 카나를 말한다. 여성의 편지나 상점의 간판 등에 사용되는 경우가 있다.

이 문장에는 막내를 품안에서 떠나보낸 어머니 쿠로다 레이코의 모습이 잘 전해진다. 오사카에서 여행 도중에 병이 난 타케유키를 병문안 갔던 이외에는 7년 동안 한번도 만난 적이 없는 것에 놀랍기만 하다.

아마도 그렇게까지 해서라도 어머니와 쿠로다 가문에 대한 타케유키의 애착을 끊으려 했던 것일까. 아니 오히려 레이코 쪽에서 깊이깊이 생각한 끝에 양자로 보낸 아들에 대한 애착을 끊으려 했던 것일까. 장문의 긴 편지를 보내면서 태워버리라고 시킨 대목에서는 그 사려 깊음마저 느껴진다. 아들에 대한 애정을 전하여 격려하면서도 그것이 다른 사람의 눈에 띄어 어머니의 미련으로 여겨지는 것을 피하려 했던 것일 터이다.

'이에'(家, 집안)**라고 하는 것의 의미가 아주 중

**이에, 선조로부터 자손으로 혈연에 의해 대대로 이어져 온 가계家系, 또는 그것을 바탕으로 지켜온 전통, 명예, 기예, 재산 등을 포함.

요했던 시대이므로 아들의 장래와 행복을 기원하며, 자신의 마음을 채워주는 행복은 절제하는, 이것도 사랑이 넘치는 어머니의 모습일 것이다. 타케유키의 상경을 기다렸다가 돌아가신 어머니를 그가 죽을 때까지 그리워하는 것도 사람의 도리일 것이다.

〈어머니가 부르는 소리〉

　대마도 시대의 타케유키를 말할 때, 또 한 사람의 어머니에 대한 자취를 잊어서는 안 될 것이다. 그것은 히라야마 타메타로의 아내 미치이다. 《슌다이라쿠》에는 히라야마 미치에 대한 추억이 다음과 같이 인상적으로 그려져 있다.

　어릴 적에 섬으로 보내졌다. 맡겨진 곳은 교장 선생님네 집. 넓은 밭과 산이 있었다. 3남 6녀에 대한 예의범절 교육, 집안일은 말할 것도 없고 농사일 까지 한시도 쉴 틈 없이 한마디 불평도 내뱉지 않고 말대꾸도 없이 언제나 빙그레 웃으면서 오로지 홀로 모든 일을 해내는 부인의 모습은 내 눈에서 언제까지나 사라지지 않을 것이다. 단 한 사람이라고 하는 것은 틀렸다. 선생님은 때때로 손도끼를 들고 산으로, 장남은 휴가철에는 장작을 팼다. 딸들은 서로서로 가사를 거들고, 철마다 그때그때 해야 할 일에 매달렸다. 취사, 청소, 밭일, 찻잎 따기, 곡물가루 빻기, 된장 담그기, 닭 기르기, 양봉, 양잠, 실 짜기 등 나이에 맞춰서 일을 나눠주었다.

　8명(실은 9명)이나 되니 아이들 이름도 생각한 대로 얼른 나오지 않는다. 밑의 어린 아이부터 불러 댄다. 있는 아이도 있지만 없는 아이도 있다. 누군가가 대답할 때까지 계속해서 이름을 불러댄다.

부인은 이미 돌아가셨지만 자식들은 훌륭하게 끝까지 효성으로 모셨다. 지금에서야 나는 새삼 놀란다. 그것이 바로 교육이었음을. 어떤 것을 해라, 빨리 서둘러라 라고, 그때그때 해야 할 일을 말해줄 뿐, 꾸짖는 일도 없고, 교훈 비슷한 말을 하는 적도 없다. 그저 밑의 아이부터 이름만을 불러대는 것, 계속해서 불러대는 것만 할 뿐.

서쪽에 산을 지고 있던 그 마을에서는 해가 빨리 졌다. 저녁이 되면 어둠이 짙어지면서 닭이 '꼬꼬꼬꼬' 병아리를 부르는 소리가 들린다. 그 소리는 지금도 귀에 맴돈다. 그 속에서 어머니가 부르는 소리도 들려온다.

《순다이라쿠》〈어머니가 부르는 소리〉

히라야마 미치는 대마번의 번사藩士* 출신으로 이즈하라에서 호장戶長을 지낸 소다 테이쇼早田定祥

> *번사, 에도시대 번에 소속된 무사로 다이묘(번주)의 가신을 말한다.

의 장녀였다. 유복한 친정집에서는 술을 사더라도 통으로 샀을 텐데, 히라야마 씨 집에서는 1홉 2홉 단위로 사는 생활이었다. 그래도 미치는 불평하지 않고 할 수 있는 모든 일을 했던 것 같다. 단지 가난했기 때문이 아니라 9명이나 되는 아이들의 학자금을 마련하기 위해서였다. 도쿄를 비롯하여 각지에 딸 아들을 가리지 않고 가능한 한 집에서 내보내 높은 고등교육을 받게 하는 것이 히라야마 집안의 교육방침이었다. 그리고 아이들에게 보내는 용돈은 미치의 말 그대로 손톱에까지도 불을 밝힐 정도의 검약과 노동에서 비롯된 것이라고, 미치의 큰딸인 히라야마 츠기次에게 들은 적이 있다.

나는 어린 시절, 작은 체구에 부드럽고 온후한 할머니를 몇 번인가 만난 적이 있다. 약간 높은 톤이지만 아주 맑은 목소리에 굉장히 부드러운 어조로 말하는 사람이었다. '어머니가 부르는 소리'를 읽으면 내 귀에도 그 목소리가 들려오는 듯한 착각이 든다.

생각해보면 9명의 아이들을 키우는 데다 소 씨 문중의 후계자 타케유키까지 맡는다는 것은 히라야마 타메타로 부부에게 엄청난 중책임에 틀림없다. 히라야마 미치는 치바千葉현 마츠도松戸에 있는 칸지完二 부부 집에서 행복한 만년을 보내다가 90세로 죽었지만, 어떤 때는 문득, "아홉명이나 되는 자신의 아이들보다도 타케 사마에게 더 목숨을 걸었었다."라고 칸지에게 말했다고 한다. 또 셋째딸 이시다 마키石田槇는 대마도 시절에 미치가 쏟아놓은 말들을 적어놓았다. "어느 날 어머니가 아주 진지하게 말했다. '자신은 아이가 몇이 되더라도 한 명도 떼어놓기 어려울 것 같은데, 높고 귀하신 분들은 정이 없는 것일까. 타케유키 사마를 생각하면 눈물이 난다.'라고."

위의 두 마디가 히라야마 미치의 소 타케유키에 대한 배려를 잘 말해주고 있지 않을까. "고귀하신 분"들이 정이 없지 않았던 것은 〈어머니의 편지〉에 적은 그대로이지만, 아마도 히라야마 미치는 타케유키 소년에게는 생모·양모에 다음가는 제3의 어머니로서 성심성의를 다하여 그 역할을 해낸 여성이었다. 이 정도의 애정에 둘러싸여 있었기 때문에, 타케유키 소년은 도쿄의 어머니 품을 떠난 쓸쓸함을 견딜 수 있었고, 소 씨 집안의 후계자라는 입장과 책임을 자각하면서 대마도라는 섬의 한없는 풍요로움을 만끽하는 가운데 성장할 수 있었던 것이다. 히라야마 미치 뿐아니라 가까이에서 지켜보는 대마도의 모든 사람들이 소년의 성장을 똑같은 마음으로 키워갔다.

영원한 고향

인생에서 가장 다감한 소년시대를 보낸 대마도는 이렇게 해서 그의 진짜 고향이 되었다. 〈내 꿈은 대마도로 이어진다わが夢は 對馬に結ぶ〉라는 제목의 시에서 그는 다음과 같이 노래하고 있다.

안개가 걷혀온다	霧晴るる
아소만의 포구마다	淺海の浦浦
고기잡이 어선들이 지금 막 돌아오고 있다	漁りぶね いま 戻るらし
새벽하늘은 장밋빛으로	あかつきは ばらいろに
시라타케 산을 일찍이도 물들이고 있다	白岳を はや 染めたり

내 꿈은 대마도로 이어진다　　　　　　　わが夢は 對馬に結ぶ

남풍에 실려온 쿠로시오 큰 물결 파도소리가
여기저기서 울려오는 곳들　　　　　南風に乗る黒潮の 鳴り豊む崎崎
전복도 성게도 풍요롭게 자라는 바닷가　　あわびの うにの ここだ寄る磯
해녀도 어부도　　　　　　　　　女の海人の 底筒の男の
일용할 양식을 얻으러 바다 속으로 들어가는 깊고 빠른 바다여
　　　　　　　　　　　　　　日の糧と 潛く 深瀬よ
내 꿈은 대마도로 이어진다　　　　　わが夢は 對馬に結ぶ

먼 옛날 야마토도 신라도　　　　　いにしえは 倭の 韓の
국서를 전하러 사자의 선박이 머물렀을 때　國つ書 傳えむと 舟泊てしとき

이별을 아쉬워하며 붉게 칠한 문앞에서　　　　　恋おしとて　丹塗リの門に

손을 흔들던 타카시키 포구의 처녀들이여　　　　　袖ふりし　竹敷おとめ

내 꿈은 대마도로 이어진다　　　　　　　　　　わが夢は　對馬に結ぶ

신께 바치는 비단처럼 하얀 꽃을 휘날리는 히토츠바타고 나무

　　　　　　　　　　　　　　　　　　　　　　幣　ちらせ　ひとつばたご

날치의 지느러미 날개는 반짝반짝 빛나고　　　　飛の魚　羽　光らせ

청상어가 숨어있다고는 하지만　　　　　　　　　青鱶も　潛むといえど

물고기들이 무리지어 노는 섬　　　　　　　　　いろくずの　群れあそぶ島

진주알이 바다 밑바닥까지 비치는 해궁이여　　　珠　水映く　いろこの宮

내 꿈은 대마도로 이어진다　　　　　　　　　　わが夢は　對馬に結ぶ

《詩田》제 14호

　　대마도의 자연과 풍속, 사람들과의 유대는 그가 사랑한 시작詩作 활동에, 또 문장과 그림에서 반복되고 있으며, 그리움이 담긴 채 표현되어 있다.

　　대마도에 사는 화가 쯔노에 토쿠로씨津江篤郞는 대마도에서 소 씨 문중의 집사로 근무한 적이 있는 분으로 많은 것을 가르쳐 주셨다. 그에 따르면 소 타케유키는 대마중학교를 졸업한 날, 반쇼인萬松院(소 씨 문중의 선조들이 묻힌 묘소로 멋있는 나무를 얹어 만든 100개의 돌계단과 수백년 된 커다란 삼나무가 들어서 있다)의 뒷산에 친구들과 함께 술병을 들고 올라가 혈기를 보여주었다고 한다. 가집歌集《쿠로시오黑潮》에 있는 대마중학교 시절의 마

지막 한 수, "술 좀 마셔라 라고 덤벼드는 놈들을 상대하지 말고, 마셔서 보여주라고 스승님이 말씀하셨다."는 이 시절에 만들어진 노래가 아닐 까라고 상상해 본다(이 노래에 작자는 〈보통 때는 마시지 말라는 가르침〉이라는 짧은 주를 달아놓고 있다). 대마도는 청춘에 대한 동경과 정열을 한없이 키우고 태우는 것이 허용되었다는 점에서 그야말로 소 타케유키의 알트ㆍ하이델베르그*였다.

*알트ㆍ하이델베르그, 독일 북부의 칼즈부룩 공국의 황태자 칼 하인리히가 청춘시절 하이델베르그로 유학갔을 때 만끽했던 하이델베르그의 아름다운 경관과 학문적으로 자유로운 분위기를 그리워하는 내용을 담은 희곡 작품으로, 소 타케유키에게는 대마도가 바로 즐거웠던 청춘시절의 하이델베르그라는 뜻.

도쿄와 같은 도시가 줄 수 없는 것을 대마도는 그에게 주었다. 소년기에서 청년기에 걸친 중요한 성장기에 그의 정신력과 체력은 산과 바다의 아름다운 자연과 사람들의 진실된 마음에 둘러싸여 풍요롭고 씩씩하게 다져지고 있었다. 나중에 그가 여러 가지 어려움, 예를 들면 결혼에 대한 고민과 종전 후 변혁기의 격변 속에서 혼란에 부딪히게 되었을 때 그의 삶은 항상 일관되어 있었다. 그 강인함은 분명히 그가 대마도에서 얻은 것이 지탱해주고 있었음에 틀림없다고 생각한다. 대마도는 그야말로 소 타케유키의 정신의 요람이었다. 대마도라는 가난한 변경의 섬에 아무리 퍼올려도 마르지 않는 인생의 행복과 기쁨이 있다는 것을 알고 난 후, 소 타케유키는 다시 도쿄 생활을 시작하게 된다.

다시 도쿄로

어머니의 죽음

1925년 3월, 대마중학교를 졸업한 소 타케유키는 도쿄로 돌아갔다. 신기하게도 덕혜옹주가 경성을 떠나 도쿄역에 도착한 것도 같은 3월이다.

그의 상경을 기다리고 있다가 마치 안심했다는 듯이 어머니 레이코는 얼마 지나지 않아 세상을 떠났다. 요츠야의 쿠로다 씨 집에서 치러졌을 장례식에 대해서 그는 문장으로는 아무것도 남기지 않은 것 같다.

그는 이제 만 17살로 친부모와 양부모 모두와 사별하였다. 이 점에서는 이덕혜의 경우와 공통점이 있다. 물론 처한 경우와 상황이 다르기는 하지만 어린 나이에 고아가 되었다는 점에서 이 두 사람 사이에 묘한 어둠이 느껴지는 것을 부정할 수 없다.

소 타케유키는 백작가의 어린 당주로서 혼자서 헤쳐 나가는 수밖에 없었다. 그때 가장 의지가 되었던 것은 도쿄 대마회를 비롯하여 구번舊藩과 인연이 있는 사람들이었다.

공작 쿠죠 미치자네九條道實＊가 그의 후견인으로 되어 있었는데, 이는 소씨 가문과 쿠죠씨 가문이 몇 대에 걸쳐 인연이 있었기 때문이다. 예를 들면 양어머니 히사코尙子는 쿠죠 미치타카九條道孝＊＊의 양녀로 소 시게모치宗重望에게 시집을 갔다. 또 전전대의 소 시게마사(타케유키의 친아버지 요리유키의 형)의 여동생 카즈코和子는 쿠죠 미치다카의 부인이 된 것 등이다.

학습원 고등과에 입학

1925년 4월, 소 타케유키는 학습원 고등과에 입학하였다. 앞에서 언급했듯이, 그는 화족임에도 불구하고 그때까지 학습원에 다닌 경험이 없었다. 고등학교에서 처음으로 이 특권적 계급의 자제들을 위한 학교에 들어 갔다. 그러나 그는 사회에서의 예절을 이미 체득하고 있었으므로 별 어려 움 없이 학습원 생활에 녹아들어갔던 것 같다.

학습원 입시 때 소 타케유키 앞에 앉았던 사람은 키모토 미치후사木本 通房로, 기침을 해서 시끄러웠다고 하지만 곧 친해져 다음해인 1926년에 는 함께 문예잡지 《백일홍百日紅》을 냈다. 키모토 미치후사는 나중에 도쿄 대학 국문과를 나와 《상대가요연구上代歌謠硏究》라는 저서를 냈으며, 노래 를 《조음潮音》에 기고하였다. 그를 애도하는 시가 《해향海鄕》에 실려 있는 데 깊이 애도하는 마음이 나타나 있다.

그 무렵 소 타케유키는 오모리大森에 있는 저택이 아니라 우시고메牛込 의 아카기시타赤城下에서 다니고 있었다.

학습원 시대의 소 타케유키에 대하여 친구 미즈노 카츠구니水野勝邦씨 는 다음과 같이 회상하고 있다.

학습원에 입학했을 때, 키가 큰 어쩐지 육상선수 같은 느낌이 드는 사람 이었습니다. 처음 말을 붙여 보았더니 보통 사람이 아닌 비범한 학생이었 습니다. 당시 나는 늙은 여우라 자부하고 있어서 신참이 오면 여러 가지로 비판하면서 자기만족에 빠지던 시절이었기 때문에 놀라움도 한층 더 컸습 니다. 그때부터 갑자기 접촉할 기회가 많아졌는데, 당시 학교 안에 동호인 들끼리 뜻을 모아 만든 그림그리는 모임 '오코카이 櫻虹會'라는 것이 있었습니다. 1904년경부터 지금까 지 계속되고 있으며 한때는 시라카바白葉파에 속한 대선배와 키노시타 타카노리木下孝則* 같은 대가도

> ***키노시타 타카노리**, 서양화가로 1919년 (도쿄)제국대학 중퇴. 1921 년 二科選 입선, 1928~1935년 도 구渡歐, 一水회원, 전후 일전日展 평의원, 1958년 일본예술원상.

참가한 적이 있기에 이를 이야기하자, 그가 갑자기 눈을 반짝거리며 의욕을 보이기에 그 모임을 발전시키기 위해 힘을 합치게 되었습니다. 1926년인지 1927년이었던지 노력한 결과 학습원 미술부 설립을 공인받아 부장에는 쿠로다 세이키黑田淸輝* 선생님의 애제자인 오카 츠네추구岡常次** 선생님이 취임하셨고, 우리들은 그의 제1기생이 되었습니다. 이렇게 빨리 마음이 맞게 된 것은 이상할 정도로 그때부터 화론畵論으로 꽃을 피우고 사생 여행에서도 계속해서 즐거움을 함께했습니다.

《시덴詩田》〈追悼號〉

* 쿠로다 세이키. 서양화가. 프랑스에서 라파엘 코란에게 사사. 귀국 후 외광파外光派의 화풍을 일본에 도입. 백마회를 설립. 동경미술학교 서양화과에서 미술 지도에 임하면서 일본의 서양화 발전에 기여. 귀족원 의원으로도 활약하였다.

** 오카 츠네추구. 서양화가. 학습원 졸업. 쿠로다 세이키에게 사사. 1915~1917년까지 文展 입선. 여자학습원 교수 역임.

고등학교에서도 역시 시와 회화에 대한 관심이 깊었으며, 그것을 통해 새로운 교우관계가 형성되고 있었던 것 같다. 또 미즈노씨는 소 타케유키가 가지고 있는 개성적인 분위기에 대해서도 언급하고 있다. "소 군의 말투는 좀 독특했습니다. 학식있고 기품있는 사람인가 싶으면 그것이 멋있는 풍자가 되기도 하고, 어려운 이야기를 하고 있구나 싶으면 듣고 있는 중간에 어느 샌가 마음을 적시는 따뜻함이 깃든 표현으로 바뀌어, 자신도 알지 못하는 사이에 끌려들어가 버립니다. 또 중요한 일이구나 하고 듣고 있노라면 그것이 결국은 시시한 이야기거나 하였습니다. 요컨대 그것이 소 군의 뛰어난 화술이었는지도 모르겠습니다." 소 타케유키의, 이렇게 단순한 논리로는 이해하기 힘든 복잡하게 굴절된 표현은 다른 사람들도 자주 그렇게 느끼는 바로 그가 지은 시나 문장 속에서도 찾아 볼 수 있다.

또한 같은 학습원 시대의 학우인 카쿠 린지로賀來倫二郎씨는 〈소 군을 생각하다〉라는 문장에서 다음과 같이 말하고 있다.

소낙비가 지나가면 별것 아닌 빨간 열매도 빛이 나 아름답게 보인다

時雨ては伽何かの赤い實も光る

학습원 문예부의 하이쿠회俳句會에 소 군이 제출한 이 하이쿠가 단연코 빛났던 것은 지금도 신선한 추억이지만, 그 당시 그렇구나! 시인이란 바로 이런 사람이구나 라고 직감적으로 느꼈어요. 그리고 또 소 군은 때때로 하늘을 바라다 보듯이 위를 처다보고 있었기 때문에, 시인이란 하늘을 처다보는 것인가 보다, 라고도 생각했었어요. 이 두 가지가 학습원시대의 소 군에 대한 추억입니다.

《시뎐詩田》〈追悼號〉

신참인 그를 퍽 인상적이고 재능있는 사람으로 받아들였다고 보아도 좋을 것이다.

고등과 3학년이 된 1927년 4월에는 학습원 미술부 잡지 《풍청豐靑》을 창간하였다. 그림은 앞에서 언급한 오카 츠네추구 교수로부터 유채油彩 지도를 받았다.

키타하라 하쿠슈에 입문

고등학교 시절 중요한 사건 가운데 하나는 하쿠슈白秋 문하에 들어간 것이다.

소 타케유키의 두 번째 시집 《빛방울日の雫》 후기에 "어린 아이 때부터 하쿠슈 병에 걸려서" 라고 쓰고 있듯이, 일본 전국에 잘 알려진 키타하라

하쿠슈北原白秋의 시에 그는 일찍부터 마음이 끌렸다.

키타하라 하쿠슈(1885~1942)는 후쿠오카福岡현 남부의 수로가 아름답기로 유명한 야나가와(현재의 柳川) 출신으로, 시집 《사종문邪宗門》(1909)과 《추억思ひ出》(1911)을 통해 시인으로서 위치를 구축한 이후 눈부신 재능을 발휘하여 시·단가·동요로도 불후의 업적을 남긴 시인이다.

당시 하쿠슈는 《근대풍경近代風景》이라는 시가詩歌의 종합지를 주간 간행하고 있었다. 소 타케유키는 그 《근대풍경》에 계속 투고하고 있었는데 처음으로 그의 시가 실린 것은 1927년 6월이었다. 〈송림의 밤松林の夜〉이라는 시였다. 《슌다이라쿠》를 보면, '1926년 11월, 《근대풍경》의 창간호가 나왔다. 기다릴 수가 없어서 아직 안 나왔습니까? 아직 안 나왔습니까?라고 카구라자카神樂坂의 서점에 물어보러 갔다. 《일본시인》 등과 틀려서 하쿠슈의 냄새가 풀풀 묻어나는 이 잡지는 전 일본의 공기 색깔을 하룻밤 사이에 바꿔버릴 듯한 느낌이었다.' 라고 씌어 있다. 소 타케유키가 얼마나 설레는 마음으로 《근대풍경》을 기다리고 있었는지를 잘 알 수 있다.

소 타케유키는 코이즈미 치카시古泉千樫*의 가집 《강가川のほとり》도 애독하고 있었다. 그의 장례식이 아오야마青山에서 있었을 때 아직 고등학생이었던 타케유키는 그곳에서 처음으로 키타하라 하쿠슈의 모습과 목소리를 듣고 강렬한 인상을 받았다고 한다.

실제로 하쿠슈에게 입문을 요청한 것은 요츠야 역 근처의 코오지마치麴町에서 열린 단가短歌**강습회에 하쿠슈가 강사로 나온다는 소리를 듣고서였는데 애가 타 견딜 수

*코이즈미 치카시, 치바현 출신의 가인. 伊藤左千夫에게 사사함. 《日光》에 참가하였으며, 가집으로는 〈강가〉와 〈青牛集〉 등이 있다.

**단가, 와카和歌의 하나로, 5·7·5·7·7의 5구 31음으로 만들어진 노래. 발생에 대해서는 여러 설이 있으나 만요万葉시대에 성립되었으며, 헤이안시대 이후 와카라고 하면 단가를 말한다.

가 없어서 신청하였다. 하쿠슈는 이 때 단가 잡지 《일광日光》을 주재하고 있었다. 타케유키 자신의 기억으로는 그것이 〈송림의 밤〉보다 뒷날의 일로, 아직 고등학교 학생이었으므로 1927년 후반에서 1928년 3월 사이였다고 한다. 강습회가 끝났을 때 그는 아주 어려워하면서 앞으로 나가 하쿠슈의 집을 한번 찾아가고 싶다고 부탁해 보았다. '선생님은 의외라고 할까, 묘한 얼굴로 네가 시를 짓느냐 비슷한 질문을 하셨다. 결국 아주 대수롭지 않다는 듯이 허락했지만, 아마도 그때 그래 그래 또냐! 라고 여겼을 것이 틀림없다. 하쿠슈 선생님을 뵌 것은 그것이 처음으로 미도리가오카綠ヶ丘의 자택을 방문한 것은 그로부터 얼마되지 않아서였다.

이렇게 해서 그는 스무 살 전후하여 하쿠슈 문하생이 되었으며, 평생 시의 길을 가는 스승으로서 존경하는 따뜻한 사제간의 교류가 계속되었다. 그가 1932년 《대마 민요집對馬民謠集》을 출판했을 때도, 이것을 받아 본 하쿠슈는 대단히 기뻐하며 애정어린 찬사를 보냈다. 돌아가신 스승을 위해 쓴 첫 번째 시집 《해향海嚮》의 서문은 그가 하쿠슈에게 쏟은 깊은 경애심을 보여주는 것이다.

소 타케유키는 하쿠슈가 지은 시의 어떤 부분에 끌렸을까. 말이 가지고 있는 리듬과 울림이라는 음악성을 최대한 살린 작성 방법, 풍요로운 색채감각으로 대조가 뚜렷한 아름다운 회화성, 이데올로기나 기성 도덕, 기타 다른 관념으로부터 자유로운 해방감에 넘치는 분방한 모습이었을까. 이 점에서는 소 타케유키의 시에서도 하쿠슈의 영향을 분명히 볼 수 있을 것이다. 그러나 한편으로는 영향을 받으면서도 사상적 시인은 아니었던 하쿠슈와는 달리, 소 타케유키 특유의 독자적이고 사색적이며 철학적인 경지를 추구함으로써 그만의 시 세계를 개척해갔던 것도 주목해야

〈정심〉_《對馬島誌》

하지 않을까.

'精深'이라 쓴 글씨

이 시기 타케유키가 쓴 글씨가 《대마도지對馬島誌》(1928년 간행)의 앞 부분에 실려 있다. 정묘는 1927년, '정심精深'이란, '정치하고 깊다精緻深奧'라는 의미. 두보杜甫의 시를 칭찬한 말로, 《당서唐書》에 '또한 시사時事를 자주 논함에 있어서 논리 정연하고 정심하며, 천 마디를 말해도 조금도 지나치지 않으니 세상 사람들이 시사詩史라고 불렀다.' 라고 하는 것에서 연유한다.

소 타케유키 열아홉 살, 그의 시작詩作에 쏟아 붓는 기백이 이 단정하고 힘에 넘치는 필치를 보면 다시 살아 올라올 것 같다.

도쿄대학 영문과 입학

1928년 4월, 소 타케유키는 도쿄 제국대학 문학부 영문과에 입학하였다. 이 무렵 그는 일본시인협회 회원이 되었다. 또 시인 야부타 요시오藪田義雄가 주간하는 시집 《세이탄生誕》의 동인이기도 했다.

도쿄대학 영문과 동기였던 시미즈 마모루淸水護[*]

*시미즈 마모루, 영어학자. 세이케이成溪 대학교수. Alexander Dumas의 《三銃士》(南雲堂 英対訳学生文庫), 《和英辞典》(講談社學術文庫) 등이 있다.

씨는 "소 군은 깨끗한 발음으로 곧잘 (고) 데루레 선생님과 즐겁게 대화하였다."라 쓰고 있다. 그는 그야말로 학습원 출신이라는 것을 연상시키는 귀공자 분위기였다고 한다. "소 군은 정말 영리하였다. 때로는 시니컬하기도 했던 것 같지만, 언제나 미소를 머금고 있었기 때문에 농담인지 아닌지 아둔한 나로서는 알 수 없는 때도 있었다. 한 반에서 옆에 앉아 있을 때 가만히 보면, 노트를 하지는 않는다. 그저 옅은 미소를 띠고 가만히 듣고 있는 모습이었다. 재미있는 것인지 없는 것인지(어떤 강의도 이랬는지 알 수는 없지만). 이치가와市河 선생님의 강독 시험 때 오른쪽에 자리 잡았던 그는 이 때만큼은 다른 사람들이 하는 것처럼 글씨를 써댔지만 역시 옅은 웃음은 사라지지 않았다. 긴장해서 쓰고 있는 나는 뭔가 냉소당한 듯한 기분마저 들었다."라고 시미즈씨가 쓰고 있는 것을 읽으면, 젊은 소 타케유키의 마음 속을 헤아릴 수는 없지만, 어느 세계에 있어도 자신을 잃지 않고 본심을 드러내지 않으며 여유만만한 태도를 가지려 했던 그의 모습이 떠오른다.

도쿄대학 재학중이었던 소 타케유키가 가장 열심히 공부했던 것은 뜻밖에 영문학이 아니라 영어학이었다. 제국대학을 졸업할 때 그의 졸업논문은 "R.L.Stevenson(A Study of Contrast and Harmony)"였다. 대비와 조화의 연구가 어떤 내용인지 알 수 없으나 후에 대학원 시절 제출한 레포트에 "Shall and Will"(1936), "Some Notes and Examples(Modern English Usage)(1938)"라고 되어 있는 것을 보면, 역시 문학적 관심보다는 어학적인 관심에서 작성했을 것으로 추측된다.

시미즈씨의 기억에 따르면, 소 타케유키는 도쿄 고등학교의 보이즈 선생님으로부터 영어 개인교수를 받고 있었다 한다. 어느 날 보이즈씨가 죤즈Jones의 발음사전을 산산조각내려 하자, 소 타케유키가 "그런데요, 선생님, 죤즈의 사전대로 발음하면 선생님(보이즈)과 같은 발음이 되는데요."라고 대답했기 때문에, 보이즈 선생이 어쩔 줄 몰라 당황해 했는데, 그 이후 죤즈 비판은 들을 수 없게 되었다고 한다. 그의 위트는 물론이거니와 단어의 발음에도 비상하게 깊은 관심을 기울이고 있었음을 보여주는 일화이다(《시덴詩田》追悼號).

또 다른 동기생 사세 유키오佐瀬順夫* 씨의 추억에 따르면, 졸업 후 은사 이치가와 산키市河三喜**, 사이토 타케시齋藤勇***를 초대하여 학사회관 별관에서 모임을 가졌을 때 소 타케유키가 솔선해서 간사역을 맡았다고 한다(《시덴詩田》追悼號).

회화에서는 1928년 8월 오구치 유尾口勇(소 타케유키는 은둔 명장이라 쓰고 있다)의 지도를 받고, 화실에 매일 나가 유채 발색법油彩 發色法을 전승하였다. 또 함께 고전협회도 창립하였다.

3년에 걸친 도쿄대학 생활은 영어·시·회화의 어느 것도 그에게 충실한 나날이었다고 생각된다. 그 밖에 화족으로서 여러 가지 활동과 교류가 있었겠지만 그것은 다음 장에서 언급하고자 한다.

1931년 3월, 그는 도쿄 대학을 졸업했다. 재능 많은 청년의 희망에 찬 미래가 막 열리려 하고 있었다. 그러나 그 전 해 가을부터 덕혜옹주와의 결혼 이야기가 나오기 시작하더니, 그나마 이미 결정되어 있었다.

3

결혼

결혼식에서 가장 마음에 걸리는 것은 신랑 신부의 부모가 보이지 않는다는 것이다.
부모를 대신하여 덕혜에게는 오빠 부부가 있고, 타케유키에게는
원래 후견인인 쿠죠 부부가 중매인으로 되어 있으나 이는 형식적인 교제에
지나지 않았을 것이다.
이 결혼은 고아끼리의 결혼이었다. 본인의 의사에 따른 것이 아니라는 것은
당시 사회에서 그다지 드물지 않은 일이었지만, 본인들의 이해를 가장 잘 대변할 수 있는
부모의 모습이 여기에는 없다.
정략결혼이라고는 하지만 도대체 양가의 어느 쪽이 이익을 얻은 것일까.
일조동화日朝同化라는 국책에 따른 결혼으로, 그야말로 각본대로 젊은 두 사람의 결혼이
처러진 것이다.
도대체 누가 그 두 사람의 장래를 진심으로 걱정하고 있었을까.

약혼

소지츠료

　이왕가와 소 씨의 혼인은 어떻게 정해졌을까. 이를 추측하려면 당시 황족·화족 들의 결혼 규정을 알아야 한다. 당시 황족 및 화족의 결혼을 주관하고 있었던 것은 소지츠료宗秩寮라 불리던 일본 궁내성宮內省의 한 부국이었다.

　전쟁 전의 궁내성에는 13개 내국內局과 13개 외국外局이 있었으며, 그 내국 가운데 하나가 소지츠료이다. 전쟁이 끝날 무렵 궁내성의 정원은 6,211명이라고 들었다. 현재의 궁내청宮內廳(총리부의 외국, 1994년 직원 수는 1,141명)과는 비교가 되지 않을 만큼 대규모 권력기구이다. 황족·조선 왕족이 결혼하기 위해서는 천황의 칙허가 필요했으며, 화족의 결혼에는 궁내대신의 허가를 필요로 하였다. 따라서 덕혜옹주와 소 타케유키가 결혼하기 위해서는 이 두 가지 허가가 필요하였다.

　내대신 키도 코이치木戶幸一*가 남긴 일기는 전쟁 이전 및 전쟁 중의 상황을 기록한 중요한 자료이다. 그는 1933년부터~1937년 10월까지 소지츠료 총재를 지냈기 때문에, 이것을 읽으면 화족의 결혼에 강력한 권한을 행사했던 소지츠료의 동향을 잘 알 수 있다. 키도 총재는 테이메이 황태후貞明皇太后**와도 가까운 사이였다. 1935년 11월 27일 신축한 궁내성

> *키도 코이치, 정치가. 문부성 장관을 거쳐 내대신이 됨. 도쿄 히데키를 수상으로 추천하는 등 천황의 측근으로서 영향력을 발휘하였다. 제2차 세계대전 후에는 A급 전범으로 종신 금고형을 받았다.
>
> **테이메이 황태후, 다이쇼 천황의 황후. 쿠죠 미치타카 공작의 네째딸 사다코로, 쇼와천황 및 치치부노미야 야스히토·타카마츠노미야 노부히토·미카사노미야 타카히토 친왕의 생모다.

을 방문한 황태후는 소지츠료에 있던 그의 방까지 찾아가 "여기서 여러

가지를 생각하시는군요"라고 말했다 한다.

덕혜옹주와 소 타케유키의 혼약에는 이 소지츠료의 총재(당시는 센고쿠 마사유키仙石政敬)와 테이메이 황태후의 의견이 작용했다고 보아도 틀림없을 것이다.

소 씨와 쿠죠 씨 가문

＊무진전쟁, 1868 무진년 1월부터 다음해 5월까지, 메이지 신정부군과 구 막부측 군인과의 사이에서 이루어진 내전. 정부군의 승리로 내전이 종결되면서 메이지 절대주의국가 확립을 향한 길이 열리게 되었다.

테이메이 황태후는 무진전쟁戊辰戰爭＊에서 공을 세운 공작 쿠죠 미치다카九條道孝의 딸이다. 쿠죠 씨와 소 씨는 앞에서 보았듯이 몇 대에 걸친 인연이 있어서 부모를 잃은 소 타케유키가 성인이 될 때까지 후견인이 되어준 사람은 쿠죠 미치자네(테이메이 황태후의 오빠, 당시 장전장掌典長)였다.

소 타케유키는 〈하얀 등나무꽃白藤のはな〉이라고 제목을 붙인 문장에서 황태후에 대한 추억을 다음과 같이 말하고 있다.

테이메이 황후님을 처음으로 뵌 것은 아직 학생 때입니다. 그 당시 아오야마 오모테쵸靑山 表町 근처의 궁궐은 복도에 깔려 있는 천도 색이 바래고, 기둥, 창호지문 등도 별로 치장하지 않은 소박한 모습이었습니다. 배운 대로 복도에서 한 번 절하고, 실내에 들어가서 또 한 번 절한 후 앞으로 나아가 한 번 더 절을 하였습니다. 방은 청아한 아주 보통 일본식 방으로 다타미 10장 정도 크기의 방이었습니다. '코고 사마' (당시 황태후)는 연보라색의 수수한 양장으로 머리는 뒤로 모아 땋고 계셨습니다. 의자 앞에 서서,

잘 왔어요! 라고 말씀하시고, 앉으라고 하시기에 의자를 가져다 앉았습니다. 그런 후 여러 가지 이야기와 질문이 있었습니다. 나중에 근시近侍로부터, 저 정도라면 한 지방의 성주로서 창피하지 않겠다고 말씀하셨다는 것을 다른 사람을 통해 들었습니다.

《슌다이라쿠春庭樂》

화족은 성년이 되면 종5위에 서품되는 것이 규정으로 이 배알은 백작 소 타케유키의 스무 살 때 일인지도 모르겠다(1928년 3월 종5위에 서품되었다). 그는 황태후에게 아주 인상 좋은 청년 귀족으로 기억되었다고 추측된다. 타케유키 쪽에서도 해마다 대마도에서 나는 성계알젓을 헌상하는 등, 그때그때마다 적절히 마음 씀씀이와 예의를 잊지 않았다. 의지할 곳이 없었다고 하는 것은 좀 과장일지 몰라도 젊은 백작이 쿠죠 씨 가문 출신의 테이메이 황태후 눈에 들었다고 하는 것은 마음 든든한 의지가 되었을 것임에 틀림없다. 이것이 이왕가와의 혼인으로 이어졌다고 한다면 운명의 장난이라고 하지 않을 수 없다.

한편 덕혜옹주 쪽은 도쿄로 유학온 지 얼마 안 되어 이방자를 따라 테이메이 황후를 만났다(《지나온 세월》).

이왕직 장관인 한창수韓昌洙가 이 혼담을 추진했다는 설도 있지만, 이왕직은 궁내성 외국外局의 하나에 지나지 않았다. 그가 사무적으로 움직일 수는 있었겠지만 적극적으로 제안할 입장은 아니었다고 생각된다.

이왕가와 소 씨의 인식

이왕가로서는 소 씨와 혼인하는 것에 저항을 느꼈을 것이다. 황족도 아닌 백작, 그것도 구대마번주라니 신분 차가 너무 심하다는 인식이다.

에도시대, 토쿠가와 이에야스가 정이대장군征夷大將軍에 임명된 1603년부터 토쿠가와 요시노부가 조정에 大政을 봉환하여 장군직을 사임한 1867년까지, 에도에 토쿠가와 바쿠후가 존속되었던 265년간을 말하며, 토쿠가와시대라고도 한다.

조선통신사, 일본 토쿠가와 바쿠후의 장군 앞으로 보내는 조선의 국왕사절로서 500명을 전후한 인원이 부산을 출발하여 에도까지 왕복하는 데 1년을 전후한 시간이 걸렸다. 일본 안에서는 조선 국왕의 문서를 전달하는 이외에도 문화를 교류하는 등의 활동이 있었다.

***야마시나노미야가**, 구 宮家의 하나.

에도시대*에 조선통신사** 등 아무리 교류가 있었다 해도 조선왕조에서 본다면 그저 신하에 지나지 않았다(신문에 덕혜옹주의 결혼 상대로 야마시나노미야山階宮*** 아무개라는 이름이 실린 적은 있다. 황족과의 혼인이 검토되고 있었을지 모른다). 또 덕혜의 건강상태도 문제였다. 오빠 이은으로서는 여동생을 이대로 더 이상 방치할 수는 없었을 것이다.

소 씨 쪽에서도 갑자기 찬성할 수는 없었을 것이다. 중세 이래 문중의 당주가 조선으로부터 부인을 맞은 예는 없었다. 뭐라 해도 이민족과의 결혼이다.

메이지 이후 대마번은 외교권을 상실하였으며, 이왕가와 가진 최근의 교류란 백작 소 시게모치가 1920년 12월 밀감 2 바구니籠을 순종에게 헌상하고 나전으로 만든 벼루 상자 2개를 받았다는 기록[12]이 있는 정도다. 또한 덕혜의 병에 대해 어떤 형태로든 정보가 전달되었을 가능성도 생각해 볼 수 있다. 타케유키 자신은 몰라도 측근은 당연히 관심을 가지고 정보를 수집했음에 틀림없다.

단 한 가지 재정면에서는 이왕가와의 혼인이 소 씨에게 유리하게 간주되었던 것은 사실일 것이다. 선대 이래 소 씨 문중은 '이에'의 격家格을 유지하기 위해 고심하고 있었다. 이에 대해 이왕가는 천황가에 버금가는 세비를 받고 있었으며, 본국에서 보내오는 수입도 막대하다는 대부호였다.

그러나 결혼은 돈 문제만으로 추진할 수 있는 성격의 것은 아니다. 소 씨로서도 적극적이었다고는 생각되지 않는다.

그런데 황족과 화족의 결혼이 소지츠료宗秩寮의 지휘를 받는다 하더라도, 또 결혼 상대를 부모가 정하는 시대였다 하더라도, 항상 본인의 의사가 무시되지는 않았을 것이다. 본인의 의사가 존중되는 경우도 있다. 부모가 본인의 의사를 존중하고 행복을 가장 중요하게 여겨 상대를 골라주는 경우이다. 특히 유력한 황족·화족의 경우는 궁내성도 친권자의 의견을 존중하지 않을 수 없었을 것이다.

왕세자 이은의 비가 된 나시모토노미야 마사코梨本宮方子의 경우, 갑자기 신문에 발표가 나서 본인이 알게 되었다지만, 나시모토노미야 이츠코梨本宮伊都子의 일기에 따르면 부모가 혼인을 사전에 이미 승낙했던 경위가 근년에 밝혀졌다.[13] "아주 은밀히 테라우치를 통해 청을 넣어, 실제로는 청을 넣어 정해진 것이지만 겉으로는 폐하의 뜻에 따른 조치로 마사코를 조선왕족 이왕세자 은垠 전하에게 시집보내도록 하라는 식으로 되어"(1916년 7월 15일)라고 되어 있다.

아무튼 소 타케유키에게 부모는 없다. 그는 직접 소지츠료에 불려가 덕혜옹주와의 결혼 건을 듣게 되었다고 한다(쯔노에 미츠코津江光子 부인에 의함. 부인의 친척 우타노 토미코씨歌野登美子는 大宮御所에 근무했던 여관女官이었다). 황태후의 의사라면 그로서는 거부할 수 없었을 것이다.

두 사람의 결혼을 도대체 누가 정했는지, 최종 결정권은 누구에게 있었는지 추측할 수 밖에 없다. 쯔치다 쯔네土恒(히라야마 타메타로의 4녀)의 노래에 있듯이, "구름 위의 목소리가 나라를 위해 너는 이국의 공주를 맞으라"고 했다는 것이 당시 일본에서의 일반적인 인식이었다. 나라를 위해, 즉 국책으로서의 결혼이었다. 그리고 이런 경우 그 결과는 누구도 책임을 지지 않는 것이 일본의 시스템이었다.

첫 만남

이덕혜와 소 타케유키의 결혼 이야기가 나오기 시작한 것은 1930년 가을쯤이다. 그리고 11월 초순 쿠죠 공작 저택에서 최초의 만남이 있었다. 《동아일보》는 다음과 같이 전하고 있다.

明春 御卒業을 기다려 德惠翁主 혼인, 九條(쿠죠)公 저택에서 첫 대면, 舊對馬藩主家와(東京 30일발 전통 至急電報)

목하 東京 여자학습원에 재학중인 이은 전하의 여동생 덕혜옹주는 이번에 도쿄제국대학 영문과 3학년에 재학중인 구 쓰시마 嚴原藩主(이즈하라번주)고 宗重望(소 시게모치)가의 유자, 백작 宗武志(20)와 결혼하시기로 결정되었으며, 가까운 시일 안에 정식 발표가 있을 것이라 한다. 전기 武志씨는 덕혜옹주와 오는 11일 초순경, 九條道實(쿠죠 미치자네)공 저택에서 첫 대면이 있었고, 금년 안으로 약혼예물을 교환하고 명년 봄에 두 사람의 졸업을 기다려 결혼식을 거행하게 된다고 한다. 덕혜옹주는 금년 19살(세는 나이)이시다.

《동아일보》 1930년 10월 31일

첫 대면은 '선'을 보는 것이었지만 문맥에서도 알 수 있듯이 결혼은 이미 결정된 사항이었다.

게다가 이 뉴스는 대마도에도 아주 빨리 전해졌다. 히라야마 타메타로의 일기에 의하면, 부산에 있던 장녀 츠기코次子가 조선 신문을 보고 곧바로 알려왔다. "조선 신문에 소 백작과 덕혜옹주의 경사에 관한 기사가 실려 있었음을 알립니다. 또 오늘 '大每'*에도 그 기사가 있었습니다. 실현되는 날에는 내선융화內鮮融和

※大每, 《大阪每日新聞오사카마이니치신문》.

를 위해서 기뻐해야 할 일이겠지만, 소 씨의 장래에 있어서는 좋고 나쁨이 과연 어떠할지, 깊이 생각해야 할 일입니다."(11월 1일, 토요일)

소 씨 문중의 장래에 이 혼인이 과연 이로울까, 해로울까. 이 걱정은 마침내 현실이 되었다. 며칠 후 타메타로는 소 타케유키에게 편지를 보냈다. "오후에 타케유키 사마에게 축하 말씀드리는 편지를 보냅니다."(11월 6일) "타케유키 사마로부터 일전에 보낸 편지의 답장이 왔다. 주의하신 점은 마음에 잘 새기고 있겠다고 말씀하셨다."(11월 14일) 어떤 주의였는지 모르지만 히라야마 타메타로로서는 걱정스러운 마음을 전하지 않을 수 없었을 것이다.

하순에는 일이 순조롭게 진행되고 있다는 신문기사가 나왔다.

德惠翁主와 宗武志 백작과의 약혼은 쌍방의 의견이 합치하였으며, 오카야마(岡山)로 행차하신 李王 전하께서 21일 귀경하셨으므로, 머지않아 천황 폐하의 내칙(內勅)을 받들어 수일 내에 대면하시게 되었다고 한다.

《동아일보》 1930년 11월 23일

형식적으로는 이제부터 이왕가가 천황에게 칙허를 청원하는 것으로 되어 있다.

혼례 일정

다음 해 1931년 3월, 이덕혜는 여자 학습원 본과를 졸업했다. 그렇지만 3학기는 거의 학교에 가지 않았다고 한다. 같은 해 3월 소 타케유키는 도쿄 대학 영문과를 졸업하였다.

그런데 당시 신문을 읽어보면 약혼예물의 교환이나 결혼 일정이 아주 애매하다. 우선 1931년 4월 14일자 《동아일보》는 납채가 5월 10일 예정이라고 쓰고 있다.

德惠翁主御婚 來月10日 納采

일전에 쓰시마주의 양세자 宗武志 백작과 약혼한 덕혜옹주는 다음달 10일경에 결혼식을 거행하게 되었는데, 李王職에서는 그 저택 공사를 가까운 시일 안에 시작하게 되었다.

《동아일보》 1931년 4월 14일

이 기사는 뭔가 착각을 했는지 제목은 다음달 10일 납채라고 하면서, 기사에는 결혼식으로 되어 있다. 무릇 "내달 10일경"이라고 애매하게 쓴 것이 수상하다. 이것은 다음 다음날 같은 신문에 "덕혜옹주 결혼, 5월 8일 예정, 혼인의 칙허勅許가 내려 납채는 오는 22일"이라는 제목이 있으므로 확실하다.

또 4월 17일은 〈덕혜옹주 어혼, 5월 8일 예정〉으로 다음과 같이 씌어 있다.

東京 參勤중인 시노다篠田 李王職 차관으로부터 한韓 장관에게 온 전보에

따르면, 14일 덕혜옹주와 宗武志 백작의 혼인에 대한 칙허가 내렸다. 납채는 4월 22일로, 결혼식은 5월 8일에 거행하기로 예정되었다.

《동아일보》 1931년 4월 17일

이 시점에서야 처음으로 조선 사람들에게 명확한 일정이 알려졌다.

그런데 여기에서 또 변경되어, 4월 23일 《동아일보》에는 "소 타케유키 백작과 결혼하시는 덕혜옹주께서는 8일 키오이쵸紀尾井町의 李王御殿에서 이왕李王 및 비 전하와 함께 소씨 문중에서 보내온 납채를 받으셨다고 하며, 결혼식은 5월 8일에 거행될 것이라 한다."라고 보도하고 있다. 4월 22일로 예정되어 있던 납채가 앞당겨져 어이없게도 4월 8일에 마쳤다는 것이다.

왜 이렇게 날짜가 변경된 것일까? 기사가 잘못된 것이라고 하기에는 너무나 부자연스럽다. 결국 이것은 덕혜옹주의 건강상태에 좌우되어 정확한 발표를 할 수 없었으며, 또 발표해도 변경하지 않을 수 없는 사태를 시사하는 것은 아닐까. 납채와 결혼은 원래 몇 개월 전부터 결정해놓고 준비를 한다.

화촉을 밝히는 의식

이방자의 걱정

그렇다 해도 두 사람의 졸업이 3월, 4월에 납채, 5월 초순에 결혼식이라는 일정은 너무 어수선하고 급하게 일이 진행된다는 인상을 지울 수가 없다. 이방자는 덕혜의 서두른 결혼을 안타까워하고 있다.

그런데 1931년을 맞아 덕혜 사마는 많이 안정되었으며 식사도 잘하시고 이야기도 조금은 조리있게 말할 수 있게 되었기에 소 백작과의 결혼도 순조롭게 진행되어 5월 8일에는 결혼식을 거행하게 되었습니다.

이날이 빨리 오기를 누구보다도 기다리던 전하와 나였지만, 또 병이 조금 소강상태에 들었다고는 하지만 하얀 양장 차림의 모습이 뭔가 가엾고 애처로운 생각이 들어 나도 몰래 눈물이 나왔습니다.

"과연 이것으로 행복이 약속되었다고 할 수 있을까. …… 조금 더 그대로 가만히 있게 해드렸어야 하지 않았을까"

라는 것이 본심이었지만, 그것을 관철시킬 수 없는 것이 실상이었습니다.

"그렇게 도쿄까지 데리고 오지 않았더라도, 그대로 어머니 밑에서 여학교를 마치고 어느 좋은 귀족분과 결혼하시는 편이 행복하셨을텐데……"

결혼식장에서 생각할 일도 아니고, 생각해서도 안되는 일이었겠지만 재발에 대한 걱정과, 조선의 피를 무리하게 억지로 일본의 피 속으로 동화시켜 버리려 하는 당국의 의도에 대하여 슬며시 반발도 느끼고 있던 나였습니다.

《흘러가는대로流れのままに》

여기에서 방자가 재발 염려가 있었음을 분명히 말하고 있는 것은 무시할 수 없다. 정신분열증이라는 것을 감춘 채 결혼식을 강행했던 것이다.

결혼식

《동아일보》는 결혼식 당일의 모습을 다음과 같이 전한다.

德惠翁主御婚禮, 이번 8日에 擧行, 王殿下와 離別의 식사, 11시 20분 醮
禮(婚禮)

덕혜옹주와 종무지 백작의 혼인식은 예정대로 8일 오전에 거행되었다.
이날 아침 일찍 어여쁘게 단장을 하시고 이왕 및 비 양전하에게 마지막 인
사를 드리고 세분이 한자리에서 식사를 하신 후, 오전 11시 10분 宗伯爵家
로부터 마중 온 松園(마츠조노) 남작의 인도로 로브 · 데고르테(끌릴 정도의
기다란 치맛자락이 달린 여성 예복)를 입으시고 자동차로 宗伯爵家에 이르러
11시25분부터 순일본식으로 초례(혼례)를 치루셨다.

《동아일보》 1931년 5월 9일

한국 신문기사는 언제나 담담하게 씌어진 것처럼 보인다. 그러나 그것
을 쓴 기자나, 그것을 읽는 독자는 어떤 기분이었을까. 아마도 반대를 표
명하는 기사는 일절 쓸 수 없었으며 비판도 허용되지 않았을 것이다. 칙
허에 따른 결혼에 대하여 조금이라도 힐난하는 것은 엄청난 죄였다. 그러
나 '순일본식' 이라는 부분을 읽을 때, 사람들의 가슴에 얼마나 큰 실망감
과 원통한 생각들이 번져가고 있었을까.

조선시대 왕녀의 결혼에는 여러 사례가 있지만, 왕녀(공주 · 옹주)의 지
위는 결혼한 후에도 높았다. 왕자 · 왕녀의 배우자를 고르는 것을 간택이
라고 하며 세 번 행한다. 왕녀의 남편에게는 왕의 사위로서 정1품 또는 2
품의 부마도위駙馬都尉(약칭 부마)라는 칭호가 주어진다. 예를 들면 제23대

순조의 셋째 딸 덕온德溫공주의 부마가 된 윤의선尹宜善은 불행하게도 공주가 빨리 죽었기 때문에 재혼했지만 그 부인은 소실小室이라 불렸다. 소실이란 첩이라는 뜻이다. 즉 왕녀는 사후에도 그 존재가 커서 불합리한 이야기이지만 계처繼妻는 정실이 될 수 없다는 규정이 있었다. 이것 하나만 보더라도 왕의 딸의 지위가 얼마나 높았는지 상상이 갈 것이다.

덕혜옹주의 경우도 조선왕조의 전통에서 본다면, 신중하게 사위를 골라 왕녀로서의 격식이 지켜져야만 했다. 그러나 일본은 이러한 전통을 완전히 무시한 채 일본식으로 결혼식을 올리게 하였다

〈궁금해하는 창덕궁〉

같은 날 신문에 실린 다음 기사는 〈궁금해하는 창덕궁〉이라는 제목으로 낙선재의 윤대비 측에게조차 혼례에 대한 정확한 정보가 전달되지 않았음을 시사하고 있다.

덕혜옹주의 혼례식 절차와 그 밖의 문제에 대하여, 이왕직에게는 아무런 공보가 없어서 대비 전하께서 아주 궁금하게 지내신다고 한다. 그뿐 아니라 이왕직 고등관들도 아무런 정식 공보가 없었기 때문에 축전도 치지 못하고 있었으며, 어렸을 때부터 옹주의 양육을 담당하였던 여관들도(상궁들도) 무슨 일인지를 몰라 낙선재 문쪽만 내다보고 있다고 한다.

《동아일보》 1931년 5월 9일

기사는 사실을 적어둠으로써 조선을 무시하듯 강행한 결혼식에 대하

여 불만의 뜻을 나타내려고 하였다. 이 기사에 대하여 총독부는 재빨리 움직였다. 다음날 신문은 '결혼 성황리에, 대비 전하 만족, 총감 축하의 말을 아뢰다.' 라는 제목으로 다음과 같이 썼다.

8일 정오경까지 창덕궁에는 아무런 공보가 없어서 대비 전하께서 궁금하게 지내셨으나, 오후 2시경에 성대하게 식이 종료되었다는 전보가 왔으므로, 이것을 보신 전하께서는 매우 만족하게 생각하셨다고 들었다. 코다마児玉 총감은 8일 4시 낙선재를 방문하여 옹주 결혼에 대하여 축하하는 말씀을 올렸다.

《동아일보》 1931년 5월 10일

한韓 이왕직 장관은 도쿄로 출장가서 없었기 때문에 우선 당장은 코다마 총감이 낙선재에 올라갔을 것이다. 그렇다 해도 낙선재에 조차 정확한 정보가 입수되지 않았다는 것은 어떻게 된 일일까. 이은 부부는 뭘 하고 있었을까. 적어도 선왕의 비에 대하여 예의가 없었다고 말 할 수밖에 없다. 역시 덕혜와 일본인과의 결혼이 조선에 어떤 반응을 일으킬지 일본 당국이 염려하고 있었던 것은 아닐까.

고아가 된 두 사람의 결혼

한국과 일본의 신문을 비교하면서 결혼식 당일의 상황을 다시 되짚어 보자. 1931년 5월 8일, 결혼식은 별일 없이 치러졌다. 당일 오전 10시 반, 소 백작가의 사자 마츠조노 남작이 이왕가까지 맞으러 왔다. 덕혜옹주는 이은 부처와 이별의 아침식사를 마친 후, 로브·데코르테 차림으로 오빠 부부의 전송을 받으며 11시 10분 자동차로 집을 나왔다. 자동차에는 미우라三浦 여사가 함께 탔으며, 한 이왕직 장관과 시노다篠田 차관, 하야시林 사무관, 마츠조노 남작 등이 수행하여 코오지마치 나가다쵸의 소 백작 저택으로 향하였다.

그리고 11시 20분, 백작 저택에 도착. 중매격인 쿠죠 미치자네 공 부처, 오우라大浦 관리인 등의 마중을 받았다. 계속해서 안쪽 방에서는, 한 이왕직 장관, 시노다 차관, 미우라 여사, 센고쿠 소지츠료 총재, 쿠로다 히로유키黑田廣志 자작 등이 참석한 가운데, 11시 25분 대례복을 입은 소 타케유키 백작과 덕혜옹주가 식장에 나아갔다. 이이다바시飯田橋 대신궁大神宮* 신관神官의 축사, 쿠죠 공측의 시중을 받으며 신전에서는 339번에 걸쳐 부부의 연을 약속하는 맹세의 술잔을 나누었다. 이렇게 해서 덕혜옹주는 정식으로 백작부인이 되었다.

기념사진을 촬영한 후, 정오에는 부부가 식사를 하였다. 오후 6시부터 근친인 나시모토노미야 부부와 이은·방자 부부, 이강 공, 이건 공, 그리고 기타 50여 명을 초대하여 화족회관에서 피로연이 있었다.

당일 일정은 이를테면, 같은 해 5월 12일에 거행된 아스카노미야 키쿠코朝香宮紀久子 여왕과 나베시마 나오야스鍋島直泰(후작가의 장남)의 결혼식, 또 같은 해 10월 5일의 이건 공과 히로하시 요시코廣橋(松平)誠子의 결혼식과 거의 같은 절차였다. 아스카노미야 키쿠코는 코게이코小袿袴**라는 일본식 대례복을 입었지만, 히로하시 요시코는 양장이었다.

단 덕혜옹주의 경우, 피로
연에 모인 사람이 50명이라
니 너무 적다는 느낌이 든다.
이것은 역시 덕혜옹주의 정
신적 건강상태를 배려하여
가능한 한 적게 했던 것이 아
닐까. 또 이왕가에서 소 백작
가까지 10분도 채 걸리지 않
는 거리였는데, 이것은 소 타
케유키 쪽에서 4월부터 나가
다쵸永田町로 집을 옮겼기 때
문이었다. 어쨌든 식에 걸리

웨딩드레스 차림의 덕혜옹주_(조선일보)

는 시간을 최대한 짧게 하려고 했음을 엿볼 수 있다.

그러나 이 결혼식에서 가장 마음에 걸리는 것은 신랑 신부의 부모가
전혀 보이지 않는다는 것이다. 부모를 대신하여 덕혜에게는 오빠 부부가
있고, 타케유키에게는 원래 후견인인 쿠죠 부부가 중매인으로 되어 있으
나 이는 형식적인 교제에 지나지 않았을 것이다.

이 결혼은 고아끼리의 결혼이었다. 본인의 의사에 따른 것이 아니라는
것은 당시 사회에서 그다지 드물지 않은 일이었지만, 본인들의 이해를 가
장 잘 대변할 수 있는 부모의 모습이 여기에는 없다.

정략결혼이라고는 하지만 도대체 양가의 어느 쪽이 이익을 얻은 것일
까. 일조동화日朝同化라는 국책에 따른 결혼으로, 그야말로 각본대로 젊은
두 사람(만 23세와 18세)의 결혼이 치러진 것이다. 이은 부부를 비롯하여 도

대체 누가 그 두 사람의 장래를 진심으로 걱정하고 있었을까. 아니! 아무도 없었다라는 것이 나의 직감이다. 이 느낌은 그 후 두 사람의 결혼생활을 보면 볼수록 더욱 깊어진다.

일본 당국의 의도는 덕혜를 일본인과 결혼시킨 후 그녀를 정말 일본인으로서 황실의 번병격인 화족에 편입시켜 조선 왕족으로서의(고종의 유복자로서의) 영향력을 완전히 제거해버리는 것이었다. 고종에 대한 기억을 불러일으키는 덕혜를 조선민족으로부터 빼앗아 그들의 구심력을 상실케 한다. 실제로 덕혜옹주에 대한 조선의 신문 보도는 이후 자취를 감춘다. 조선민족은 깊은 실망과 함께 덕혜옹주를 잃어버린 것이다.

《조선일보》에는 덕혜옹주의 결혼식 옷차림 사진이 게재되어 있다. 그러나 이 사진은 덕혜만 있을 뿐 타케유키는 삭제되어 있다.[14] 소 타케유키는 처음부터 한국 사람들에게 무시당하고 있었다. 덕혜옹주를 잃은 슬픔이 그만큼 깊었던 것은 아닐까.

새로운 생활

나가타쵸에서 카미메구로의 새 저택으로

소 타케유키는 "대학을 나와 반년 정도 나가타쵸의 뒷길, 당시는 부립일중府立一中이라고 불렀던 히비야日比谷 고등학교 근처에 산 적이 있다. 오른쪽으로 코노에近衛씨 집이, 왼쪽으로 한집 건너에 교문이 있었다." (《슌다이라쿠》)라 쓰고 있다. 그는 도쿄대학을 졸업한 후 곧바로 덕혜옹주와의 결혼에 대비하여 나가타쵸로 옮겼다. 그리고 결혼 후 두 사람은 카미메구로上目黒의 새집 공사가 끝나는 가을 까지 그곳에서 살았다.

이 무렵 두 사람의 생활을 살필 수 있는 자료는 거의 없다.

10월 5일 이건 공의 결혼식과 10월 20일 이은의 생일 축하모임에 부부가 함께 참석했기 때문에, 덕혜의 병이 특별히 악화되는 일 없이, 아마도 평온한 나날이 계속되지 않았을까. 마침 이 무렵에 카미메구로의 커다란 저택으로 이사했다고 추측된다.

카미메구로의 소 백작 저택은 "앞쪽으로 카라스모리烏森 중학교, 뒤에는 코마자와駒澤 연병장, 근처에 시라토리 쿠라키치白鳥庫吉* 선생 댁이 있었다."라고 한다. 저택은 많은 화족들의 집들과 마찬가지로 손님 접대에 사용하는 바깥채와 사적인 생활공간인 안채의 두 부분으로

> *시라토리 쿠라키치, 동양사학자로 도쿄 대학 교수. 일본에서 중앙아시아·북아시아를 중심으로 하는 근대동양사학을 확립하였으며, 동양문고 창립에 힘썼다. 저서로 《西域史研究》·《滿州歷史地理》가 있다.

나뉘어 있었으며, 그 중간에 사무소가 있었다. 바깥채는 서양식, 안채는 일본식 건물이었다. 넓은 정원의 잔디 주변에는 떡갈나무가 늘어서 있었고, 집 주위는 기와를 얹은 하얀 담장으로 둘러싸여 있었다.

소 백작 저택 내부의 구체적인 모습은 나카무라 쿠니에中村國枝씨의 이야기를 통해 더 보기로 하고, 여기서는 시간 순서에 따라 가보기로 한다.

덕혜옹주의 마음

결혼과 관련한 덕혜옹주의 마음에 대하여 구체적으로 살필 수 있는 자료는 전혀 없는 것이나 다름 없다. 이 시기에 그녀가 누군가에게 보낸 편지나 메모가 남아 있다면 좋겠지만, 그런 것을 쓸 수 있는 건강상태가 아

니었을 지도 모르고, 편지를 보낼 자유가 없었을지도 모른다.

따라서 다음에 서술하는 것은 나의 추측이며 상상이다.

한국에서는 덕혜가 소 타케유키와의 결혼에 강하게 저항했고, 결혼 후에도 두 사람 사이가 좋지 않았다는 견해가 일반적이다. 나도 물론 덕혜가 결혼을 내켜하지 않았고 저항도 느꼈을 것이라고는 생각된다. 그러나 그것에 반발하거나 항의할 만한 기력이 그 당시 그녀에게는 없었던 것이 아닐까. 일본의 궁내성과 주위에서 시키는 대로 그녀는 신부 의상으로 몸을 감싸고 거의 6년을 살았던 이왕李王 저택을 나서서 차를 타고 소 백작가로 향했다. 자신에게 무슨 일이 일어나려 하고 있는지, 그것을 그녀가 명확하게 의식하고 있었는지 어떤지 조차 추측하기 어렵다.

그러나 이덕혜에서 소 덕혜宗德惠가 되어 백작부인으로서 생활이 시작되었을 때, 그녀는 어떤 커다란 변화를 알아챘을 것이다. 그것은 조선 왕족의 한 사람으로서 끊임없이 감시당하는 생활에서, 화족 부인으로서 소 백작의 저택 안에서는 누구에게도 간섭받지 않고 지낼 수 있는 자유를 얻은 것이다.

아마도 어머니 품을 떠난 후 처음으로 그녀는 자신을 감시하는 사람들의 눈에서 벗어나 안도의 숨을 쉴 수 있는 장소를 발견한 것은 아니었을까. 백작부인의 지위는 글자 그대로 신분의 강등이었지만, 백작 저택 안에서는 그녀에게 지시하거나 성가시게 참견하는 사람은 없었을 것이다. 덕혜는 오랜만에 마음의 날개를 펼 수 있게 되었다고 나는 상상해본다.

덕혜에게는 아마도 뜻밖이었겠지만, 그녀는 자기 남편이 온화한 성격으로 예의바르며 그녀에게 아주 부드럽고 친절하다고 느꼈다.

교양있는 그는 시와 그림을 좋아하고, 그녀의 고국에 대한 것을 알고 싶어했다. 말없는 그녀가 조금씩 말하는 것을 아주 즐겁게 들었다. 그리고 그는 여러 가지 이야기, 특히 대마도에 관한 이야기를 들려주었다. 초여름에는 '히토츠바타고'라는 새하얀 꽃이 흐드러지게 피고, 바다는 아름다우며, 그 바다가 먼 옛날부터 대마도와 그녀의 고국을 연결시켜주고 있었음을, 덕혜가 얼마나 이해했는지는 별 문제로 치더라도, 적어도 그녀는 분명히 남편이 자신과의 결혼을 기뻐하는 것을 알았을 것이다.

덕혜옹주는 일본에 온 이후 처음으로 자신을 진실로 사랑해주는 사람을 만난 것을 알았다. 그것은 사랑의 시작이었다. 만약 그녀가 사랑받는다는 행복감에 싸여 있지 않았더라면 결혼 후 얼마간 증상이 완화되어 병이 재발하지 않았던 기적을 설명하기가 어렵다. 그녀는 부모 그리고 큰오빠와 사별한 뒤 처음으로 부왕의 사랑을 능가하지도 못하지도 않는 깊은 사랑을 만난 것이다.

나의 이 추측은 아직 많은 사람, 특히 한국 사람들은 받아들이기 어려울지 모른다. 이 장이 끝날 때까지 가능한한 이것을 입증해보려고 한다.

병이 재발한 것은 언제일까

정신분열증이란 내버려두면 반드시 재발하는 병이다. 결혼 당시 덕혜의 건강은 소강상태였다고 한다(《흘러가는 대로流れのままに》). 그리고 지금까지의 통설로는 다음해 8월 마사에正惠를 낳은 후 재발했다고 한다.

나는 확실한 재발은 아니더라도 덕혜의 뭔가 정신이 불안정한 조짐은 상당히 빠른 시기부터 나타났을 것이라 생각한다. 그것은 당시 《나가사키일일신문長崎日日新聞》 기사에 따르면, 결혼을 막 했을 때인 6월 상순에 대마도를 방문할 예정이었던 것이 '10월경'으로 연기되었기 때문이다. 그것도 실제로 대마도를 방문했다는 기사는 아무리 신문을 찾아봐도 실려 있지 않다. 내가 이 날짜를 확인할 수 있었던 것은 히라야마 타메타로의 일기에서다. 그것은 1931년 10월 말에서 11월에 걸쳐서였다.

대마도 방문

소 타케유키와 덕혜옹주가 부부 동반으로 대마도를 방문한 것은 1931년 10월 30일(금)이다. 이때의 기사를 《히라야마 타메타로 일기平山爲太郎日記》에서 발췌해본다.

10월 26일(월) 반쯤 맑음, 사족 대표가 소 백작이 27일 도쿄를 출발했다고 알려 왔다.

10월 29일(목) 쾌청, 소 백작 도착, 오늘은 중지한다는 연락이 있었다.

10월 30일(금) 쾌청, 오후에 소 백작가의 집사가 백작 부부는 오늘밤 11시 반에 섬에 온다고 알려왔다.

1시에 칸지完二와 함께 백작을 맞이하러 니시하마西濱로 내려갔다가 12시에 돌아왔다. 날씨도 평온하고 달빛도 땅을 환하게 비추고 있었다. 맞이하러 온 사람들도 최근 들어 드물게 보는 성황이었다.

10월 31일(토) 쾌청, 10시에 코모리古森 댁으로 백작을 뵈러 갔다. 특별 배려로 직접 뵙고 여러 가지 담화를 나누었다. 장거리의 긴 여행일텐데 조금도 피로한 기색이 없었다. 기쁘기 그지없었다. 돌아오는 길에 사이토齋藤씨 집에 들러 섬방문과 관련해서 배려해 주신 것에 감사하였다. 그에게서 내일은 우리 집에 들를 예정이라고 들었다. 그래서 이를 사양하고 일정을 조정하여 하룻밤 저녁을 대접해드리고 싶다고 말씀드렸더니, 이번에는 그와 같은 일은 모두 거절하셨다고 말씀하셨다. 그래도 거듭 그 뜻을 말씀드려 허락을 받아주시기 바란다고 부탁해 두었다. 내일은 예정대로 방문하실 모양이었다.

또 다음날, 부부가 여학교를 방문할 시각 및 덕혜부인이 교정에 나무를 심는 건에 대하여 오우라 집사와 상의한 후, 돌아가는 길에 여학교에 들러 자세한 것을 알려주었다. 그 학교에서 점심 대접을 받고 오후 1시에 집에 돌아와 집 안팎의 청소를 하였다.

11월 1일(일) 쾌청, 우리 집을 방문하는 소 백작을 맞을 준비를 하다. 10시가 지나 중학교, 치쿠죠築城 지부* 방문을 마치고 오셨다. 가족 일동이 문 앞에서 맞이하였다.

*치쿠죠 지부, 1922년 옛 대마번주의 성터에 설치한 일본 육군의 지부

대청방의 가장자리에 벼루집을 헌상하고 잠시 담화를 나누었다. 돌아갈 때에도 모두가 문 앞에서 배웅하였다. 선물로 치치부秩父(안감으로 쓰는 명주) 1탄反**을 받았다. 공식 일정 이외의 방문으로는 이곳에

**탄, 옷감류를 재는 단위로 한 탄端이라고도 한다. 1反이란 폭 34센티미터, 길이 약 1미터로 한 사람의 의복을 만드는데 필요한 길이다.

서 시모다下田 노인의 성묘와 우리집에 오신 것뿐. 또 고베神戸에서는 나카토메 코타로永留小太郎씨의 묘에 참배한 것뿐이라고 들었다.

세월이 흘러 골짜기의 옛 둥지를 찾아와 보니, 휘파람새 우는 소리 그윽하다.

오후 1시 여학교 방문시에는 부형회를 대표하여 출두하였다. 일장 연설이 있었다. 덕혜 부인의 기념 식수도 있었다. 심은 나무 가운데 하

나는 내가 기증한 것으로, 옛날 타케유키 사마와 세이치精一를 데리고 시라타케야마에 올라 캐가지고 와서 집에 심었던 오엽송 4그루 가운데 하나이다. 오래오래 번영하기를 기원한다.

11월 2일(월) 아침에 비가 온 후 날이 개다. 오후 3시에는 소 백작 환영회에 참석차 킨세키칸金石館으로 출두하였다. 출석 인원이 근래에 드물게 많았다. 5시 해산. 금일 오전 알현식에는 절에서의 제사 때문에 출석하지 못했다.

소 타케유키 부부가 탄 배는 10월 30일 밤늦게 11시 반경, 이즈하라항의 니시하마에 도착하였다. "날씨도 평온하고 달빛도 땅을 환하게 비추어 맞이하러 온 사람들도 최근 들어 드물게 보는 성황이었다."라고 필자는 감격스런 듯이 쓰고 있다. 구번주인 소씨 문중의 당주가 신혼인 이왕가의 옹주를 데리고 대마도를 방문한다. 대마도로서는 대환영이었던 것이다.[15]

여러 가지 환영행사 가운데서도 소 백작의 히라야마씨 집 방문은 타메타로가 가장 명예스럽게 여기고 즐거움으로 생각했을 것이다. 또 여기에는 소 타케유키가 도중에 고베에서 나카토메 코타로 씨의 묘소를 참배했다고 적혀 있는데, 당주 직을 계승할 때 온 힘을 쏟은 그의 은공을 소 타케유키는 잊지 않고 있었다. 그의 인간 됨됨이를 엿볼 수 있는 대목이다.

그날 오후 여학교에서 덕혜옹주가 기념 식수하는 것을 지켜보면서, 히라야마 타메타로는 소씨 문중의 영원한 번영을 빌었다.[16]

그러나 이틀 후의 일기는 뜻밖에도 애처롭다.

11월 3일(화) 구름, 오전 11시 코모리古森 댁에서 백작을 뵙고, 그저께 와 주신 것과 선물을 내려주신 것에 대한 인사말씀을 드렸다. 코모리 씨, 사이 토齋藤 관리인, 백작과 네 사람이 그림에 관한 이야기, 그리고 난초 재배 등에 관해 오랫동안 이야기를 나누었다. 그러던 중 덕혜 부인이 느닷없이 자리를 함께하였다. 인사를 드렸지만 한마디 말도 없이 답례만 할 뿐. 그리고 끊임없이 소리를 내서 웃기를 몇 번이나 했던가. 정말 병적인 거동이었다. 백작의 가슴 속은 과연 어떨까. 안타깝기 짝이 없다. 그 집에서 점심을 먹고, 케치鷄知 사령관의 초대로 오후부터 아소淺海를 보러 출발하신다 하기에 배웅하고 집으로 돌아왔다.(중략)

서북풍이 불어 파도가 높았기 때문에 출발은 미정이었다.

숙소인 코모리 댁에서 소 타케유키가 친한 세 사람과 환담을 나누고 있는 곳에 갑자기 덕혜옹주가 나타나 병적인 행동을 보인 것이다. 옆에서 시중드는 사람들이 마음을 놓고 한눈을 판 틈이었을까. 예측하기 어려운 행동이었을까. 여행의 피로도 있었을 것이다. 히라야마 타메타로에게는 소년시대를 손수 돌보아가며 가르친 소 타케유키이다. '백작의 가슴 속은 과연 어떨까. 안타깝기 짝이 없다.'고 쓰면서 얼마나 원통하게 생각하고 가슴 아파했을까.

이 기사는 덕혜의 정신분열증이 뜻밖에도 빨리 재발했음을 말해준다. 결혼 후 6개월이 지났을까 말까 한 시기이다. 출산 후라는 것은 맞지 않다. 아마도 병의 조짐은 알려진 것보다 훨씬 빠른, 결혼 초기부터 조금씩 나타났다고 보는 것이 자연스럽지 않을까.

백작 부부는 그로부터 사흘 후 이즈하라를 떠났다. 아침 일찍 아직 어둠이 가시지 않은 때였다.

11월 6일(금) 비, 오전 4시 기상. 칸지를 데리고 백작을 전송하러 갔다. 코모리 댁에 가서 잠시 상황을 살핀 후 먼저 니시하마로 갔다. 가는 도중에 빗발이 세진데다 바람까지 불었다. 조금 시간이 지나자 비가 개었다. 해변에서 모두 전송하고 만세 3창을 불렀다. 나는 기선까지 따라가서 이별의 인사를 드리고, 일행과 함께 거룻배로 타테가메立龜에 상륙하여 6시 반경에 집으로 돌아왔다. 이때부터 또 이슬비가 내리기 시작하였다.

《히라야마 타메타로 일기》, 1931년

이 1931년은 9월 18일 밤, 관동군의 모략으로 유조호柳條湖에서 만철滿鐵의 선로가 폭파되고, 그것을 계기로 만주사변이 일어난 해이다. 이후 15년간에 걸친 전쟁이 시작되었다.

마사에의 탄생

다음해인 1932년 8월 14일, 딸 마사에正惠가 태어났다. 부부가 낳은 단 하나의 혈육이다.

어머니의 이름을 한 글자 따서 마사에라고 지은 것은, 조부모가 없기 때문에 아버지 타케유키가 지은 이름일 것이다. 이런 이름을 지은 것도 남편으로서 또 아버지로서 타케유키의 마음을 나타낸 것으로 생각된다. 조선 왕가의 피를 잇는 딸로서 한국에서도 통용되는 이름이다.

타케유키는 마사에의 탄생을 아주 기뻐하였다. 그것을 말해주는 것은

1장의 작은 유화이다. 이 그림은 18×14센티
미터. 하얀 모자를 쓴 무심한 어린아이의 얼
굴을 그린 것으로 'MASAE'라는 제목이 붙어
있다. 솔직히 말해서 그다지 잘 그렸다고는
할 수 없지만, 가만히 아무 생각없이 상대방
을 보고 있는 갓난아이의 천진난만함이 저절
로 느껴진다. 이 섬세한 붓놀림에 비할 데 없
는 애정이 담겨 있는 듯하다.

그림의 왼쪽 밑 MASAE라고 씌어 있는 부
분을 잘 들여다보면, 실은 이 그림 배경의 어
두운 부분의 한쪽에, 붉은 색 알파벳 글자가

소 타케유키가 그린 생후 3개월의 'MASAE'
〈소 타케유키 전시회 팜플렛〉

잔뜩 채워져 있다. 그것은, NOVEMBER, NINETEEN THIRTY TWO, THREE
MONTHS A. B.(1932년 11월 생후 3개월, A. B.는 After Birth의 약칭일 것이다)
라고 읽힌다. 지금 이 순간 내 아이의 사랑스러운 모습을 영원히 남기고
싶다는, 무릇 어버이라면 누구라도 알고 있을 맹목적인 사랑이 담겨 있음
에 틀림없다.

마사에의 탄생은 멀리 경성 창덕궁 낙선재의 윤대비에게도 전해졌다.
그리고 윤대비는 마사에에게 입힐 유아용 한복을 멀리 소 백작가에 보냈
다. 1989년 3월, 단국대학교의 석주선 여사는 도쿄 분카여자대학文化女子
大學에 소장되어 있는 덕혜와 마사에의 유품을 조사하였는데, 마사에를
위해 보낸 의상을 확인하였다. 그것들은 알록달록한 색깔의 예쁘고 귀여
운 당의와 치마·저고리, 작은 나막신 등으로 윤대비의 부드러운 마음씀
씀이를 알게 해주는 물건이었다.

병의 진행

한편 출산 후 덕혜의 몸에 뭔가 변화가 일어나기 시작했다. 병의 징후는 일찍부터 있었지만, 출산 전에는 아직 정상과 이상 사이를 오가는 상태였다고 생각된다. 임신은 모체에 큰 부담이기는 하지만 한편으로는 정신분열증 환자에게 좋은 변화를 가져오는 경향이 있다. 《여성의 정신장해女性の精神障害》에 따르면, "옛날부터 임신 중에는 정신분열증이나 조울증의 발병 내지는 재발할 확률이 아주 낮으며, 또 신경증의 강박 상태 등이 현저하게 경미해진다고 한다"라고 적혀 있다. 그 책에는, 임신 기간 중에는 프로게스테론이라는 호르몬 분비가 증가하여 혈중 농도가 진해진다, 이 프로게스테론은 항불안작용에 따라 임신중의 정신적 동요와 스트레스로부터 모체를 보호하고, 태아에게 미치는 악영향을 막는 역할을 한다, 그리고 정신분열증에서 보이는 환청이나 LSD의 가상환각 체험을 일시적으로 소멸시켜서 심리적인 평형을 유지시킨다. 단 이것은 일시적인 것으로 임신중·말기부터는 거꾸로 증상 악화를 가져오는 경향도 있다고 씌어 있다.

어쩌면 덕혜도 임신으로 정신분열증의 진행이 일시적으로 멈추는 관해寬解 증상을 보였는지도 모르겠다. 그러나 아마도 마사에가 태어난 후, 덕혜는 확실히 사람들 앞에 모습을 보이지 않게 된다. 그것은 사람들에게 병이 재발했다는 인상을 주었을 것이다. 실제로 애처로운 증상이 악화되었음에 틀림없다.

소 타케유키는 덕혜의 병을 알고 있었을까

다시 생각해보고 싶은 것은, 소 타케유키가 결혼 당시 덕혜의 병에 대해 어느 정도나 알고 있었을까이다. 상식적으로 조발성치매증(정신분열증)이라고 확실하게 알고 있는 상대와 결혼을 승낙할 사람은 없을 것이다.

결혼 후 덕혜의 증상은 어떻게 나타났을까. 추측할 수밖에 없지만, 덕혜의 표정과 행동에 이상이 나타나기 시작했을 것이다. 얼빠진 것처럼 멍해 있거나 말에 두서도 없고 상대의 말에 반응하지 않는다. 방심한 것처럼 가만히 있나 싶으면 갑자기 웃어댄다.

나는 소 타케유키가 덕혜의 병에 대해 아무것도 듣지 못했다고 생각한다. 여자 학습원 시절부터 병을 알아 챈 사람은 있었겠지만, 타케유키처럼 부모도 없고 대마도에서 7년을 보낸 후 학습원 고등과에 3년간 다닌 것만으로 도쿄 대학에 들어간 사람에게는 세상의 소문이나 정보가 들어가기 어려웠을 것이다. 아마도 그는 아무것도 모른 채 결혼하였다. 따라서 처음으로 덕혜의 증상을 보았을 때, 그는 무슨 일이 일어났는지 아무것도 몰랐던 것이 분명하다.

원래 정신분열증 환자 본인에게는 병에 대한 자각이 없는 경우가 많다. 가족도 일반적으로 가까운 사람이 그런 병이라는 것을 인정하려 하지 않고 병원에도 데려가고 싶어 하지 않는다. 요즘은 조금씩 정신병에 대한 편견이 바로 잡히고 있지만, 당시에는 인식이 아주 낮았다. 그 때문에 병을 늦게 발견하여 돌이킬 수 없게 된 사람도 적지 않았던 것 같다. 타케유키에게 부모 등, 인생 경험이 풍부한 사람이 옆에 없었던 것도 중대한 마이너스였는지 모른다. 젊은 타케유키 혼자서는 적절한 판단이 어려웠을 것이다. 그는 곤혹스러웠을 테지만 정신분열증이라고는 생각지도 못했던 것이 아닐까. 얼마동안 돌보면서 지내면 회복되겠지라고 기대도 했을 것이다. 아무튼 섭생하면서 상태를 보려고 했을 것이다.

정말은 하루라도 빨리 의사에게 보여 적절한 치료를 받게 해야 했다. 빨리 대처하면 진행을 더디게 하거나 얼마간 회복도 가능했을지 모른다.

그러나 소 백작가에서는 이상한 증상을 보이는 백작부인을 외부에 알리지 않으려 했다. 집안의 명예라든가 세상 사람들에 대한 체면도 있었다고 생각되지만, 무엇보다 타케유키는 덕혜 자신의 명예를 지켜주려고 했던 것이 아닐까. 저택 내부에서 일하는 사람들은 처음부터 엄하게 입단속을 당하고 있었다. 덕혜는 병이라는 이유로 외출하지 않게 되었다.

그렇지만 아무리 신경을 써도 덕혜의 병은 호전되지 않았다. 타케유키는 무엇이 원인인지, 자신들 생활의 어디가 잘못되었는지 심각하게 고민했을 것이다. 그것이 인격의 파괴에까지 이르는 비참한 병임을 그가 깨닫게 된 것은 언제였을까. 상당히 시간이 흐른 뒤임에 틀림없다.

나는 사람들과 한 가지 생각을 달리하는 것이 있다. 그것은 이방자의 역할이다. 덕혜의 결혼식 때 그녀는 병의 재발을 두려워하고 있었다. 의학적 지식은 있었을 것이다. 왜 그것을 그녀는 타케유키에게 말하지 않았을까. 재발의 염려가 있다는 것, 어떻게 보살펴야 효과가 있다는 것, 증상이 시작되면 곧바로 의사의 진찰을 받을 것 등. 그녀는 반드시 소 타케유키에게 알려야 하지 않았을까. 그것은 어려운 역할임에 틀림없다. 또 알렸다 하더라도 어떻게 할 수 없었는지 모른다. 그러나 이방자의 조언이 있었더라면, 소 타케유키에게 얼마나 마음 든든한 원조가 되었을까.

덕혜의 병이 재발한 것은(타케유키에게는 발병) 타케유키에게 심각한 고뇌를 안겨주었다. 그가 이때 느낀 낭패감과 슬픔을 상상하면 가슴이 아프다. 그 자신이 정신적으로 중대한 위기에 직면해 있었다 할 수 있다. 그는 도움을 필요로 하고 있었다. 그것을 암시하는 것이 1932년 히로이케 치쿠로廣池千九郎의 도덕과학 강습회(모랄로지 강석講席)에 참가했던 일이다.

그 후의 생활

히로이케 치쿠로와 도덕과학전공학교

소 타케유키의 일생은 히로이케廣池학원(치바현 카시와시千葉縣 柏市)과 깊은 관계가 있다. 학원의 창설자 히로이케 치쿠로의 도덕과학 연구는 소 타케유키에게 큰 영향을 미쳤다.

소 타케유키는 자신의 약력을 다음과 같이 말하고 있다.

1932년 히로이케 치쿠로 박사의 강습회에 참가하였으며, 이후 연구와 교육에 종사하였다. 주로 레이타쿠麗澤 대학에 교수로 봉직하면서 외국어학부장 · 학감을 역임하고, 1978년 레이타쿠 대학에서 명예교수라는 칭호를 받았다.

그간 1963년 학교법인 히로이케 학원 이사, 재단법인 도덕과학연구소 이사, 1970년 학교법인 히로이케 학원 상임이사가 되어 현재에 이르다.

《슌다이라쿠》

히로이케 치쿠로(1866~1938)는 현재의 오이타현 나카쯔시大分縣 中津市에서 태어났다. 어린 나이로 교사를 지망하여 페스탈로치와 같이 가난한 학생들을 양성하기 위해 야간학교를 개설하였다. 마침내 역사를 배우고 호즈미 노부시게穗積陳重*의 논문을 읽고 법률가가 되기로 지망하였다. 29세 때 이노우에 요리쿠니井上賴國**를 통하여 《코지루이엔古事類苑***》의 편집에 종사하였으며, 사토 죠지츠佐藤誠實**** 아래서 41세 때 전51권을 완성하였다.

46살 때 〈중국 고대 친족법의 연구中國古代親族法の研究〉로 도쿄제국대학에서 법학박사 학위를 받았다. 그러나 과로로 큰 병을 앓게 되면서 자신의 임무를 재인식하게 되었다. 한때 텐리교天理教*****에 끌려 1913~15년에 텐리중학교 교장 등을 지내기도 했지만, 결국 퇴직하고 1915년 도덕과학(모랄로지라 명명)의 조직적 연구에 착수하였다. 1923년부터 역저 《도덕과학 논문道德科學の論文》에 전념하여 3년 후인 1926년, 60세에 원고 완성, 1928년에 이를 간행하였다.

1935년, 현재의 치바현 카시와시에 도덕과학전공학교(道德科學專攻塾 : 레이타쿠 대학을 비롯한 히로이케 학원과 모랄로지 연구소의 전신)를 개설하여 학교교육의 기초를 다졌다.

그가 말하는 도덕교육이란, 도덕에는 보통교육

(종래의 것)과 최고 도덕이 있는데 후자는 석가 · 공자 · 크리스트 · 소크라테스 · 아마테라스 오카미天照大神*에 나타나 있다고 하였다.[17]

도덕을 과학적으로 해명해보려고 한 것이 히로이케 치쿠로의 학문연구로, 그의 경우 실천을 중시하였다. 해박한 지식을 기초로 보편성을 추구한 결과, 맹신과 열광과는 거리가 먼 넓은 시야와 합리성을 가지고 있었다. 따라서 1930년대 군국주의화하는 사회정세 속에서도 냉정한 눈을 유지할 수 있었던 것 같다. 일본의 대륙침략이 잘못되었음을 지적하고, 그 당시 시종장 스즈키 칸타로鈴木貫太郎**앞으로 편지를 보내 "(중국에 출병한) 병사와 인민을 모두 철수시키고 앞으로는 나라 전체가 근검 성실하게 도덕생활을 할 것이며—"라고 진언한 바 있다(1932년). 그의 진언을 들어줄 리 없는 분위기였지만, 도덕과학실천의 면목을 보여주었다고 할 수 있을 것이다.

1931년 히로이케 치쿠로는 니토베 이나조新渡戶稻造***의 추천을 받아 오사카에서 강연회를 열었다. 또 다음해인 1932년 오사카에서 처음으로 모랄로지 강습회를 개최하였다. 이후 후쿠오카 · 나고야 · 요코하마 · 도쿄 · 마츠에 · 타카사키 · 교토 · 기후 등, 전국각지에서 강습회를 거듭하였다.

소 타케유키가 히로이케 밑으로 들어가게 된 것은 이 무렵이다. 히로이케는 6년 후에 타계하지만, 소 타케유키는 평생에 걸쳐 도덕교육을 배우고 가르치며 히로이케 학원에서 영어 등을 가르치는 요직에 앉아 학원

*아마테라스 오카미, 일본의 기기신화記紀神話에 나오는 여신. 태양신이며 황실의 조상신으로 이세伊勢의 황대신궁皇大神宮에 주신으로 모셔져 있다. 아마테루가미.

**스즈키 칸타로, 해군이며 정치가. 시종장으로 있을 때 2·26사건으로 중상을 입었다. 제2차 세계대전 말기에는 수상(1945년 4월 조각)으로서 포츠담선언을 수락한 바 있으며 전쟁 종결에 임하였다.

***니토베 이나조, 사상가, 교육자, 농정학자. 삿포로농학교 졸업 후, 미국과 독일로 유학. 도쿄대학교수. 국제연맹 사무차장과 태평양문제조사회 이사장으로서 국제이해와 세계평화를 위해 공헌. 저서로 《농업본론農業本論》이 있다.

의 교육활동에 공헌하였다.

히로이케 치쿠로의 무엇이 소 타케유키를 끌어당겼던 것일까. 도덕교육은 소 타케유키가 속한 신분제도를 부정하지 않고, 그 틀 안에서 정신적인 향상을 도모하는 학문이었다고 할 수 있다. 아마도 극도로 불안한 상황에 있던 소 타케유키의 내면을 확실하게 붙잡아 지탱해주는 뭔가를 히로이케 치쿠로는 가지고 있었을 것이다. 누구에게도 말할 수 없는 결혼생활의 불행함, 납득하기 어렵고 이해할 수 없는 상황에서 오는 고민을, 히로이케라는 인격자는 조용히 받아들여 비밀을 지켜주고 격려해주었던 것이 아닐까. 타케유키의 고민을 비판하는 것이 아니라 받아주는 사람, 즉 자애로운 아버지와 같은 역할을 한 사람이 아닐까. 히로이케의 가르침 중에서도 예를 들면 '묵비의 덕默秘の德'은 소 타케유키가 침묵을 지키는데 있어서 커다란 의지가 되었다고 생각된다.

물론 백작이라는 신분만이 아니라, 높은 교양과 지성 · 감성을 지닌 소 타케유키는 히로이케 학원에서 유능한 인재였다. 그는 학생들에게 영어뿐만 아니라, 도덕과학 · 테니스 · 회화 등도 가르칠 수 있었다.

1932년경 도덕과학전공학교는 시모오치아이下落合에 있었는데, 1935년에는 마침내 치바현 카시와시에 10만 평의 부지를 얻어 개설하였다. 그 무렵의 상황을 제자 한 사람이 다음과 같이 묘사하고 있다.

이미 46년이나 지난 옛날일입니다만, 모랄로지의 모자도 알지 못한 채 도덕과학 전공숙사의 문을 두드린 것이 소 타케유키 선생님과 처음으로 인연을 맺게 된 계기였습니다. 帝都 도쿄 북쪽 현관인 우에노 역의 죠반선常盤線 홈에 증기 기관차가 낡아빠진 5 · 6량의 차량을 연결시킨 채 멈춰 있

었습니다. (중략)

  벚꽃도 만개한 춘 4월, 맨 처음 영어 수업시간에 소 선생님은 아주 조용한 어조로, "중학교(구제)에서 5년간 영어교육을 받고, 영역과 영작을 충분히 공부했겠지만 영어란 말하는 것이다. 정확한 발음과 회화를 마스터하지 않으면 살아 있는 영어라고 하기 어렵다." 라고 말씀하시고, 영어 발음의 기초부터 엄격하게 가르쳐주셨습니다. 선생님의 깨끗한 발음을 듣고 보니 京一商(京都市立第一商業高校의 약칭)을 다닐 때 배웠던 영국인 교사와 아주 똑같은 발음이었기에 그 대단함에 놀라 감격했던 것이 생각납니다.(중략)

  당시 선생님은 도쿄의 메구로에 있는 집에서 1주에 며칠인가를 통근하셨는데, 죠반선 가운데는 파란 띠의 2등차를 연결하지 않은 열차도 있었습니다. 화족 신분이면서 3등차를 타고 털털하게 서민인 우리들을 대해주시던 마음이 넓은 분이셨습니다.

《시덴詩田》追悼號, 쿠와바라 신이치桑原眞一 씨

소 백작 저택 안의 일상-나카무라 쿠니에씨의 이야기

  나카무라 쿠니에中村國枝(1921년 출생)씨는 대마도 출신으로 1938년부터 1940년에 걸쳐 2년 가깝게 소 백작가의 집안일을 맡아본 여성이다. 쿠니에 씨의 아버지는 코메다 류타米田隆太로 대마도의 이즈하라 소학교에서 소 타케유키의 담임 선생님이었다.

  쿠니에 씨는 여학교 졸업 후, 대마도 영림서營林署에 근무하고 있었지만, 위와 같은 인연으로 교장의 추천을 받아 상경하여 소 백작가에 근무하게 되었다. 1938년 가을 쯤이라 한다. "옛날 일이라 기억도 확실치 않지만—"이라고 하면서, 다음과 같은 이야기를 들려 주었다.

그때 나는 열여덟 살이었는데 마사에양의 공부와 놀이 상대를 해주는 것이 가장 중요한 일이었고, 그밖에 청소와 바느질 등도 하였습니다. 마사에 양은 초등학교 1학년 정도로, 마침 내가 있었을 때 학습원 초등과 입학식이 있어서(1939년 봄), 당시 저택 사람 모두가 사진을 찍었던 것을 기억하고 있습니다.

마사에 양은 그때는 가늘고 약한 체격의 어린아이로 섭생차 유가와라湯河原에 있는 온천에 함께 따라간 적도 있습니다. 내가 열흘 동안 옆에 붙어 있으면, 다음은 다른 사람과 교대하는 식이었습니다. 학습원에 데려다주고 데려올 때도 함께 따라갔습니다. 비오는 날은 차를 불렀습니다. 학부형회에 내가 대리로 참석한 적도 있습니다. 또 소 백작가 근처에 있는 토쿠가와德川씨 저택에 동갑내기 어린아이가 있었기 때문에 놀러간 적도 있습니다.

당시의 소 백작가 안에는 10여 명이 일하고 있었을까요. 와다和田(결혼 후의 성인지도 모른다)씨라는 35~6세쯤 되는 사람이 안채의 중심이 되어 이것저것을 지시했었습니다. 그 사람은 전직 간호부였습니다. 요리는 이왕가에서 따라온 이시이 치요石井千代씨가 중심이 되어 만들었습니다. 그리고 바깥채 일은 집사인 오우라 쯔네조大浦常造 씨가 언제나 사무소에서 일을 했습니다. 이 사람은 저택 안의 한 구석에 집이 있어서 가족과 함께 살고 있었습니다. 남자로는 타나카田中(일본옷인 하카마 차림의 노인으로 사무를 봄)씨·사쿠라바櫻庭씨 두 사람이 있었는데, 역시 저택 안에 작은 집이 있었습니다.

우리들은 당주를 백작님이라 불렀으며, 덕혜 사마를 '고젠사마御前様' 라 불렀습니다.

'고젠'이라는 말은 옛날에는 여성에 대한 경칭으로도 사용되었지만, 메이지 이래 화족의 저택 안에서는 보통 당주에 대한 경칭이다. 그런데도 소 백작가에서는 부인인 덕혜옹주가 '고젠사마'로 불리고 있다. 이것은 소지츠료의 지시도 있었겠지만, 아내의 신분이 높은 것을 고려한 호칭이었다고 생각된다.

당시 덕혜의 상태는 어떠했는지를 나카무라 씨에게 물어보았다.

덕혜 사마에 대한 시중은 (우츠노미야宇都宮에서 온) 미요 씨와 와다 씨 두 사람이 주로 들었습니다. 옷은 양복일 때도 일본 옷일 때도 있었습니다. 상태가 좋지 않을 때에는 잠옷에 가운을 걸친 모습도 많았던 것 같습니다. 때때로 2층에서 마사에의 방으로 내려와 의자에 가만히 앉아계신 적도 있었습니다. 아마도 미요 씨 등이 데리고 온 것이겠지요. 그런 때 아무 말씀도 하지 않으셨지만, 이름을 물으면 한자로 '德惠'라고 쓰셨습니다. '아이 이름은 뭐라고 합니까?'라고 물으면, '正惠'라고 쓰셨습니다.

1938년경은 마사에를 출산한 지 5·6년밖에 지나지 않은 시기였는데, 사람들이 묻는 것을 조금은 알아들었던 모양이다. 덕혜가 내 아이의 이름을 쓴다는 것은 역시 어머니로서의 애정 표현일 것이다.

때때로 지압 마사지를 하는 나이 많은 사람이 왔습니다. 그렇지만 의사 선생님 같은 사람은 온 적이 없습니다. 나 같은 사람은 저 병이 정말 지압으로 나을 수 있을까라고 생각할 정도로…… 운동도 하지 않았으므로 지압을 하면 기분이 좋았겠지요.

체격이 가냘프고, 손도 정말 가늘어서 예쁜 편이었습니다. 가끔 2층에서 아무도 상대해주는 사람이 없는데 웃는 소리가 들린 적도 있습니다.

'고젠사마'가 그런 상태로 집안은 전체적으로 조용한 분위기였습니다.

소 백작가의 저택은 내가 근무하고 있던 안채와 응접실이 있는 바깥채로 나뉘어 있고 그 경계에 사무소가 있었습니다. 이곳에서 사무소로 차를 나른 적도 있었습니다만, 경계에는 〈오스기도杉戶〉라고 하는 삼나무 판자로 만든 문이 있어서 그것을 열면 사무소였습니다. 응접실이라는 곳은 내가 좀처럼 가는 곳이 아니라서 확실히 생각은 나지 않습니다. 한번 백작님과 탁구를 친 적이 있었습니다만, 그것이 응접실이었는지……

소 타케유키는 아직 30세 정도, 동향의 젊은이들과 탁구를 치는 모습은 그의 친해지기 쉬운 성격의 한 부분을 보여주는 것일 것이다. 나는 문득 대마도 시절, 어머니 쿠로다 레이코가 보내온 소포 안의 탁구공세트가 생각났다.

나카무라 씨의 이야기에 따르면, 덕혜 부인에게 지압하는 사람은 오지만 의사는 드나들지 않았다. 즉 정신병에 대한 의학적 치료는 하지 않고 있었음을 알 수 있다. 역시 소 타케유키는 덕혜가 정신분열증인 것을 인식하지 못했던 것은 아닐까.

백작님은 그 즈음, 1주에 몇 번인가 치바 쪽으로 강의하러 가셨고, 멀어서 밤이 늦은 적도 있었습니다. 우리들은 당번으로 돌아가며 귀가를 기다렸다가 차와 타올을 준비했습니다. 넓은 서양식 방에 서재가 있어서 뭔가 잘 쓰고 계셨습니다.

집의 구조는 잘 생각나지 않습니다만, 일본식 방이 몇 개나 있었는데, 긴 복도로 연결되어 있었으며, 마사에 양의 방과 안쪽으로 큰 서재가 있었습니다. 우리들의 대기실은 구석에 있어서 벨이 울리면 부르는 것으로 알아듣고 나가곤 했습니다.

2층은 침실로 방 2개를 붙인 것 같은 큰 일본식 방이 있었는데, 그곳에 이불 두개를 깔고 주무셨습니다. 서재 바로 옆으로는 2층으로 올라가는 계단이 있었고, 나는 그 계단 손잡이를 청소할 때 정말 열심히 닦았습니다. 우리가 이용하는 계단은 따로 있었습니다.

그래요! 백작이 목욕할 때 큰 소리로 《이 길この道》이라는 노래를 부르셨던 것을 기억하고 있습니다. 아주 좋은 노래였어요.

이 시기 타케유키는 치바의 도덕과학전공학교에서 강사로 근무하는 것 말고도 도쿄 제국대학 대학원에서 영어학을 배우고 있었기 때문에 상당히 바빴을 것이다. 그런데도 밤에는 덕혜 옆에서 자는 것을 게을리 하지 않았던 것 같다. 아무리 바빠도 아내의 간호를 일하는 사람들에게만 내맡기지는 않았다.

그런 그가 목욕탕에서 야마다 코사쿠山田耕筰*가 작곡한 하쿠슈白秋의 노래를 불렀다고 한다.

> *야마다 코사쿠, 작곡가. 일본에서 처음으로 도쿄 필하모니 관현악단을 조직한 것을 비롯, 창작과 실천 두 분야에서 여명기의 일본악단에 공헌하였다.

| 이 길은 언젠가 왔던 길 | この道はいつか來た道 |
| 아아 그래 | ああ そうだよ |

아카시아 꽃이 피어 있네	あかしやの花が咲いてる
이 언덕은 언젠가 본적이 있는 언덕	あの丘はいつか見た丘
아아 그래	ああ そうだよ
이것봐! 하얀 시계탑이네	ほら 白い時計塔だよ
이 길은 언젠가 왔던 길	この道はいつか來た道
아아 그래	ああ そうだよ
어머니와 마차로 왔었지	おかあさまと馬車で行つたよ
이 구름은 언젠가 본 구름	あの雲はいつか見た雲
아아 그래	ああ そうだよ
산사나무 가지가 늘어져 있네	さんざしの枝もたれてる

이것은 그리운 추억의 노래, 어머니를 그리는 노래이다. 그에게 이 노래를 가르친 것은 아마도 어머니 쿠로다 레이코일 것이다. 고독한 젊은 백작이 무엇을 떠올리며 이 노래를 흥얼거린 것일까. 이 작은 에피소드는 아주 상징적이며 인상 깊다.

　부부가 어떤 이야기를 나누었는지는 알 수 없지만, '고젠사마'는 백작의 말 정도는 이해하고 계셨을거예요. 반드시.
　지금 생각해보면, 마사에 양은 우리들에게는 아무 말도 하지 않았지만, 어머니 일로 괴로웠을 거예요. 백작님은 때때로 마사에 양의 방에 계셨는데, 역시 가엽게 생각하고 있었겠지요. 마사에 양은 백작과 같은 원숭이해에 태어나 얼굴도 아주 많이 닮았었어요.
　마사에 양은 밝고 귀여운 편이었는데, 내가 처음으로 뵈었을 때에도 "오래오래 있어요. 응! 할머니가 될 때까지 있어요." 하고 말씀하셨었는데……

나카무라 쿠니에 씨는 처음 만났을 때 마사에가 한 그 말을 잊지 못하는 듯 했다.

나카무라 씨는 1940년 가을이 다되어 대마도로 돌아가 다음해인 1941년에 결혼했다. 전쟁 후 중국에서 철수하여 대마도로 돌아와 있던 1945년경, 소 타케유키와 마사에가 대마도를 방문하였다. 입을 것도 변변히 없던 시대였지만 마사에가 만나보고 싶어 한다는 말을 듣고 사이토 씨 집으로 찾아가 만났다고 한다.

나카무라 쿠니에 씨의 이야기는 전쟁이 일어나기 이전 소 백작가에서 이루어지고 있던 생활의 구체적인 모습을 전해주는 귀중한 이야기다.

전쟁색이 짙어가는 세상

결혼 이후부터 1945년에 이르는 시기는 일본이 중국·동남아시아에 대한 침략전쟁을 계속하여 조선을 일본의 병참기지로 삼아 가혹하게 수탈하던 시대였다. 날마다 전쟁색이 짙어가는 세상 속에서 소 타케유키는 뭔가를 추구하면서 엄격한 자기 수련을 해나갔던 것 같다.

1934년 4월, 《대마민요집對馬民謠集》이 간행되었다. 이것은 그가 도쿄대학에 재학 중일 때부터 생각해 왔던 것으로, 대마도 안의 많은 사람들로부터 협력을 얻어 대마도의 민요를 채집 기록하여 편집한 것이다. 귀중한 자료임과 동시에 그의 고향 대마도에 대한 애착을 보여주는 편저라 할 수 있다.

이우 공과 박찬주 여사_(조선왕조궁중풍속연구)

　다음해 1935년, 도덕과학전공학교가 개설될 당시에는 히로이케 치쿠로의 초빙을 받고 강사가 되어 도덕과학 강의를 담당하였다. 4월에는 만주국 황제 부의溥儀가 일본에 왔다. 5월 3일에는 이우李鍝 공과 박찬주 여사의 결혼식이 치러졌다. 덕혜의 조카가 되는 이우는 일본인과 결혼시키려는 일본의 압력에 굴하지 않고 약혼자 박찬주(박영효의 손녀)와의 결혼을 관철시켰다. 그는 상하이 탈출을 기도했던 이강李堈 공의 둘째아들로, 운현궁(고종의 친가인 흥선대원군가)에 입양되었는데, 그 아버지의 기골을 이어받은 자존심 강한 인물이었다. 또 같은 해 12월 29일에는 이은 부부의 아들 이구李玖의 다섯 살 생일을 축하하는 연회가 있었다. 타케유키는 마사에를 데리고 이왕가 저택을 방문하였다.

1936년 1월에는 도덕과학전공학교 본과에서 영어를 담당하게 되었지만, 동시에 영어를 더 깊게 연구하고 싶다는 마음도 억누를 수가 없어서 같은 해 4월 도쿄대학 대학원에 입학하여 이치카와 산키市河三喜 교수의 지도를 받았다. 연구과제는 〈현대 영어〉였다. 이해 2월에는 '2·26사건'이 일어나 사이토 마코토齋藤實* 내대신과 타카하시 코레키요高橋是淸** 대장성 장관 등이 살해당했다. 군부 내부의 항쟁이 분출된 결과로 이후 군부의 정치 개입이 현저해진다.

1937년 7월에는 노구교蘆溝橋사건으로 중일전쟁이 시작되었다. 다음해인 1938년 6월에는 히로이케 치쿠로가 죽었다. 이는 소 타케유키에게 아주 쓸쓸한 사건이었다.

> * **사이코 마코토,** 군인·정치가. 조선총독부의 총독·추밀고문관 역임. 5·15사건 후 거국일치내각을 조직하여, 만주국 건설·국제연맹 탈퇴 등, 강경외교정책을 전개하였으나, 帝人事件으로 총사직. 2·26사건으로 암살당했다.
>
> ** **타카하시 코레키요,** 재정가·정치가. 일본은행 총재·대장성 장관을 거쳐 1921년 수상·정우회 총재 역임. 쇼와昭和 초기에 대장성 장관이 되어, 금융공황 및 세계대공황에 대처. 2·26사건으로 암살당했다

1939년 3월에는 대학원을 졸업하였다. 이해 9월, 유럽에서는 독일의 폴란드 침입을 계기로 2차 세계대전이 시작되었다.

그런데 1940년 11월, 그는 도덕과학전공학교의 강사를 사임한다. 그리고 12월부터 〈자택연수〉에 들어갔다고 한다. 《슌다이라쿠》에 "나는 몇 년 동안이나 자택에 틀어박혀 있었다."라고 아무렇지도 않게 쓴 한 구절은 이 시기를 가리키는 것으로 보이지만, 왜 틀어박히게 되었는지는 알 수 없다. 어쩌면 덕혜의 병이 더욱 악화되어 심각한 상황이 발생했는지도 모른다. 단 그사이에도 영어작문·라틴어·그리스어·이탈리아어 등은 계속 공부했다고 한다.

공습당하는 도쿄

1940년 8월, 조선에서는 《조선일보》·《동아일보》가 폐간당했다. 민족적 움직임에 대한 탄압이 거세지고 있었다. 이보다 앞선 1939년 10월에는 국민징용령이 내려 조선인을 강제연행하기 시작하였다. 1940년 2월에는 창씨개명을 실시하고, 1942년 10월에는 조선어학회사건이 일어났다.

*코노에 후미마로. 정치가. 공작. 귀족원 의원. 1937년 이후 세 번이나 내각을 조직하여 중일전쟁에 돌입. 제3차 내각에서는 도죠 히데키 육군 대장의 미국에 대한 주전론을 억제하지 못하고 총사직. 제2차 세계대전 후 전범으로 지명되어 음독자살함.

**도죠 히데키. 군인·정치가. 관동군참모장·육군 대장을 거쳐 1941년 수상이 됨. 태평양전쟁 개전 당시 최고책임자였으나, 1944년 전황이 불리해지자 총사직. 제2차 세계대전후 극동국제군사재판에서 A급 전범 판정을 받아 교수형에 처해졌다.

1941년 10월 18일, 코노에近衛*내각이 도죠東條**내각으로 바뀌고, 12월 8일 하와이 진주만 공격을 계기로 태평양전쟁이 시작되었다. 12월 9일, 미국과 일본은 서로 선전포고를 했지만, 상하이의 대한민국 임시정부도 주석 김구·외무부장 조소앙의 이름으로 대일 선전포고 성명을 냈다.

전황은 처음에는 일본에 유리하게 보였다. 그러나 미국이 전열을 가다듬어 1942년 4월 18일에는 재빨리 도쿄 공습으로 응수하였다. 이른 새벽 태평양에 있던 항공모함 호넷에서 날아온 두리틀 중좌가 이끄는 16대의 B25가 본토 상공을 습격해왔다. 같은 해 6월 5일, 일본은 미드웨이 해전에서 대패하였다. 이 시점에서 전황은 일본의 패전으로 한순간에 흐름이 바뀌고 말았다.

공습이 시작되어 물자·식량 부족이 심각해져 가는 도쿄에서 소 타케유키는 덕혜와 마사에를 지키면서 어떤 나날을 보내고 있었을까.

1943년 정월에는 그 전해까지 궁중에서 여성 정장이었던 데·코르테의 착용이 중지되었다. 그리고 화족의 저택 안에서도 정원을 파 엎어 고구마·옥수수 등을 심기 시작하였다.

소 타케유키의 시집 《해향海鄉》에 〈고구마馬鈴薯〉라고 제목을 붙인 장가長歌가 있는데, 유머가 넘치는 어조로 노래하고 있다.

이번 여름엔 먹음직스럽게 삶아 앙상하게 뼈가 드러난 내 아이들을 통통하게 만들꺼야 배부르게 먹고 나도 살 좀 찌고 싶구나

어서 소쿠리를 가져 오너라 내 아이들아

この夏は 甘らに茹でて 瘠せぎすの子や太らせむ

多に食み われも肥ゆるぞ

笊持てよ 吾子

아마도 소 백작가의 정원에도 밭을 만들어 어린 마사에와 이렇게 감자를 수확하며 함께 즐긴 시간이 있었던 모양이다.

이해 4월 연합함대 사령장관 야마모토 이소로쿠 山本五十六*가 솔로몬 상공에서 격추당해 전사하고, 6월에 국장이 있었다.

* 야마모토 이소로쿠, 군인으로 해군의 요직을 역임. 1939년 연합함대 사령장관이 되어 태평양전쟁에서 진주만공격·미드웨이 해전 등을 지휘하였으며, 솔로몬제도 상공에서 전사.

1944년 4월, 소 타케유키는 자택에 틀어박히는 생활을 그만두고 내각 정보국사무촉탁(주임)이 되었다. 총재관방 전시자료실 제2과에서 근무하라는 명령을 받아 주로 영문을 일본어로 번역하는 일을 했다고 한다. 이것이 그의 최초의 〈전쟁협력〉이었다. 공습을 피해 마사에가 시오바라鹽原로 피난 간 것은 이해 여름이다. 《학습원 백년사》에 따르면, 8월 23일, 여자학습원 생도 212명을 교직원이 인솔하여 니시 나스노西那須野의 시오바라로 집단 피난을 갔다. 마사에는 만 열두 살로 이 피난학교에 합류하였다고 추측된다.

1945년 1월 1일, 궁중의 신년 하례식이 고분코御文庫에서 있었다. 3월 10일 육군 기념일 새벽, 약 280대의 B29에 의한 도쿄 대공습으로 약 10만 명이 죽었다. 그리고 5월 24~26일, 도쿄는 연일 대공습으로, 궁성(황거)을 비롯하여 황태후 궁전 · 나시모토노미야 저택 · 이건 공의 저택을 포함하는 궁궐과 저택이 잿더미로 변했다.

대공습이 멈추지 않는 사이, 4월 28일에는 이은 · 방자 부부의 은혼식이 공습경보가 울리는 가운데 어수선하게 치러졌다. 이 모임에 나시모토노미야 부처 · 이건 공 부처 · 히로하시 부부(방자의 여동생 規子 부처)와 함께 소 타케유키도 참석하였다《지나온 세월》. 이왕가와의 교류도 무슨 일이 있을 때마다 계속되었던 것 같다. 꼼꼼하고 예의바른 성격이었던 그는 이런 비상시에도 처갓집에 대한 예의를 잃지 않았다.

이런 가운데 메구로구目黑區의 소 백작 저택은 연쇄적으로 일어나는 화재를 겨우 모면하였다. 밤낮을 가리지 않고 공습경보가 하루종일 울리는 매일 매일, 멍청한 표정으로 앉아만 있는 덕혜 옆에서 시중을 들며 경보가 울리면 방공호로 데리고 피난시켜야 했다. 일하는 사람들의 숫자도 줄어들었을 것이다. 〈새 날개소리鳥の羽音〉라는 문장에, "밤중에 또 자다가 깼다. '우르르르쾅'이라고 울리는 요란한 소리, 잠이 깼다. 보았다. 밖이 밝다. 조명탄인가. 예고 없는 폭격인가라고 놀랐지만, 정말은 천둥소리. 전쟁의 악몽이 좀처럼 뇌리에서 사라지지 않는가 보다."《슌다이라쿠》라는 것은 그의 공습체험을 말해주는 것이다. 사람들 숫자도 줄어든 저택에서 그는 덕혜를 위해서 얼마나 고생하고 있었을까.

그리고 7월 말, 마침내 그도 소집을 당했다. 덕혜를 남겨두고 가는 것이 마음에 걸렸겠지만 부득이한 일이었다. 그는 육군독립 제 37대대에 입대하여 카시와 83부대로 전속되었다. 군대경험이 없는 그는 2등병이었다. 8월 6일, 히로시마 원자폭탄 공격으로 이우 공이 폭탄에 맞아 죽었다. 향년 32세. 일본의 패전을 꿰뚫어보고 있던 전도유망한 인물의 비명에 간 죽음은 누가 뭐라 해도 안타까운 일이었다.

8월 9일 나가사키에 원자폭탄이 투하되었다. 8월 15일, 일본은 포츠담 선언을 수락하여 무조건 항복하였다. 덕혜의 고국은 일제의 지배에서 해방되었다. 그러나 그녀에게 해방은 오지 않았다.

시집 《해향》의 세계

소 타케유키의 첫 번째 시집 《해향海鄉》은 1956년 4월에 출판되었다. 타케유키가 살아오면서 작품 활동을 한 것의 총결산이라고 할 만한 시집이다. 서문은 1942년에 죽은 스승 키타하라 하쿠슈北原白秋에게 보내는 글로 되어 있지만, 시인으로서 걸어온 행보를 돌이켜 보는 것이었다. 이 시집을 편찬한 취지에 대하여, "그저 완벽함을 향한 정진이 그 이룰 수 없음으로 인하여 나를 이끌어 나아가게 하고, 균제均齊에 대한 애정이 그 아름다움으로 인하여 나를 재촉하게 했습니다. 이렇게 말은 하지만 너무나 서투르고 창피한 심경까지도 다 보여주기로 결정한 것은, 결국 그것이 내가 걸어온 길인 것을, 어중간하게 억지로 감추어 고치고 싶지 않았기 때문이었습니다."라고 말하고 있다.

서문의 마지막에는 "하쿠슈 선생님. 모든 시인들의 바람이 아마도 그렇겠지요. 나도 나의 길을 가지 않으면 안 됩니다. 그것은 언제나 당신이 말씀하셨듯이 참으로 머나먼 길입니다."라 심경을 쓰고, '1955년 10월 어느 날, 빛과 안개 사이에서'라고 끝맺고 있다.

시집 전체는 〈해향〉, 〈하얀 색종이白き色紙〉, 〈빛과 안개 사이에서光と霧のあひだにて〉, 〈쓰시마네對馬嶺〉, 〈비범한 아이謫童〉, 〈둑 가畔のほとり〉〈구름과 노인雲と翁〉, 〈미친 찬가風狂の讃歌〉, 〈무대 위의 사슴高座の鹿〉의 9개로 나뉘어 있고 92편의 시가 실려 있다. 구어시·문어시·정형시·자유시에 걸쳐 길고 짧은 시로 엮여 있는데, 익숙해지기 쉬운 민요같은 느낌을 주는 시가 있는가 하면, 우주를 말하는 철학 같은 딱딱한 시도 있다. 만요萬葉 풍의 장가 형식을 취한 고풍스럽고 격조 높은 시가 있는가 하면, 가볍고 세련된 시, 파도를 의성어만으로 표현한 전위적인 시도 있다. 한번 읽어본 사람이라면 시집이 가진 깊이에 감탄할 뿐이다. 단어 하나하나가 금강석과 같은 강함으로 반짝거린다. 꼼짝달싹 못한 채 언어의 숲속으로 독자들은 끌려 들어갈 것이다.

그러나 독자를 당황하게 하는 것이 가끔씩 나타난다. 일종의 난해함이라고 해야 할까. 비유해서 말하자면 미로가 그려진 지도를 펼치는 것과 같은 시의 세계이다. 표현은 하지만 다른 사람의 이해를 강하게 거부하는 것 같은 작품이 있다. 시 세계가 마치 험한 산악지대처럼 느껴진다. 이것도 이 시집의 특징으로 지은이 바로 그 사람 자체를 보여준다 할 수 있다.

소 타케유키가 진실된 시인이라면, 이라고 나는 생각했다. 이 시집 속에 반드시 그의 인생에 무엇보다 운명적 영향을 미친 덕혜옹주에 대한 것이 그려져 있을 것이라고. 이 중후한 작품들을 주의 깊게 읽는 사람이라면 분명히 덕혜의 모습을 인정할 수 있을 것이다.

'한회'라는 주제

　'한회閑懷'는 호호데미火火出見에 대한 회상을 노래한 시이다. 호호데미
는《古事記코지키》상권 神代の卷의 마지막에 이르러서야 등장하는 인물
로, 야마사치 히코山幸彦의 다른 이름으로 알려져 있다. 시 전체는 4연으로
되어 있다.

한회 호호데미는 생각한다　　　　　　　　　　　　閑懷　火火出見は思ふ

그 사자가 보낸 신은 어쩌면 해신海神 그 사람이었을까.　鹽椎は 海靈ならし、
바람에 살랑거리는 긴 수염을 풍성하게 늘어뜨리고　　そよぐ鬚 八束たれて
그는 제법 노인처럼 빙긋 웃었다.　　　　　　　　　　　翁さび にたりと笑みぬ。

저 너머 바다에 보이는 건 상어일까. 나는 작은 배를 타고.

　　　　　　　　　　　　　　　　　　鰐ならむ、まなしのかつま、
치히로의 깊은 치쿠라 앞바다로　　　　　千尋渡の 千倉の沖に
상어는 지느러미를 팔랑거리며 깊은 바다속으로
쑤욱 미끄러져 들어갔다.　　　　　　　　鰭掻きて ごぼりと入りぬ。
바람이 갑자기 인다. 그 해궁의 문 옆 향나무 가지에.

　　　　　　　　　　　　　　　　　　風立ちぬ、香木の枝に、
파도가 쳐 올라온다. 내 배가 있는 곳간 밖까지.　　浪立ちぬ、船倉のそと。
바다 위로 흰 구름이 북쪽을 향해 흘러간다.　　　海中を 雲はめざせり、
밀물도 북쪽으로 서둘러 흘러간다.　　　　　　　潮足も 北へ急げり。
그리운 아내여, 해궁의 회랑에도 바닷물 치는 소리가 들리는가.

많은 새들이 무리지어 날개치고 있는가.

당신은 외딴집 붉은 서까래에

내가 준 하얀 진주를 걸어놓고 홀로 한숨짓고 있는가.

그리운 아내여, 이젠 오갈 길 마저 끊어져

사랑하는 아이를 나는 그저 안고 내내 서있을 뿐이오.

愛し妻よ、鳴るや、渡殿、

百千鳥 群れ羽搏くや、

離れ屋の 赤き長押に

白珠を 掛けて 嘆くや。

愛し妻よ、わたりは絶えて

いとし子を われは抱けり。

이 시는 《코지키》의 야마사치 히코山幸彦, 火火出見와 토요타마히메豊玉姬의 이야기를 바탕으로 하고 있다. 야마사치 히코는 산에서 사냥하는 것을 본업으로 하고, 형인 우미사치 히코海幸彦는 바다에서 고기잡이하는 사람이었다. 어느 날, 야마사치 히코는 바다에서 고기가 잡고 싶어져 형의 낚시 바늘을 빌려 바다로 나갔지만 결국 아무것도 잡지 못하고, 귀한 낚시 바늘까지 잃어버렸다. 그런데 낚시 바늘을 되돌려주지 못하는 것을 형인 우미사치 히코가 아무리해도 용서해주지 않기에 걱정하던 나머지 야마사치 히코가 바닷가에서 울고 있자, 시오쯔치鹽椎의 신이 와서 까닭을 묻고는, 악어를 따라 바다 속 궁전으로 가서 문 옆의 나무에 올라가 기다리라고 가르쳐 주었다.

야마사치 히코는 가르쳐 준대로 바다 속 궁전 문 가까이에 있던 샘 옆의 향나무 위로 올라가 물 길러 온 시녀의 물통에 가지고 있던 구슬을 던졌다. 그렇게 해서 토요타마히메와 만나게 된 두 사람은 사랑으로 맺어진다. 토요타마히메는 해신의 딸로 야마사치 히코는 해신의 사위가 되어 3

년을 보내지만, 잃어버린 낚시 바늘을 떠올리고 해신의 도움을 받아 낚시 바늘을 찾은 후, 지상으로 돌아가 그를 괴롭혔던 형 우미사치 히코를 복종시키게 된다. 그곳에 그의 아이를 가진 토요타마히메가 출산을 위해 해변으로 올라와 무사히 남자 아이를 낳지만, 남편인 야마사치 히코가 아이 낳는 산실을 들여다보지 말라는 금기를 어겼기 때문에, 그녀는 갓난아이만 남겨 두고 해궁으로 돌아와 버린다. 이렇게 해서 두 사람의 사랑 이야기는 이별로 끝난다.

그런데 소 타케유키가 소년시대를 보낸 대마도에는 이 해궁과 토요타마히메를 둘러싼 전설이 여기 저기 남아있다. 가장 유명한 키사카木坂의 카이진 신사海神神社*는 국폐사國幣社**로서 훌륭한 신전 건물이 바다를 향해 서 있고 해신을 모시고 있다. 들새가 사는 숲에 둘러싸여 새하얀 '히토츠바타코'라는 이름의 꽃이 일제히 한꺼번에 피는 초여름의 경내는 정말 아름답다. 또 와타츠미 신사和多津美神社*** 는 아소완淺茅灣을 바라보며 세워진 오래된 신전 건물로 바다를 향해 세워진 토리이鳥居는 그 기둥이 물이 찰 때 바다 속으로 잠긴다. 그곳을 통과해서 토요타마히메가 바다에서 올라온다고 한다. 옛날 신앙을 전해주는 유서 깊은 풍경이다. 《해향海鄕》에서 "아소완 바다는 대마도 중앙의 서쪽에서 시작된 만이 거의 동쪽 해안까지 파들어 간다. 그 연안 도처에 보이는 구불구불한 모양의 해안 포구는 해궁전설의 비밀상자이다."라는 주가 달려 있는 것은 그런 전설을 가리킨다.

〈회한〉이라는 시는 이 《코지키》와 대마도에 전해 내려오는 해궁전설

*카이진 신사, 대마도 미네쵸에 있는 신사. 주신이 토요타마히메노미코토다.

**국폐사, 메이지 시대 이후 제정된 신사 중 관폐사 다음 가는 격으로, 기년제祈年祭·니이나메사이新嘗祭 때는 황실에서, 예제例祭 때는 국고에서 폐백幣帛을 바치는 신사. 대·중·소의 구별이 있으며 국토 경영에 공적이 있는 신을 모신다. 2차 세계대전 후에 폐지됨.

***와타츠미 신사, 대마도 토요타마쵸에 있는 신사로 주신이 토요타마히메노미코토다.

을 바탕으로 하고 있다 해도 좋을 것이다. 이별 후 호호데미에 대한 그리움을 노래한 추억이다.

1연의 〈해령海靈〉이란 해신이다. 시오쯔치는 해신의 사자에 해당하는 신으로 '저 시오쯔치라는 신은 실은 해신 바로 그 사람이 아니었을까' 라고 호호데미는 생각을 바꾼다. 그때 8속束*이나 되는 기다란 수염을 살랑거리며 노인은 힐쭉 웃었다. 호호데미의 운명을 지배하는 자의 웃음처럼.

*속, 고대에 길이를 나타내는 단위. 손가락 4개를 합친 폭을 기본으로 하며, 8속(야츠카, やつか)·10속(토츠카, とつか) 등으로 표현한다.

2연의 〈와니나라무鰐ならむ〉(여기에서 와니鰐는 상어를 말함)는 〈상어일 것이다〉라는 뜻. 상어는 깊은 바다 속으로 지느러미를 팔랑거리며 쑤욱 미끄러져(이 표현의 절묘함) 들어갔다. 〈마나시노카츠마まなしのかつま〉란 《코지키》에서 말하는 〈目無し勝間〉, 즉 올을 아주 좁고 튼튼하게 만들어 물이 새지 않도록 짠 용기같이 생긴 작은 배이다. "마나시카츠마無目勝間로 된 작은 배를 만들어 그 배에 태워"라고 《코지키》에 적혀있다. 호호데미는 그 배를 타고 그 상어처럼 바다 속 깊숙이 들어갔다. "치쿠라의 바다千倉の沖"란 한반도와 일본(대마도)사이의 바다를 가리킨다. 치쿠라千倉란 '치쿠라筑羅'로 '토쿠라瀆羅'(거제도의 옛 명칭)가 변화한 것으로도, 치쿠筑는 추쿠시筑紫, 라羅는 신라라는 의미에서 온 말이라고도 한다. 지금 해변에 서서 그는 저 앞 바다에서 노니는 상어를 보고 옛 일을 회상하고 있다.

3연은 더 계속되는 회상. 바람이 인다. 저 해궁 문 근처의 향나무에도 바람이 일겠지. 내가 탄 작은 배의 바깥으로는 파도가 소용돌이치고 있다. 바다 위(그는 일부러 海中이라 표현)의 구름은 어딘가를 향해 간다. 밀물도 북쪽으로 서둘러 흐른다. 시인 호호데미의 추억을 싣고 바람도 구름도 밀물도 북쪽으로 서두르는 것이다.

그리고 그의 바다 궁전과 함께 '사랑하는 아내'의 모습이 떠오른다. '바닷물치는 소리가 들리는가鳴るや'란 파도 소리, 바닷물이 흐르면서 내는 소리이다.[18] 붉은 기둥머리를 가로지르는 인방引枋*이란 붉은 색으로 칠한 해궁의 이미지일 것이다. 그 인방에 추억이 서린 하얀 진주를 걸쳐놓고 토요타마히메는 탄식한다. 진주白珠는 일찍이 호호데미가 그녀에게 준 사랑의 표시였다. 시의 세계에서만 성립할 수 있는 두 사람의 마음의 교류이다. 그러나 현실에서는 만날 수 있는 수단이 끊어진 채, 그는 두 사람 사이에 태어난 어린 아이를 품에 안고 단지 서 있을 뿐이다.

> *인방, 장압長押은 건축에서 사용하는 용어로 한국에서는 중인방中引枋이라 하며, 출입구나 창 따위의 아래·위에 가로놓여 벽을 받쳐주는 나무 또는 돌을 말한다.

시의 대강의 의미를 굳이 해석하자면 위와 같다. 그러나 시의 언어는 쓸모없는 부분은 생략할 수 있는 만큼 생략한 간결한 표현이다. 이 시가 해궁전설을 바탕으로 소 타케유키와 덕혜의 운명을 노래한 것은 분명하다.

주의할 것은 덕혜와의 이혼을 바탕으로 하지는 않았다는 것이다. 시집 《해향》이 분명히 이혼 후에 출판되기는 했지만 이 시는 이혼 후의 작품은 아니다. 시의 마지막에 '사랑스러운 아이를 나는 껴안았다.'라고 있듯이, 마사에가 아직 어린아이였을 때의 작품이라고 보아야 한다. 즉 옹주가 멀리 사라졌다고 하는 것은 덕혜의 정신병이 중증에 접어들고 있었음을 암시한다. 호호데미 이야기에 나오는 바다는 인간이 갈 수 없는 다른 세계였다. 덕혜옹주의 경우도 남편과 어린 아이에게는 머나먼 정신의 다른 세계로 떠나버린 것이었다.

이 머나먼 세계에서 아내는 홀로 탄식하고 있다. 그래서 그는 '그리운 아내여'라고 부르고 있는 것이다. 그녀는 어디까지나 그의 아내니까. 정신분열증에 빠진 아내를 이렇게 아름답게 위로하는 마음으로 노래한 시는 드물 것이다.[19] 여성은 긍지가 강한 바른 정신을 가진 사람으로 표현되어 있다. 덕혜는 그에게 그런 여성이었다. 그가 버림받고 방치당했던 것이다. 시가 그렇게 표현되어 있는 것에 주의해야 할 것이다.

《코지키》 이야기에는 두 사람의 이별에 후일담이 있어서, 토요타마히메와 호호데미는 서로 노래를 교환하고 있다. 토요타마히메가 "호박 구슬은 그 끈까지도 빛나 아름답지만, 진주 같은 당신 모습은 그보다도 더 고귀하고 아름다웠소"라고 노래한 것에 대하여, "먼 바다 갈매기가 모여드는 섬에서 나의 사랑하는 아내를 잊지 않을 거야 세상이 다할 때까지"라는 노래로 답례하였다. 즉 두 사람은 헤어진 후에도 서로를 잊지 못했다고 한다. 일설에 의하면 '갈매기가 모여드는 섬鴨著く島'은(《코지키》본문에서는 해궁을 의미하지만) 대마도를 가리킨다고 한다. '아내를 잊지 않을 거야, 내가 살아 있는 한妹は忘れじ世のことごとに'은 영원한 사랑을 맹세하는 말이다. 〈한회〉라는 시는 고대 신화에 나오는 주인공의 마음을 빌려, 덕혜에 대한 영원한 사랑을 노래한 것으로 보아도 틀림없을 것이다.

한국에서는 덕혜옹주를 냉담하게 취급하고 미치게 만들어버렸다고들 한다. 소 타케유키의 진짜 마음이 여기에 있었던 것은 아니었을까.

〈한회〉는 실은 그 앞에 〈진주白珠 와타츠미 궁의 축가〉〈사치幸 호호데미는 노래한다〉라는 두 편의 시가 있어서, 세 편의 시로 구성된 연작(호호데미 3부작으로 불러도 좋지만)의 마지막 시이다. 그 앞 두 편의 시에 대해서는 생략한다. 이 〈한회〉는 〈사치〉와 함께 나중에 출판된 영어 시집《SEA-

LAND》(1976)에 수록되어 있다.

《사미시라〉에 대한 해석

《해향》에는 또 하나 덕혜옹주에 대해 언급했다고 생각되는 중요한 시
가 있다. 그것은 〈사미시라〉라는 제목으로 '환상 속의 아내를 그리는 노
래'라는 부제가 달려 있다. 이것은 《해향》 중에서 가장 길고 가장 난해한
시라 할 수 있다. 우선 첫 부분의 1연에서 다음과 같이 노래하고 있다.(편
의상 각 연에는 번호를 붙였다)

사미시라 환상 속의 아내를 그리워하는 노래

さみしら まぼろしの妻を戀ふる歌

1
미쳤다 해도 성스러운 신의 딸이므로　　　　狂へるも神の子なれば
그 안쓰러움은 말로 형언할 수 없다.　　　　あはれさは 言はむかたなし、
혼을 잃어버린 사람의 병구완으로　　　　　魂失せしひとの看取りに
잠시 잠깐에 불과한 내 삶도 이제 끝나가려 한다. うたかたの世は過ぎむとす。

덕혜를 조금 알고 있는 사람이라면 이 연이 그녀에 대해 말하고 있다
는 것을 금방 알아챌 것이다. 그러나 2연 이후부터 독자는 확실히 파악하
기 어려운 신비한 세계로 끌려들어간다.

2
젊은 날에 대한 추억은 무엇을 떠올릴 것이 있어 떠올릴까.

わかき日を なにに偲ばむ、

날밝는 것도 아까운 밤 굳게 먹은 맘이 흔들린 것인가

あたら夜の 石の怯えか

꽃이 아름답게 핀 창가에 등을 대고　　　　　　　花さそふ窓にそむきて

썼다가 찢어버린 당신에게 보낸 편지 조각인가.　つづりては破りにし反古か。

3

머리카락에서 나는 향기로 생각할 정도로 은은하게 퍼지는 향기

髪かとも あはく匂ひて

두릅나무의 새순이 벌어지는 아침.　　　　　　 たらの芽のほぐるる朝も、

옷이 스치는 소리의 희미함과 닮아 있다　　　　 きぬずれのかそけきに似て

떡갈나무 잎에 들이치는 소낙비와 함께 저물었다.　樫の葉のしぐれに暮れぬ。

4.

사람이란 젊었거나 늙었거나　　　　　　　　　ひとじもの 若きも老も

애처로운 것은 짝사랑이겠지.　　　　　　　　せつなきは 片戀ならむ、

지금 감히 어느 쪽이냐고 묻는다면　　　　　　いまあへて いづれと問はば

아직 늙기 전의 탄식이라고 해두자.　　　　　老いずまの嘆きといはむ。

5.

이 세상에 신분이 높건 낮건　　　　　　　　 世に立てる 高きと否と

그리움에 애타는 사람의 열정은 같을 거야.　　こがるる身あつきはおなじ、

그래도 대부분은 식어버리겠지　　　　　　　 おほかたは さめなむものぞ

새벽 별이 마침내 옅어지듯이.   曉のほし 薄るるごとく。

6.

빛 바랠줄 모르는 검은 눈동자   いろあせぬ黑きひとみに

언제나 조용히 응시하고 있는 것은 환상 속의 그림자

                つね目守るまぼろしの影

현실 속의 자신이 어디있는 지도 모르네.   うつそみの在りかを知らず、

물어도 대답 없는 사람이여.   言問へど こたへぬくちよ。

7.

사미시라는 영혼과 비슷해서   さみしらは もののけに似て

사람의 숨결로 타고 온다 한다.   いぶきにも潛むといへり、

한번 사람 맘속에 들어가면   ふと ひとのこころに入らば

오래 눌러 앉아 나가지 않는다 한다.   ひさ住みて 去らじとし聞く。

8.

호적이라는 종이 한 장으로   戶籍簿の紙ひとひらに

누구나 부부라고 하지만.   夫婦ぞと うけひしものの、

할 일을 해내지 못하는 괘씸한 아내여   つとめせぬ ふてたるをみな

집으로 돌아오지 않는 남편도 있겠지.   かへりこぬをともあらむ。

9.

이름도 모르는 아비의 아이를 가져   名もしらぬ父の子ゆゑに

어미가 되는 일도 있다고 한다.   ははとなるためしもありと。

어깨를 서로 맞댈 기회조차 없을지라도   肩よせむ機さへなくて

서로 통하는 영혼도 있다고 한다.   ゆきかよふ魂もありけり。

10.

정상이라고는 할 수 없는 모습이 된지   まさめには映らずなりて

이미 봄 가을이 손가락으로 세고도 남을 정도로 지났다.

                             春と秋 ゆびにあまりぬ、

귀엽다고도 사랑스럽다고도 보았다   愛しとみし めぐしとも見し

그 소녀는 이름을 사미시라라고 한다.   かの少女 その名さみしら。

11.

나의 넓지 않은 가슴 한편에   ひろからぬ胸のかたすみ

그 소녀가 들어와 자리 잡은지 이미 오래인것을, 住みなれてひさしきものを、

마치 마음 놓고 쉴 틈도 없는 것이라도 되는 것처럼 くつろがむ暇もなきかに

조신하게 무릎을 딱 붙이고 앉아 있다.   つつましくそろへし膝よ。

12.

하룻밤도 침실로 들이지 않고   ひとよすら ふしどに引かず

꽃잎같은 입술도 훔치지 않지만   はなびらのくちも吸はねど

아내라고 부를 것을, 내게 허락해다오.   妻と呼ぶ、われにはゆるせ

나이먹지 않고 언제나 어린 아름다운 눈썹의 소녀여.

                        としとらぬ すずしの眉よ。

13.

어떤 때는 당신이 가리키는 입술을

저녁 노을 구름 사이로 보이는 붉은 색의 요염함에 견주었다.

あるときは　きみがさす紅

なぞらへぬ　雲間の朱と、

네 눈동자가 깜박거릴 때의 아름다움은

칠월 칠석날 밤에 빛나는 별 같았다.

星合ひの夜のかがやきは

またたきに　たぐへもしつれ。

14.

동그랗고 달콤한 연꽃 씨를

눈물과 함께 먹는 것은 재미가 없다.

연꽃 씨의 주머니가 터지는 것 처럼

내마음은 가루가 되어 부서지고 말았다.

つぶらなる　あまき蓮の實

あぢきなし、涙に食めば、

ふくろなす萼はちぢに

やぶれゆく　わがこころかな。

15.

근심이 있더라도 마음을 찢기는 일 없는,

그런 사람이 있다면 그야말로 깨달음을 얻은 성인이겠지.

うれひあり　傷らずといふ、

大人こそは　聖なりけり。

나의 탄식은 마음을 갈기갈기 찢고 말았다.

내 몸도 또 언젠가는 죽어가겠지.

わが歎き　こころを裂きぬ、

身をもまた　やがては殺らむ。

16.

아아～ 신이여, 그리움의 처음과 끝을

그 손으로 주무르실 터인바.

ああ神よ、戀のもとすゑ

み手にしてさばきたまふに、

수많은 여자 가운데서 　　　　　　　をみなごのあまたのなかの

이 한 사람을 안쓰럽게 여겨주실 수 없는지요. 　このひとり 惜しみたまふや。

17.

내 아내는 말하지 않는 아내. 　　　　　わがつまは もの言はぬつま、

먹지도 않고 배설도 안 하는 아내. 　　　もの食はぬ ゆまりせぬつま、

밥도 짓지 않고 빨래도 안 하지만. 　　　淘ぎせず 濯ぎもせねど、

거역할 줄 모르는 마음이 착한 아내. 　　あらがはぬ やさしのつまぞ。

18.

이 세상에 여자가 있을 만큼 있지만 　　　世にをみな乏しからねど

그대가 아니면 사람도 없는 것처럼. 　　　汝を措きて ひともあらじと、

남편도 아이도 있을 텐데 　　　　　　つれも子もあるべき際を

현실에서도 꿈속에서도 나는 계속 찾아 헤맨다. 　めざめても夢にも想ふ。

여기까지가 전체의 3/5이다. 여기까지 읽어본 독자는 어떤 이미지를 가지게 될까. 시인이 무엇을 노래하려 했는지 이해했을까. 이 시는 어떤 한 소녀에 대한 시인의 추억을 노래한 것 같다. 부제에 있는 환상 속의 아내에 대해 사모하는 마음을 노래한 것 같다는 것은 어렴풋하나마 알 수 있다. 그러나 이 시가 젊은 시절에 만난 적이 있는 어떤 한 소녀에 대해 노래하는 것이라면, 왜 첫머리에 광기에 빠진 아내 덕혜옹주에 대해서 노래했을까.

오랫동안 나는 이 시를 어떻게 해석할지 고민하였다. 예를 들면 아내가 있는 시인이 옛날에 만났던 소녀를 추억하며 노래했다고 해서 마음속으로 그리워하는 것까지 비난할 수 있는 성질의 것은 아니다. 그러나 엄밀한 윤리 감각으로 말한다면 그것은 의리를 저버린 것이다. 첫머리의 덕혜와 어떻게 연결시키면 좋을까.

〈사미시라〉라는 이 시는 사실은 해석을 넘어서고 있다. 시인은 가슴속 깊은 곳에서 나오는 진실을 노래하면서 안이한 해석을 강하게 거부하고 있다. 감추고 또 감추어서 그는 말의 틈새 속으로 진실을 숨긴다. 그에게 가장 중요한 진실을. 그것은 타인에게 쉽게 이해될 수 있는 것이 아님을 그는 뼈저리게 알고 있다. 안이하게 사람들 앞에 들춰내면, 그 가치를 알지 못하는 사람들에 의해 순식간에 짓밟히고 웃음거리가 되어 버릴 것이다. 그러니까 중요한 진실은 결코 쉽게 말해서는 안된다. '사미시라'가 난해한 것은 필연적이다.

그 시의 뒷부분도 역시 같은 테마를 더 심화시켜가면서 변주곡처럼 반복되다가 끝난다.

19.

산은 낮은 곳에서 올려다 보고	ひくきより　山は仰がむ
바다는 높은 곳에서 내려다보는 거라고 생각하여	たかく居て　海みさけむと
어느 날 후지산 꼭대기에 올라	ふじの嶺に　ある日のぼりて
쯔루가駿河의 여울이 빛나는 것도 내려다봤다.	するがなだ光るも見たり。

20.

또 어느 날은 파도치는 해변가에 나와	またある日　荒磯にいでて

하늘을 가는 구름을 올려다 보았다.   ゆく雲を　とぶらひにけり、

그렇지만 마음은 달래어 지지 않고 바위를 끌어안는 것처럼

                                                 なぐさまず、岩かきいだき

애처로운 가슴을 쥐어뜯는 것 같았다.   かゆき胸そだたきにけり。

21.

개미가 모여드는 계곡의 깨끗한 물을   蟻つどふ　谷間の清水

손으로 퍼올리는 사람은 그 맛을 알고 있겠지.   むすぶひと　あまきを知らむ、

높은 산 봉우리 봉우리에 피는 꽃 향기는   やまの尾の草びらの香は

볼을 가까이 대야지만 비로소 맡을 수 있다.   頬よせて　かぐべかりける。

22.

현실세계에서 너를 만나지 못했는데   うつしよに　きみにえ會はで

어찌하여 내세를 기약할 수 있을까.   またの世を　いかで頼まむ、

환상은 마침내 환상에 지나지 않으며   まぼろしは遂にまぼろし

꿈은 꿈으로 깨어나지 않을 뿐이라 할지라도.   夢は夢、さめずありとも。

23.

세상 사람들의 웃음거리가 되어도 별것 아니야.   あざけりは　なほ輕からむ、

죄라고 해도 좋아. 벌도 받지 뭐.   罪もよし、とがめも受けむ、

유괴도 좋고 함께 도망을 갈 수도 있어   かどはかし駆けおち末し

함께 죽는 것도 주저하지 않겠다고 생각하는데.つれじにも　いとはじものを。

24.

하나뿐인 생명을 받았다　　　　　　　　ひとたびのいのちを享けし

이 세상을 감히 저주한다는 것일까.　　　ひとの世を　あへて呪ふや、

나는 이미 미쳐버렸는가. 아니 아직 미치지 않았어.　狂ひしか、いまだ狂はず、

지금 내리기 시작한 것은 싸라기 눈인가.　　いま降るは　霰ならずや。

25.

무거운 짐차를 끄는 사람은　　　　　　荷のおもき車ひくもの

가끔씩 쉬면서 땀을 훔친다.　　　　　　しば憩ひ　汗をぬぐへり、

얼마간 돈이 생기면　　　　　　　　　　そこばくの花をも得ては

맛있는 술로 목을 축이겠지.　　　　　　うま酒にのどうるほさむ。

26.

역에 내려 선 사람들은　　　　　　　　驛路に降りたつひとら

각각의 걱정거리를 가슴에 안고　　　　おのおのの惱みを秘めて

빠른 걸음으로 묵묵히 여기 저기로 흩어져 간다.　足早やに、もの言はず散る、

집에는 불밝히며 기다리는 아내가 있으니까.　　ほかげ守り待つらくのゆゑ。

27.

거리에서 광고하는 사람의 우스꽝스러운 모습은 애처롭다

　　　　　　　　　　　　　　　　　ひろめ屋の　おどけは哀し

볼에 빨갛게 연지를 칠하고 거리에 서서.　　頬そめて　岐路に立てり、

간판을 걸치고 손짓 발짓으로 손님을 청한다.　榜ささげ　仕種にまねく。

되돌아 나의 처지를 생각해본다.　　　　　　　　かへりみて　わが身を思ふ。

28.

어린 여학생의 무리는　　　　　　　　　　　をしへごのをとめの群は

내게 가벼운 인사를 한 후 느닷없이 명랑하게들 웃더니

　　　　　　　　　　　　　　　　　　　會釋すと　にはかに笑まひ

무리지어 화려하게 사라져버렸다.　　　　うちつれて　さざめき去るを。

나는 한숨 휴식 어디로 가면 좋을까.　　いづくへか　われはあゆまむ。

29.

남모르는 죄를 진 사람이　　　　　　　みそかなる罪負へるもの

정해진 대로의 길을 가는 것처럼.　　　　掟あるみちをゆくごと、

언젠가 너를 만나고 싶다고　　　　　　いつの日か　きみに遇はめと

정처없이 나는 방황하고 있다.　　　　　あてどなく　われはさ迷ふ。

30.

봄이 아직 일러 옅은 햇볕이　　　　　　春さむき薄ら日のいろ

없어지지 않고 있는 동안만 겨우 따뜻한 때.　消えぬまぞ　せめてぬくとき、

깊은 밤 도회지의 큰 길에 서면　　　　　ふけし夜の　みやこ大路に

서리가 찢어지듯 외친다. 아내여, 들리지 않니.　霜叫ぶ。妻よ、聞かずや。

　　시의 충분한 분석을 못한 채, 나는 이 시가 덕혜옹주를 노래한 것이라
는 가설을 세웠다. 즉 이 시에서 노래하고 있는 소녀는 덕혜옹주 바로 그

사람이라고. 그러자 뜻밖에도 각 연들이 훨씬 알기 쉬워졌다.

우선 1연에서 덕혜는 〈신의 아이神の子〉로 정의되어 있다. 〈아와레あは れ〉는 고어에서 마음을 깊이 두드린다는 형용사이다. 너무나 불쌍하여 얼마나 마음을 맞았는지 표현할 방법이 없다는 것이다. 그 간병 때문에 잠깐에 불과한 자신의 인생도 지나가 버리려 하고 있다. 이 네 줄로 두 사람이 처한 상황을 모두 말하고 있다 해도 좋다.

2연과 3연은 두 사람의 젊은 시절에 대한 회상일 것이다. 떡갈나무는 카미메구로上目黑의 소 백작가 정원에 있었다. 〈머리카락髮〉 〈옷이 스치는 소리きぬずれ〉는 여성의 존재를 엿볼 수 있게 하는 말이다.

4연과 5연에서는 짝사랑의 안타까움을 노래하고 있다. 자신의 경우를 〈늙기 전의 탄식老いずまの嘆き〉이라 하고 있다.

6연의 〈빛바랠 줄 모르는 검은 눈동자〉는 덕혜의 눈동자이다. 그녀는 뭔가를 가만히 뚫어지게 바라보고 있다. 마치 환영을 응시하고 있는 것처럼 뭔가를 물어도 아무 대답도 하지 않는다.

7연에 〈사미시라〉라는 말이 나온다. 〈사미시라〉는 뭔가가 이상할 정도로 닮아 있어 사람의 숨결을 타고 들어온다고 한다. 어느 새 사람 마음 속으로 들어와 일단 한번 들어오면 오랫동안 자리를 잡고 나가려 하지 않는다고.

8연·9연에서는 남녀의 인연에 관한 여러 가지 모습을 노래한다. 돌아오지 않는 남자란 어쩌면 쿠죠 타케코九條武子*의 남편과 같은 예를 말하는 것일까. 그러나 시인의 경우는 그 어느 경우와도 다르다.

* 쿠죠 타케코, 가수. 교토 니시혼간지西本願寺의 大谷光尊의 차녀. 佐佐木信綱에게 배웠으며, 노래집으로 《金鈴》 등이 있다.

10연에서 "정상이라고는 할 수 없는 모습이 된 지 이미 봄 가을이 손가락으로 세고도 남을 정도로 지났다." 라고 하는 것은, 덕혜의 병이 심해져 10년이 넘은 것을 말하는 것이 아닐까. 그렇다면 이 시는 결혼 후 10년이 지났을 때의 작품이라 추측할 수 있다. 사랑스러웠던 그 소녀를 그는 '사미시라' 라고 이름 붙였다.

11연에서 말한다. 그 소녀, 즉 제정신이었던 덕혜는 그의 가슴 속에 살고 있음을. 그 모습은 느슨해질 여유도 없다는 듯이 무릎을 조신하게 딱 붙이고 있다. 처음 만났을 때의 덕혜가 그런 사람이었을 것이다. 그 모습을 시인은 잊을 수가 없다.

12연, 〈나이먹지 않고 언제나 어린 아름다운 눈썹의 소녀여 , 나이들 줄 모르는 비단같은 이마여〉라는 것은 소녀가 그의 마음속에서 옛날 그대로 조금도 변하지 않았다는 것을 말한다.

13연, 덕혜의 자태를 칭찬하는 아름다운 시구가 계속된다. 그녀는 별이 반짝이는 것을 생각나게 할 정도로 아름다운 눈동자의 소유자였다.

그러나 14·15연은 그들의 행복이(덕혜의 병으로) 무너져, 살을 찢는 듯한 탄식으로 변했다고 말한다. 16·17·18연에 있듯이, 단 한 사람 그 소녀를 만나고 싶다고 그는 날이 밝고 저물어도 계속 그리워한다.

19연에서 22연. 그는 산에 올라 해변을 방황한다. 그러나 마음이 편해지지는 않는다. 현세에서 만나지 못하면서 내세를 기원하는 것은 불가능하다.

23연에서는 만약 만날 수 있다면 몰래 도망가기는 커녕, 함께 죽는 것조차 마다하지 않겠다고 한다. 소녀를 만나고 싶다는 것은 제정신인 덕혜를 만나고 싶다는 뜻이다. 그녀가 어떻게든 회복되기를 바라는 것이다.

24연의 "나는 이미 미쳐버렸는가. 아니 아직 미치지 않았어." 라는 것은, 그 자신이 광기의 언저리에 와 있음을 말한다. 갑자기 내리기 시작한 세찬 싸라기 눈 소리에 퍼뜩 나 자신으로 돌아온 시인의 마음.

25연 이하는 시의 종결부이다. 그는 세상의 행복해 보이는 듯한 사람들을 전송한다. 걱정들은 있겠지만 어느 누구도 귀가를 기다리는 아내가 있는 우리 집으로 향한다. 그리고 시인은 내 자신을 돌아본다. 거리의 광고장이와 자신의 어디가 다른가라고. 제자들도 명랑하게 무리지어 가는데 나는 갈 곳이 없다.

맨 마지막의 30연. 아직 봄이 막 오기 시작한 계절. 늦은 밤 큰 길에 홀로 그는 잠시 멈춰 서 있다. 한쪽에 서리가 내리고 있는 듯한 추위다. '서리가 찢어지듯 외친다.' 란 무언의, 그렇지만 얼마나 애처로운 울부짖음인가. 소리를 낼 수 없는 소리. 즉 시인 마음속의 소리가 울부짖고 있는 것이다. '서리가 찢어지듯 울부짖는다. 아내여, 들리지 않니.' 라고 끝맺는 마지막 한 줄은 《만요슈萬葉集》의 카키모토노 히토마로姉本人麿가 이와미 쿠니石見國의 아내와 이별의 슬픔을 노래한 장가의 끝맺음인 〈문에 서 있는 아내 모습을 다시 한번 보고 싶구나. 더 납작 엎드려라 내 눈앞을 가리는 이 산들아!〉를 상기시킬 정도로 강렬하고 장중한 울림이 있다. 시 전체가 이 마지막 한 줄을 조준하여 흘러들고 있다.

아주 간추려서 이 시의 의미를 풀어보았다. 〈환상 속의 아내〉란 시인의 마음속에 살고 있는 '사미시라' 라는 소녀로, 그것은 곧 일찍이 그를 매료시켰던 덕혜 그 사람이다.

그리고 이 시에 대해 또 하나 중요한 것을 지적하려 한다.

〈사미시라〉와 〈장한가〉

　〈사미시라〉가 덕혜옹주를 테마로 한 작품이라고 확신하게 된 이유가
또 하나 있다. 그것은 〈사미시라〉가 〈장한가長恨歌〉를 염두에 두고 만들
어진 시라는 것이다. 〈사미시라〉는 1연에 4행씩 모두 30연 120행으로 되
어 있다. 나는 우연한 기회에 백낙천白樂天*의 〈장한
가〉를 조사하다가 문득 이것이 120구로 되어 있는
것을 깨닫고 깜짝 놀랐다. 이것은 우연의 일치가 아
니다. 왜냐하면 한국 사람들에게 〈한恨〉이란 아주
중요한 의미를 가지는 말인데, 소 타케유키가 그것
을 몰랐을 리 없기 때문이다.

*백낙천, 중국 당나라 시인. 자는 낙
천樂天. 호는 향산거사. 관리의 직에
있었으나 고급관료의 권력투쟁에 염
증을 느껴, 만년에는 시와 술과 거문
고를 벗삼아 살았다. 〈장한가〉, 〈비파
행〉과 같은 시가 사람들의 사랑을 받
았으며, 일본의 헤이안시대의 문학에
도 영향을 미쳤다. 이백 · 두보 · 한유
와 함께 〈이두한백〉으로 불리며, 시
문집으로 〈백씨문집〉이 있다.

　'한' 이란 다른 사람에 대한 복수를 추구하는 '원한' 의 뜻이 아니다. 마
음속에 쌓이고 쌓인 것이 풀어지기를 바라는 슬픔과 괴로움의 감정이다.
이것은 내향적인 것이다. 긴 역사와 문화 속에서 생겨난 한민족이 가지고
있는 독특한 심정을 표현하는 말이다. '한을 풀다.' 라는 말이 있다. 《서편
제西便制》(일본에서의 제목은 《바람의 언덕을 넘어서風の丘を越えて》, 1996년 임권택
감독)라는 영화를 본 사람은 마지막에 여자 주인공의 '한' 이 풀리는 것을
실감했을 것이다. 마음에 쌓여 있던 슬픔과 사랑에 대한 추억을 노래로
표현하여 상대방에게 전달했을 때 비로소 한이 풀려 마음의 해방에 다다
른다.

　백낙천의 〈장한가〉 내용은 물론 〈사미시라〉와는 다르다. 그러나 중요
한 것은 현종(시에서는 한나라의 황제)이 도사에게 명하여 양귀비의 영혼을
찾도록 한 고사이다. 소 타케유키는 정신분열증에 걸린 덕혜를, 멀리 떠
나 어딘가에 살고 있을 소녀 '사미시라' 로 바꾸어 놓은 것이다. 그것은 〈

한회〉의 수법과 비슷하지만 그의 눈은 현실도 지켜보고 있기 때문에 더한층 애절하다. 병세가 훨씬 더 진행된 것이다. 〈한회〉는 허구의 세계에서 아름다운 여운을 남긴 채 끝맺고 있지만, 〈사미시라〉에는 그런 여운이 없다. 허구로 현실을 틀어막으려고 참담한 노력을 반복하는 시인의 애처로운 마음이 그대로 전해지는 느낌이다.

그렇다 해도 '사미시라'라는 이름은 고독에 싸여 병속에 사는 덕혜옹주의 모습을 얼마나 적확하게 표현한 말인가. 〈사미시さみし〉는 〈쓸쓸하다〉라는 뜻과 같으며, 접미어 〈라ら〉가 붙어 명사화한 말이 〈사미시라〉다. 쓸쓸함이 의인화된 것 같은 덕혜의 모습이다. 덕혜 내면의 고독을, 소 타케유키가 얼마나 깊이 감지하고 있었는지를 말해주는 것이 아닐까.

〈사미시라〉 가운데 백낙천의 〈장한가〉를 생각나게 하는 표현은 '칠석날 밤'이라는 말이 7월 7일 장생전長生殿을 연상케 하는 정도이다. 즉 시인이 그만의 독자적인 언어를 구사하면서 만날 수 없는 여성과의 재회를 간절히 바란다는 주제로 본다면, 〈사미시라〉는 〈장한가〉의 경지에 도달했다고 할 수 있을 것이다. 그런 만큼 이 시를 다 읽고 났을 때, "천지가 영원히 불변하듯 언제까지나 변하지 않고 계속될 것 같은 모든 것에도 때라는 것이 있어서 그 수명을 다하건만, 나의 한은 끊이지도 않고 계속되니 그것이 다하는 때는 없을 것이다."라는 〈장한가〉의 끝맺음이 메아리처럼 울려오는 것을 억누를 수가 없다.

'장한'은 '영원한 한'이라는 의미다. 덕혜옹주와의 비극을 스스로 노래한 시인 소 타케유키의 노래이며 절창絶唱이라고 할 만한 작품이다.

"해향"이라는 의미

　지금 시집 《해향》을 전체적으로 다룰 여유는 없지만, 마지막으로 이 시집의 권두시인 〈해향〉에 대해서만은 말하고자 한다.

海　鄕

감즙을 얻으려 절구 찧는 손을 멈추고,　　　　澁を搗く　臼の手を　停め、

홀릴 듯한 시선으로 생긋 웃음지어 보이는 어린 아내여.上睨み　笑む　若妻よ。

바다 저편 끝으로 구름이 메워버릴 듯이 몰려드네,　　海阪に　雲脚 塞くや、

앞바다에서는 회오리바람이 막 일어나려 하네.　　沖つ瀨に　龍 卷かむとす。

오징어 말리는 손을 능숙하게 움직이면서,　　干す烏賊を　手だれに　貫きつ、

호호데미는 고향 야마토를 그리워했다.　　　火火出見は　山戶を　戀へり。

계수나무에 엷은 햇살이 비추이고,　　　　　肉桂に　薄日　あかりて、

금빛 파리가 또다시 빛났다.　　　　　　金の虹　またも　光りぬ。

　구두점의 배치까지 포함하여 정말 느릿느릿한 속도의 시이다. 이 시는 호호데미와 토요타마히메를 노래하고 있는데, 어부와 그 부인의 모습을 빌려서 노래한 것이다. '홀릴 듯한 시선으로 생긋 웃음지어 보이는 어린 아내여'의 영어 번역은 'The maiden wife darts up smiling glance'라고 되어 있다. dart는 시선을 보내다ㆍ던지다라는 의미로, 미소를 머금은 시선을 보내다 라는 식으로 번역할 수 있으므로, 일본어 시의 의미도 "마음을 끌어당기는 듯한 눈빛으로 생긋 웃는 어린 아내여"일 것이다. 행복해 보이는 어린 아내의 모습이다. 〈우나자카海阪〉는 바다 세계와 지상 세계의 경계이다(이자나기와 이자나미의 이야기에서 요모츠히라자카黃泉比良坂가 땅속 나라와 지상의 나라 사이의 경계였듯이). 해신의 사위가 된 호호데미는 해신의 나라에 있으면서 〈우나자카〉를 바라다 본다. 바다 속 생활에 익숙해지면서도 그러나 슬며시 지상에서의 생활을 생각해본다. '야마도山尸'는 지상의 나라를 가리킨다(야마도는 큐슈를 가리키는 말이며 야마토大和와 같은 뜻이 아니다). 단 '야마도를 그리워한다'라는 것은 일본인이라는 것에 대한 희미한 원죄의식을 넌지시 암시하는 말인 것 같다. 마지막 2행은 극도로 애매한 표현으로 모든 것이 먼 추억의 저쪽으로 녹아 들어간 모습을 노래한 것일까.

그리고 이 시는 "해향"이라는 말의 의미를 다시 한 번 생각하게 한다. "해향"은 소 타케유키의 고향 대마도를 가리킨다. 바다의 고향이라는 뜻으로 그가 만든 말이라 해도 될 것이다. 그러나 〈해향〉이라는 시를 읽으면, 해향은 곧 토요타마히메의 고향, 해신의 나라를 가리키는 것이 아닐까라는 의문이 든다. 바다의 나라, 바다 저쪽의 나라. 토요타마히메를 덕혜옹주로 바꾸어놓는다면, 그것은 바다 저쪽에 있는 덕혜의 고국을 생각나게 한다. 해향이라는 말은 복잡한 의미의 구조로 되어 있는 것 같다. 어쨌든 소 타케유키에게 해향은 대마도를 가리키고, 또 대마도 소 씨를 계승했기 때문에 덕혜옹주와 맺어지게 된 그의 운명의 무대를 상징하는 말이라 할 수 있다.

이 시의 제목이 시집 전체의 이름으로 되어 있는 것만 보아도 이 시집의 핵심을 이루는 것은 호호데미와 토요타마히메의 만남과 이별, 곧 소 타케유키와 덕혜옹주의 그것임에 틀림없을 것이다. 덕혜옹주가 시인의 인생에 얼마나 깊은 영향을 미친 여성이었는지를, 그는 여기에서 그만의 독특한 방법으로 남몰래, 그렇지만 확실하게 기록해놓았다.

시집 《해향》 출판은 1956년으로, 서문에 따르면 그 전해인 1955년 10월 에는 편집이 끝나 있었다. 덕혜와의 이별은 같은 해 6월. 아마도 이별 직후 그는 시집 편찬을 결심하였으며, 재혼 전에 편찬을 완료했던 것 같다.

지금까지 한국에서의 소 타케유키에 대한 인식을 뒤집을만한 것이 이 시집에는 남아 있다.

4
이별

마사에의 불행은 역시 어머니를 잃은 것이 아닐까.
소 백작가에 근무했던 나카무라 쿠니에 씨를 처음 만났을 때,
마사에는 "오래오래 있으세요. 할머니가 될 때까지 있어요"라고 말했다 한다.
마사에는 언제나 자신을 지켜주는 사람이 필요했음에 틀림없다.
오래까지 있어주기를 바랐던 것은 정말은 어머니였다.
그녀는 엄마가 없는 상대나 마찬가지였다.
슈빙 부인의 '어머니라는 존재의 상실'이 인간의 정신에 얼마나 큰 불행을
가져올 수 있는가라는 지적이 떠오른다.
덕혜와는 이별이라는 형태로, 마사에는 다시 어머니를 잃었다.

전후의 사회변혁

일본국 헌법의 제정

1945년 8월 15일 정오, 일본의 패전을 계기로 사회는 급변했다. 이 무렵 소 타케유키는 37살. 덕혜는 33살. 마사에는 10살로, 지금의 중학교 1학년 생이 되었다. 신헌법 제정을 비롯한 변혁의 물결이 이 가족에게는 결국 화족제도의 폐지로 다가왔다. 그 물결을 그들은 어떻게 극복했을까.

7월 말에는 군인도 아닌 소 타케유키가 소집을 받아 카시와柏 83부대에 입대했지만, 종전과 동시에 제대하여 카미메구로上目黒 저택에서 몇 안 남은 사람들의 병구완을 받으며 허전한 나날을 보내고 있던 덕혜 곁으로 돌아왔다. 한편 시오바라鹽原로 피난 가 있던 마사에는 11월 19일 도쿄로 돌아온 것 같다. 《학습원백년사學習院百年史》에는 피난갔던 학생들을 태운 열차가 오후 3시 21분 우에노역에 도착하였다라고 되어 있다. 1년 3개월간의 피난학교 생활이었다. 이렇게 해서 겨우 부모와 자식 세 사람이 재회를 할 수 있었다.

무조건 항복에 따라 대일본제국은 붕괴하였다. GHQ* 지령 하에서 재벌해체·농지개혁 등의 민주화 정책이 단행되었고, 새로운 헌법 제정 작업이 시작되었다.

> *GHQ, General Headquarters 제 2차 세계대전 후 1945년 연합국군이 일본 점령기간 중에 설치한 연합국최고사령관 총사령부의 약칭. 맥아더를 최고사령관으로 하여 점령정책을 일본정부에 시행시켰으며, 1952년 강화조약이 발효됨에 따라 폐지되었다.

1946년 6월, 소 타케유키는 귀족원의 백작의원에 선출되었다. 동료였던 미즈노 카츠구니水野勝邦씨는 "당시 일본은 점령하에 있었기 때문에 종전처리라고 하여 의회운영을 하는 데도 아주 어려운 시기였습니다. 그때 나

는 연구회라고 할 수 있는 정치회파의 역원役員이기도 했기에 선배 입장
에서 무리한 것을 종종 부탁했습니다. 그는 말하자면 1학년짜리 의원이
었는데도 그 어려움을 스스로 극복하여 어떤 주눅도 들지 않고 대처하면
서 의회 의사라는 대임무를 감당해냈습니다."라고, 《시덴詩田》추도사에
쓰고 있다.

귀족원은 소 타케유키 자신이 〈헌법삼순憲法三旬〉이라는 제목으로 글
을 쓴 적이 있다. 그에 따르면 그는 열성스런 참가자였다.

나는 인연이 있어서 그 법안이 가결된 제90회 의회의 귀족원에서 위원회
방청과, 본 회의의 의사로서 그 의회의 특색이기도 했던 학자 의원들의 명
론탁설名論卓說에 감동을 받기도 하도 또 받지 않기도 하면서 듣고 있었다.
헌법의회라기 보다는 헌법학교 같은 느낌이었다. 본회의를 강의라고 한다
면, 위원회는 세미나 같은 것이었다.

《슌다이라쿠春庭樂》

귀족원의 헌법위원회는 아베 요시시게安倍能成*
가 의장으로 있었으며, 위원들은 타원형의 책상에
둘러앉아 있었다. 책상 양옆 모두가 3미터 정도 비어
있는 큰 방으로 방청하는 의원들은 벽 쪽의 의자에
앉았다. 소 타케유키도 이 의자에 앉아 방청하였다.

본회의에서는 시데하라幣原** · 카나모리金森*** 두
대신의 태도가 특히 인상적이었다. 정부에서는 주로 이

두 사람이 전문적으로 답변에 나섰는데, 누군가의 질문이 끝나서 의장이 그의 이름을 부르면 기다리고 있었다는 말을 할 틈도 없이 곧바로 일어나 뛰어나가는 모습이, 너무나 기뻐하면서 질문에 응하는 듯한 자세였다. 그것이 누구에게나 호감을 주었던 것 같다. 어떻게 해서든지 그 법안을 통과시켜야겠다고 굳게 결심한 것을 알 수 있었다.

시데하라 대신이 그 답변 속에서 상징이라는 말을 설명할 때는, 사자를 보고 힘이 솟아오르는 것 같은, 사람을 잡아먹을 것 같은 기세로 대답했지만, 지성스런 정이 얼굴에 가득 넘쳤다. 제9조를 설명하는 부분에서도 정말 전쟁을 포기한다는 청년과 같은 열정을 느낄 수 있었다. 카나모리 대신은 그 유명한 소위 동경론憧憬論을 몇 번이나 반복했지만 무슨 말인지 알 수 없었다. 대단한 노력이었음에는 틀림없다.

《슌다이라쿠春庭樂》

이 일본국 헌법은 1946년 11월 3일에 반포되어 다음해인 1947년 5월 3일에 시행되었다.

제 14조는 모든 국민은 법 앞에서 평등하다고 되어 있었는데, 제2항에서는 〈화족 그 밖의 귀족제도는 이를 인정하지 않는다〉라고 하여, 1884년 이래 계속되어 온 화족제도를 정면으로 부정했다.

소 타케유키는 그 자신의 백작이라는 신분·특권의 박탈을 의미하는 신헌법을 냉정하게, 오히려 적극적으로 받아들이고 있었던 것 같다. 백작이라는 신분을 상실한 후, 가까운 사람에게 "후련하다"라고 했다 한다. 신분도 재산도 인간을 행복하게 해주지 못한다는 것을 그는 뼈저리게 느끼고 있었다. 마음속에 어떤 갈등이 일어나고 있는지 그는 결코 드러내지 않았지만, 자신의 인생을 결정해온 신분제도의 폐지에 그렇게도 담담하게 이성으로 대처했던 화족의 당주는 찾아보기 어려울 것이다.

헌법 공포에 이어 11월 12일에는 재산세법이 공포되었다.

마지막 정월

1946년 정월은 소 백작가 세 가족이 카미메구로 저택에서 모두 함께 맞은 마지막 정월이 되었다. 재산세법에서 정해진 재산세를 납부하기 위해 다른 많은 황족·화족과 마찬가지로 소 백작 자택을 매각해야 했기 때문이다.

나의 언니(당시 생후 2년 5개월)[20]는 어머니(히라야마 타메타로의 6녀)와 백모(히라야마 츠기, 타메타로의 장녀)를 따라 전쟁이 끝난 지 얼마되지 않았을 때 소 백작가에 신년 인사를 드리러 갔다고 한다. 그것은 아마도 그 해 정월을 말하는 것 같다. 어린 시절 단편적 기억이기는 하지만, 그것들은 모순과 과장없이 아주 선명하게 당시 소 백작가의 모습을 전해준다.

언니의 기억에 의하면, 소 백작가 주위는 기와를 얹은 하얀 담으로 둘러싸여 있었는데 군데군데 훼손되어 있었다. 전쟁 때 화재로 인한 훼손일 것이다. 안내받은 응접실(3개의 응접실 가운데 가장 안쪽에 있던 방 같다)에서는 마사에가 후리소데 차림으로 나왔다. 큰어머니의 기억에 따르면 마사에는 난로 불을 피워보려고 후리소데 소매 자락으로 부채질을 하고 있었다 한다. 일하는 사람들은 이미 거의 없어졌던 것 같다. 그 후 마사에는 아장아장 걷는 언니의 손을 붙잡고 긴 복도를 지나 안쪽에 토방이 있는 곳으로 데리고 갔다. 거기에 떡을 굽는 풍로가 있었는데 부엌 같았다. 마사에는 밖으로 나가 낮은 대나무담 옆에서 그 너머에 있는 사람과 뭔가를 이야기하고 있었다. 아마도 저택 안의 한쪽에 살고 있었던 오우라 씨네 사람과 말하고 있었을 것이다. 그런데 언니는 긴 복도를 걸어가다가 우연히 덕혜옹주의 모습을 보았다. 복도 왼쪽에 큰 방이 있고, 그 너머로 장지문이 열려 있어서 안쪽에 있던 큰 방이 보였다. 그곳에 하얀 옷을 입고 검은 머리를 어깨까지 늘어뜨린 여성이 있었다. 그녀는 방석 위에 앉아 있었는데 가만히 앞쪽을 바라보면서 움직이지 않았다. 어린 마음에도 그 표정이 어쩐지 무서운 느낌이 들었다고 한다. 틀림없는 덕혜의 모습이다.

어린아이였기 때문에 언니는 보통 때 다른 사람들을 절대로 들이지 않는 사적인 생활 공간까지 들어갈 수 있었다. 보통은 어린아이들이라 곧바로 잊어버렸을 텐데, 뭔가 언니의 마음에 깊은 인상을 주었음에 틀림없다. 실은 언니의 이 기억이 내게 중요한 의미를 일깨워주었다. 그것은 덕혜가 종전 후까지도 저택 안에서 살고 있었음을 말해주기 때문이다. 한국은 물론 일본에서도 결혼 후 덕혜가 정신병에 걸리자마자 곧바로 정신병원으로 보내졌다 는 등의 소문이 마치 사실인 것처럼 여겨지고 있었는데, 그것이 사실이 아님을 언니의 기억이 가르쳐주었다.

시타메구로 이사와 덕혜의 입원

아마도 1946년 가을 쯤, 소 백작은 시타메구로의 작은 집으로 이사하였다.

1947년 5월 3일, 일본국 헌법이 시행되면서 490개 가문에 달하는 화족은 그 작위와 재산상 특권을 상실하게 되었다. 재산세는 같은 해 2월 15일까지 신고하여, 3월 15일까지 납세해야 했다. 나시모토노미야梨本宮 가문의 경우, 3월 15일에 재산세를 납부하였다. 나시모토노미야 백작가의 재산은 3,686만 엔으로 간주되어 재산세가 2,565만 엔(약 70퍼센트)이었다. 이왕가의 경우 재산평가액이 960만 엔으로 세액은 750만 엔(약 78퍼센트)이었다.(《나시모토노미야 이츠코 비의 일기梨本宮伊都子妃の日記》)

소 백작가의 카미메구로 저택도 재산세를 지불하기 위해 매각하지 않으면 안 되었다. 1931년 가을 이래 약 15년에 걸친 부부의 생활공간이기도 했으며, 마사에가 태어나고 자란 집이 이렇게 해서 다른 사람 손에 넘어갔다. 실은 그 재산세에 따른 저택의 매각이야말로 타케유키가 덕혜를 병원에 입원시키지 않으면 안 되었던 직접적인 이유였을 것이다.

새로운 집은 시타메구로에 있었으며, 근처에 오도리 신사大鳥神社와 경기장이 있었다. 이 집을 그는 다음과 같이 묘사하고 있다.

그 집은 작은 개천이 뒤에 있었고 축대로 쌓은 담벽 위에 세워져 있었다. 좁은 부지로 복도 폭까지 2척 4~5촌으로 바싹 줄였으며, 장롱은 벽안으로 쑤욱 들어가도록 짰다. 사용한 목재들은 제법 좋은 것으로 장지문에는 중간쯤에 유키미마도雪見窓라는 조그만 유리창까지 달아 눈이라도 오는 날이면 실내에 앉아서도 바깥 풍경을 감상할 수 있도록 아주 풍류를 살리면서 현관 바닥은 타일로 깔았다. 현관 밖으로는 종려나무가 심겨 있다. 2층에는 19세기 풍의 창이 달려 있었으며 바닥은 하코네箱根 세공 비슷하게 나무 조각을 조합한 것 같은 취향이었다. 서쪽 창으로는 강위의 풍경을 볼 수 있도록 뚫려 있어서 저녁 무렵의 구름은 비단으로 짠 직물처럼 아름다웠지만, 뒤편 창에서는 강 건너 2층에서, 여름 도박판을 벌이는 남녀가 어지럽게 뒤엉켜 자는 것까지 손에 잡힐 듯이 보였다. 조금 남은 빈 땅에는 욕심을 부려 감·포도·무화과까지 심겨져 있지만 마당은 돌만 뒹굴 뿐 흙 기운이라고는 없다. 강 건너 풍경은 한층 더 공공심이라고는 없는 듯이 보였다. 어두운 밤을 틈타 더러운 물을 강에 막 쏟아버리는 작업들이 눈에 들어왔다. 이웃집은 처음에는 그럴듯한 사람이 살았던 듯한 양옥으로 지금은 몰락해가는 회사의 기숙사 아니면 사무소로 쓰고 있는지, 타이핑 소리를 지워버리기라도 해야할 듯이 라디오 가요 곡을 계속 흘려보내고 있다. 천진난만한 아가씨가 얼굴을 내밀어야 어울릴 것 같은 베니시안 블라인드는 칠이 벗겨져 있었고, 거칠게 생긴 남자들이 때때로 식당에서 음식을 시켜와 교성이 섞인 밤을 내내 지샌다.

《순다이라쿠》

전쟁 중의 재난으로 많은 사람들이 살 집을 잃고 급하게 만든 조악한 가건물에서 살던 시대이다. 어떤 연줄로 그 집을 찾아냈는지 모르지만, 어쩔 수 없이 옮겨온 그 집은 집 자체를 둘러싼 환경도 카미메구로上目黑 저택과는 하늘과 땅 차이였다. 백작이 아닌 한 시민으로서의 생활이 시작되었다. 이 집에서 덕혜를 사람들 눈에 띄지 않게 조용히 간병한다는 것은 불가능했을 것이다.

그리고 또 무엇보다도 사람 손이 부족하였다. 한참 전쟁을 치를 때부터 사람 손이 모자랐지만, 전쟁이 끝난 후에는 어떤 화족의 집에서도 사용인들의 숫자가 한꺼번에 1/10정도로 줄어버린 것 같다. 그의 생활 수단은 히로이케廣池 학원에서의 근무였다. 전쟁 전부터 그의 인생을 정신적으로 지탱하게 해주었던 이 일은 그 자신이 바라는 바이기도 했겠지만,

어쨌든 그는 무척 바빴다. 마사에는 아직 중학생에 지나지 않는다. 그 무렵 덕혜의 증상은 잘 모르겠지만 결코 가만히 있지 않고 혼자서 돌아다니는 경우도 있었을 것이다. 아마도 그 집 안에서 덕혜를 계속 간병하는 것은 불가능했다고 생각된다.

이렇게 해서 1946년 가을(추정), 덕혜는 도쿄의 마츠자와 병원에 입원하게 되었다. 마츠자와 병원은 지금의 케오센京王線 야와타야마八幡山역 근처에 있다. 도쿄에서 가장 오랜 역사를 가진 도립 정신병원이었다.

이왕가의 운명

전쟁 후 변혁 속에서 이왕가도 특권을 잃었다. 1946년 이은 · 방자 부부는 이왕가의 키오이쵸 저택을 참의원 의장 공관으로 빌려주고, 가족 세 사람이 전에 시녀실로 사용하던 곳을 개조하여 그곳으로 옮겼다. 그리고 1947년 10월 13일 첫 황족회의에서는 황족 가운데 천황과 직접 혈연관계가 있는 지키미야直宮* 세 가문을 제외한 11궁가 51명의 황족 이탈을 결정하였다. 바로

✽지키미야, 천황과 직접 혈연관계에 있는 황족. 즉 황태자 · 황자 · 황제 · 내친왕 등이다.

다음날 10월 14일 이탈. 왕공족의 경우는 신헌법 시행으로 왕공족제도가 폐지되었으며, 이왕가는 〈외국인등록령〉에 따라 등록을 하고 그날로 구 사무소에 신고를 마쳤다. 10월 18일, 전원이 궁중에 들어가 황족 · 왕공족은 해산되었다.

덕혜는 일본인 소 덕혜宗德惠였으므로 국적에 변화는 없었지만, 친가인 이왕가는 일본에서의 특권적 지위를 잃고, 1951년 샌프란시스코 평화 조약 이후에는 일본 국적도 잃었다. 곧바로 고국으로 돌아가지도 못한 채

재일한국인이 되었다.

고국의 남북분단

일본의 패전과 함께 해방된 조선에는 아직 독립국가가 성립되지 않았다. 1945년 8월 8일 소련의 대일참전으로 조선의 일본군은 모두 붕괴되었지만, 8월 15일 일본이 항복하면서 미국과 소련 간에 38선을 경계로 하는 분할 점령의 합의가 이루어져 남북분단의 위기가 왔다. 12월 말 모스크바협정에서는 미·영·소·중의 4개 국에 의한 조선의 신탁통치가 정해졌다. 국민의 의사를 무시한 이 협정은 국내에서 격렬한 비난을 받았다. 1946년 5월 이래 미·소의 대립이 격화되고, 이승만이 남조선의 단독정부 구상을 발표한 것에 맞서, 북에서는 1947년 2월에 북조선인민위원회라는 조직이 만들어졌다. 이 사태를 우려한 김구 등이 통일국가 건설을 외쳤음에도 불구하고 1948년 8월 15일에는 이승만을 대통령으로 하는 대한민국 수립이 선언되었다. 그리고 북에서는 9월 9일 김일성을 정부 수반으로 하는 조선민주주의인민공화국이 세워졌다.

미·소의 지지를 받은 좌우 두 파의 주도권 싸움 속에서 이왕가의 존속은 고국에서는 희망이 없었다. 이은의 귀국을 바라는 소리도 있었지만 일본 육군으로 길러진 이은은 이미 정치적 리더십을 가진 인물이 아니었다. 고국에 돌아가려 했다 해도 실제로 행동하기는 어려웠다. 방자도 귀국에 반대하였다. 혼다 세츠코本田節子씨는 그것을 "왕비로서 책임을 져야 하는 울타리 밖에서의 귀국 거부로 보여 견딜 수가 없다."[21]라고 평하였다.

김을한의 일본 방문

김을한의 마츠자와 병원 방문

일본이 GHQ의 점령하에 있고, 한반도가 남북으로 분단되어 대립의 긴장이 고조되고 있을 무렵, 김을한金乙漢이라는 한국의 신문기자가 도쿄의 이왕가를 방문하였다. 김을한은 당시 연합군 종군기자의 신분으로 일본을 자유롭게 오갈 수 있었다. 그는 죽은 고종의 충실한 시종 김황진의 조카였다. 고종이 덕혜옹주의 약혼자로 김황진의 조카를 정해놓고 있었다는 이야기를 전해 준 것은 그 사람이다. 조카란 즉 김을한의 동생이었다.

김을한은 1950년 1월 처음으로 이왕가를 방문하였다.[22] 그리고 덕혜가 입원한 곳이 마츠자와松澤 병원이라는 것을 알아내 곧바로 병원을 찾아갔다. 그는 그때의 인상을 다음과 같은 충격적인 문장으로 정리하였다.

> 나는 앞에서 나왔던 〈고종황제와 김시종金侍從〉의 관계를 잘 알고 있었으므로 어쩐지 덕혜옹주의 일이 몹시 마음에 걸려서 동경에 도착하는 길로 소 백작에게 전화를 걸었다. 전화번호부를 보고 번호를 안 것은 물론이다. 옹주의 근황을 물으니 '입원 중' 이라고 하면서 만나볼 필요는 없지 않느냐고 아주 냉담하게 전화를 끊었다.
>
> 그 이튿날, 영친왕李垠을 뵈었을 때 비로소 덕혜옹주는 영친왕이 매월 1만 원씩을 내어서 도쿄 교외의 마쓰사와라는 정신병원에 입원중인 것을 알게 되었다.
>
> 그 길로 나는 도쿄 시내에서 자동차로 한 시간쯤 걸리는 그 병원을 찾아

갔다. 신경과 병원으로는 일본에서 제일 오래되었다는 마쓰사와 병원에 가보니, 무슨 감옥과도 같이 음산한 공기가 떠돌고, 중환자가 있는 병실은 마치 감방 모양 쇠창살로 들창을 막고 있었다. 안내해 주는 간호부의 뒤를 따라갔는데, 한 병실 앞에 이르자 간호부의 발이 딱 멈추었다. 그 안을 들여다보니, 40여 세의 한 중년부인이 앉아 있는데, 창백한 얼굴에 커다란 눈을 뜨고 이쪽을 바라보는 것이 무서울 지경이었다.

그 부인이 바로 덕혜옹주의 뒷모습이었다. 아무도 없는 독방에서 여러 해(그때 벌써) 동안을 우두커니 앉아 있는 옹주가 어찌나 가엽고 불쌍한지 나도 모르는 사이에 눈물을 흘렸다. 만일 고종황제가 이 광경을 보신다면 얼마나 슬퍼할까? 어느 나라이고 왕가의 종말에는 허다한 비극이 깃들이는 법이지만, 고종황제의 고명따님 덕혜옹주의 말로가 이다지도 비참하게 될 줄이야 어찌 뉘라서 상상인들 하였으랴?

《인간 영친왕》

이 문장은 마츠자와 병원에 입원중인 덕혜옹주의 비참한 상황을 생생하게 전해주는 것으로 한국에서 잘 인용되는 부분이다. 비슷한 문장을 김을한은 《무명기자의 수기》는 물론이고, 여기저기서 여러 번 쓰고 있는 것 같다. 이 문장은 덕혜가 불행했다는 이미지를 만드는 데 결정적인 역할을 했다고 여겨진다.

김을한은 계속해서 그의 분한 마음을 더 표현하고 있다.

생각건대, 덕혜옹주는 정략결혼의 희생이 된 것이며, 구중궁궐에서 금지옥엽으로 고생을 모르고 자라다가, 환경이 돌변하여 일본에서 생각지도 않았던 쓰시마(대마도) 사람과 강제로 결혼을 하게 되매, 모든 것이 무섭고 구슬퍼서 필경 정신병 환자가 된 것이 아닐까? 무엇 때문에 이 세상에 났다가 무슨 까닭으로 만리 타향에서 '산 송장'의 신세가 되었단 말인가?

나는 처참한 그 광경을 보고 병원에 갔던 것을 도리어 후회하게 되었으며, 이제는 하루 바삐 덕혜옹주를 데려다가 죽더라도 조국에서 죽게 해야겠다는 생각을 깊이 하였던 것이다. 소 백작은 이미 여러 해 전에 다른 일본인 여성에게 장가를 가고 무남독녀 정혜正惠는 해방 후 세상을 비관하고 집을 나간 채 행방불명이 되었다고 하므로, 영친왕은 더욱 그 누이동생을 측은하게 생각해서 항상 입버릇처럼 "옹주를 본국으로 데려가면 얼마나 좋겠느냐"고 자꾸 되풀이해서 말씀하는 것이었다.

《인간 영친왕》

위 문장에는 분명히 몇 군데 오해가 있다. 앞에서 말했듯이, 덕혜는 결혼 후 정신병에 걸린 것이 아니라 결혼하기 2년 전인 17살 때 어머니의 죽음을 계기로 발병했다. 따라서 소 타케유키와 결혼했기 때문에 정신병에 걸렸다고 하는 것은 오해다. 또 소 타케유키는 덕혜와 이혼 절차가 정식으로 끝날때까지는 다른 여성과 재혼하지 않았다. 그는 분별을 지키는 사람이었다. 위와 같은 글은 근거 없는 중상에 가깝다. 또한 마사에의 행방불명 원인이 아버지의 재혼인 것처럼 쓰고 있는데, 뒤에서 언급하겠지만 간단하게 단언할 수는 없다(당시 마사에는 건강하였다). 모든 책임을 소 타케유키 한 사람에게 지우려는 듯한 김을한의 필치는 사실을 잘 확인하지 않고 전후관계를 여러 가지로 잘못 알고 있기 때문에 생긴 오해이다. 그런 부정확한 글이 한국에서 여러 가지 오해를 낳게 되었다고 생각한다.

하나 더 덧붙인다면, 처음 문장에서 덕혜의 입원비 1만 원을 영친왕이 지불했다라고 썼는데, 이것은 이혼 후에 그렇게 된 것을 김을한이 착각한 것이다. 소 타케유키는 아내의 입원비를 그 친가의 사돈에게 지불하게 할 사람이 아니다(덕혜가 시집올 때 가지고 온 물건의 반환에 대해서는 239쪽 참고).

오해의 시작

나는 김을한의 성실함을 의심하지 않는다. 그는 진심으로 덕혜를 걱정하고 행동하였다. 그렇게 했으니까 한국에서조차 잊혀진 덕혜옹주를 찾아낸 것이다.

그러나 여기서 또 한 번, 잘 인용되는 문장의 전반 부분을 검토해보려 한다. 위 문장이 인용된 것을 여기저기서 보다가 한 가지 의문이 생겼다. 마츠자와 병원을 처음으로 방문한 김을한이 어떻게 해서 곧바로 덕혜를 면회할 수 있었을까? 보통병원이라면 몰라도 정신병원이라면 당연히 병자의 의식도 확실치 않을 터이므로 가족의 양해를 얻은 후에야 타인과 면회시키는 것이 당연하지 않을까? 왜 마츠자와 병원은 소 타케유키의 양해 없이 김을한을 덕혜와 만나게 한 것일까?

나는 한 가지 답밖에 생각할 수 없었다. 그것은 김을한이 연합군 종군기자의 여권을 가지고 있었기 때문이다. 이 여권이 있으면 당시 국교가 없어서 손쉽게 왕래할 수 없었던 일본과 한국 사이를 자유롭게 오갈 수 있었다. 일본 내에서도 기차를 무료로 탈 수 있는 등 상당한 힘을 발휘하였다. 김을한이 이 여권을 보여주었을 때 병원측은 거절할 수 없지 않았을까. '그렇다 해도'라고 나는 생각한다. 김을한은 우선 소 타케유키를 만나보려고 시도했어야 하지 않았을까. 본 적도 없는 타인이(그가 아내의 고국 사람이라고 해서) 입원 중인 아내를 만나고 싶다는 것을 전화로 부탁받고, "그러시죠!"라고 말할 남편은 없을 것이다. 게다가 정신병원이다. 만약 자신의 배우자가 입원 중이라면 누구라도 짐작할 수 있는 일이다. 소 타케유키가 냉담하게 전화를 끊었던 것은 무리한 일이 아니었다.

김을한은 절차를 한 단계 뛰어넘어 방문을 강행해버렸다.

유감스럽게도 정신분열증이란 사람의 상상을 뛰어넘는 병이다. 김을한은 충분한 인식이랄까 예비지식도 가지지 않은 채 병원을 방문했을 것이다. 덕혜의 모습을 보고 그가 심한 충격을 받았을 것은 상상하기 어렵지 않다. 눈을 크게 뜨고 한 방향을 응시하는 것은 이 병 증상 중 하나이다. 내 언니가 본 모습과 거의 같다. 김을한은 아주 절묘하게 쓰고 있다. "병원에 간 것을 오히려 후회하게 되었다"라고. 중증에 빠진 분열증 환자는 정말 비참하다. 김을한은 여기에서 자신의 감상을 정직하게 썼을 뿐이다.

그리고 김을한의 마음에 분노가 끓어오른다. 유감스럽게도 소 타케유키는 한국에 거의 알려져 있지 않았으며, 처음부터 좋게 인식되고 있지도 않은 인물이었다. 덕혜옹주와 결혼했다는 것만으로도 그는 증오해야 할 왜놈[23]의 대표처럼 생각되고 있었다. 김을한의 분노는 그대로 소 타케유키를 향하였다. 무리가 아니라면 아닐 수 있다. 분노에 차서 쓴 문장은 진실에서 눈을 비켜간 결과가 되어 많은 오해를 만들어냈다.

고국에 하루라도 빨리 귀국시키고 싶다는 김을한의 말은 곧 덕혜와 소 타케유키의 이혼을 의미한다. 김을한은 자신도 의식하지 못한 사이에 두 사람에게 이혼의 레일을 깔아주는 셈이 되었다. 한국은 일본 이상으로 이혼을 꺼리는 나라이다. 그런데 이때 김을한은 마사에의 입장을 어떻게 생각하고 있었을까. 부모의 이혼이라는 것이 그녀에게 어떤 영향을 미칠지, 과연 그의 의식에 그것이 있었는지 확실하지 않다.

김을한은 저널리스트였으므로 그가 쓴 글이 미치는 영향은 컸다고 본다. 이렇게 소 타케유키라는 인물에 대한 이미지는 정확한 정보도 없이 왜곡되어, 한국에서도 또 일본인으로 덕혜옹주에게 동정적인 입장의 사람들로부터도 인간의 모습을 하고는 있지만 인간이 아닌 것처럼 비난받는 상황에 빠져버리게 되었다고 생각한다.

마츠자와 병원이란 어떤 병원인가?

김을한은 마츠자와 병원이 아주 음침한 분위기였다고 하지만 이것은 자신의 감정을 상당 부분 이입시켜 표현한 것이다. 마츠자와 병원은 그렇게 참혹한 병원이 아니다.

도쿄 도립 마츠자와 병원은 정신과병원으로는 가장 오래된 역사를 가지고 있는 공립병원이다. 그 전신은 1875년에 시작되었으며, 1887년부터 도쿄 제국대학 의과대학의 정신병학과가 치료를 맡고 있었다. 1901년에는 도쿄대학 교수 쿠레 슈죠吳秀三가 병원장이 되었으며, 팔다리를 구속하는 도구의 사용을 금지하여 환자에게 개방적인 처우를 하였다. 환자를 인간으로서 존중하고 따뜻하게 대하려고 노력하였다. 또한 작업요법을 받아들여 간호에서도 개혁을 단행하여 복무규칙을 만들었다. 1904년부터는 미국과 유럽에 뒤지지 않는 병원을 목표로 새 건물의 건설을 추진하여, 1919년 스가모巢鴨에서 마츠자와로 이전하였다.

1936년에는 도쿄대학 교수 우치무라 히로유키가 제7대 병원장이 되었으나, 그 후부터는 전시체제였기 때문에 어려운 상황에 있었다. 1949년 공무원법에 따라 도쿄대학 교수의 겸임이 불가능해지자, 하야시 아키라 林曄가 전임 병원장이 되었다. 처음부터 끝까지 일본의 정신의료계를 이끌어온 병원이라고 한다.

김을한이 방문했던 1950년경은 전쟁이 끝나고 얼마 지나지 않았기 때문에 물자도 부족하여 병원의 상태가 초라했을지 모르겠다. 그러나 1940년 슈빙 부인이 쓴 《정신병자의 영혼에 이르는 길精神病者の魂への道》을 보면 그 당시 유럽 병원에서도 환자의 몸을 구속하는 도구가 사용되고 있었다. 이 점을 고려한다면 마츠자와 병원은 뛰어난 식견을 가진 병원이었다. 소 타케유키는 나름 고심한 끝에 마츠자와 병원을 택한 것이 아니었을까.

마츠자와 병원이 그렇게 참혹한 병원이 아니었던 것은, 그 후 덕혜가 이혼한 후에도 다른 병원으로 옮기지 않았던 것을 보면 짐작할 수 있다. 김을한은 《인간 영친왕》에서 "마츠자와 병원은 일본에서도 가장 유명한 정신병 전문 병원으로, 당시 그 병원 병원장이었던 하야시 아키라 박사는 그 불운한 한국의 왕녀를 동정하여 진심어린 치료를 해주었다."고 쓰고 있다. 앞에서 언급한 '감옥과도 같은 음침한 공기'는 어디로 가버렸을까. 그가 쓴 글의 객관성에 의문을 가지지 않을 수 없다(그 문장이 많이 알려지면서 덕혜의 상태를 '유령과 같은'이라고 형용하는 표현조차 나왔다. 애처로운 분열증 환자를 너무나도 무신경하게 표현하는 것은 삼가야 할 것이다).

또 하나, 김을한의 기술에서 내가 의문을 느낀 점은, 김용숙 여사가 그 문장을 인용하면서 덧붙이고 있는 부분으로, 김을한이 정말은 더 비참해서 독방이 아니라 큰 방(3, 4명이 쓰는 방)이라고 했다는 것이다. 왜 김을한은 사실을 그대로 말하지 않고 독방이라고 했을까? 어떤 것이 사실일까?

타카무라 코타로의 경우

소 타케유키는 아내를 정신병원에 입원시킨 것으로 이렇게 비난받고 있다. 나는 그들의 경우와 비슷한 예로 타카무라 코타로高村光太郎 · 치에코智惠子가 생각났다.

타카무라 코타로(1883~1956)는 메이지 시대 조각계의 중진이었던 타카무라 코운高村光雲의 아들로, 일본의 현대 구어시를 확립시킨 시인이다. 그는 조각가로서도 알려져 있는데 그의 부인 치에코는 정신분열증을 앓다가 죽었다.

코타로는 1912년 여름 31살 때 나가누마 치에코長沼智惠子를 만나 1914년 11월 그녀와 결혼하였다. 치에코는 친정의 파산 등을 계기로 1931년경부터 정신분열증이 나타나 1935년 2월 미나미 시나가와南品川 제임스 자카 병원에 입원했지만, 1938년 10월 5일 그 병원에서 죽었다. 치에코의 경우는 40대에 발병했는데 이덕혜처럼 10대에 발병한 분열증과는 형태가 다르다. 또 7년 남짓 투병생활을 한 후 속립성粟粒性 폐결핵으로 죽었다. 그간 코타로는 자신의 일과 집안일, 잡무에 쫓기면서(두 사람 사이에는 아이가 없었다) 아내의 간병으로 고생하였다. 그 점에서는 소 타케유키와 비슷하다.

그러나 타카무라 코타로가 치에코를 입원시켰다고 비난받았다는 이야기를 들어본 적이 없다. 그런데도 왜 소 타케유키는 덕혜를 입원시켰다는 이유로 이렇게 비난당하지 않으면 안되었을까. 추측건대, 모두가 소 타케유키라는 인물에 대한 오해, 덕혜의 병 원인과 발병의 경과에 대한 오해에서 비롯되고 있다.

처음 서울에 갔을 때부터 나는 김을한 씨를 만나려 했다. 그를 직접 만나 내가 생각하고 있는 것과 의문을 말하면, 그는 반드시 어느 정도 이해해줄 것이라고 기대하고 있었다. 그러나 1995년 서울에 갔을 때 그가 1992년에 이미 타계했다는 소식을 들었다. 유감스럽기 짝이 없었다.

몇 번이고 말하지만, 나는 김을한 씨의 덕혜옹주에 대한 성의를 의심하지 않는다. 그 시기에 덕혜옹주의 행방을 찾아헤멘 그의 열의는 존경할 만하다. 그리고 오늘날 객관적인 시각으로 그 문장을 다시 읽으며, 소 타케유키와 덕혜가 놓여 있던 불행한 상황을 이해하는 것이 새삼 필요하다고 생각한다. 결국 아무리 생각해도 소 덕혜宗德惠로서 마츠자와 병원에 그대로 계속 입원해 있기보다는 한국에 돌아가 덕혜옹주로서 인생을 마치는 편이 그녀에게는 더 나았다고, 나도 인정하지 않을 수 없다.

전후, 구조선 왕족에 대하여 일본은 너무나도 냉담하였다. 화족제도의 붕괴로 덕혜는 한 시민에 지나지 않게 되었다. 만년이 얼마나 쓸쓸했을지는 상상할 수조차도 없다. 그에 비하여 한국에서는(이승만 정권은 냉담했지만) 민족의 고난을 등에 짊어진 옹주로서 많은 국민들이 그녀를 따뜻하게 받아들였다. 김을한의 행동은 사려 깊지 못한 부분이 있지만 하늘이 도왔다고 말할 수 있는 측면도 없지 않다. 단이라고 단서를 덧붙여두어야 하겠지만, 그 후 '아내를 잃은 남자'와 '어머니를 잃은 딸'만 남게 되었다.

〈산하〉에 대하여

시집 《해향海鄉》에는 한국에 대해서 언급한 신비한 시가 있다. 〈산하山河〉라는 제목이 붙은 그의 시는 하코네箱根의 길을 더듬어가는 시이지만, 어느 새 한반도의 금강산 속으로 길을 잘못 들어서고 있다.

(전략)

산비탈을 한 걸음 한 걸음 걷는다 발걸음도 가벼운 산길

斜面ゆく 輕き 山路に

부풀어오른 마음은 어느새 차분히 가라앉는다. 雄ごころは いつか 沈みぬ。

가슴 깊은 곳 아픈 가시에 찔려, 胸の裡に 痛き 棘 觸れ、

내 영혼을 두드린다. 玉の緒に 響く ものあり。

날카롭게 찢는 소리, 높고 느린 오오시키쵸^{黃鐘調} 리듬,

銳聲 立つ、甲の 黃鐘、

북 두드리는 소리, 낮고 빠른 이치코츠쵸^{壹越調} 리듬,

鼓 うつ、乙の 壹越、

아리랑 리듬에 실어 보낸다. ありらんの 調に 寄せて。

누굴까 눈을 가늘게 뜨고 소리없이 웃는 입술은,

誰ぞ 狐眼 ほくそ笑む 唇、

저기 금강산 마하연을 안내하는 아이일까.

摩訶衍の 導せし 兒か。

정신차리고 깜짝 놀라 다시 보니 말없이 서 있는 히메샤라 나무.

破と 見れば 默す ひめしゃら。

(중략)

우연히 맛본 하루의 행복함이여, たまさかの ひと日の 幸よ、

누구 한사람 말붙이는 사람 없는 誰として 呼ばふ ものなき

하코네 길을 나는 찾아, 箱根路を われは 訪ねて、

오직 겨울 햇살만이 반짝거리는 ただ ひとつ 冬陽 瞬く

저 지붕과 같은 조릿대풀로 덮여 있는 들판을,　　　その尾根の　小笹の　原を、

멀리멀리 걸으며 뒤돌아보았다.　　　ゆきゆきて　見かへりにけり。

영원히 변하지 않을 산하를 나는 보았다.　　　山河を　われは　見にけり。

그리운 한국의 산하여,　　　ありなれの　韓の　山河、

누가 또 언제 볼 수 있을까.　　　誰か　また　いつか　見るらん。

한국의　　　韓國の

먼 조상의 능을 지키는 묘지기,　　　とほき　先祖の　陵守、

붉은 색 옷을 입고 오른다,　　　紅著て　のぼる、

그 초록 언덕의 월대月臺를.　　　月の臺を。

이 시에는 마지막 부분에 시인이 붙인 주가 있다. '1951년 3월 작. 히메샤라 동백과의 낙엽교목. 줄기는 담홍색으로 매끄럽다. 아리랑은 조선 민요의 하나. 마하연摩訶衍은 조선 금강산 속의 한 역. 한왕韓王의 능묘는 둥근 풀 언덕 위에 만든다. 이 언덕을 월대라 한다. 붉은색 제례복을 겉에 걸친 능묘관이 녹색의 월대를 올라가는 모습이 마치 꿈과 같았다. 단 화어 월대華語月臺는 궁전 또는 관 앞에 설치되었던 대이다.' 라고.

마하연은 《베르츠의 일기ベルツの日記》 속에 표고 850미터. 한반도 최고의 명봉 금강산의 심장부에 위치하는 사찰로 등장하는데, 과연 소 타케유키가 이곳을 찾아간 적이 있었는지는 알 수 없다. 아마도 한국을 여행한 적은 없지 않았을까. 이 시는 그의 환상 속에서 노래하고 있다. 그는 덕혜옹주에게서 들은 그녀의 고국 이야기를 여기에서 떠올리고 있는 것일까.

'아리나레ありなれ'는 있어서 익숙한, 즉 "친숙한 한국의 산하를, 누가 또 언젠가 볼 수 있을까"라는 것은 마치 덕혜의 심정을 대변하여 노래하고 있는 것처럼 들린다. 마지막 4행도 그렇다. '먼 선조とほき先祖'라는 것이다. 전쟁이 끝난 후의 작품이지만 아주 이상한 느낌이 드는 시이다. 또 이 마지막 4행은 단가의 형식으로 만년의 가집歌集《쿠로시오黑潮》에도 수록되어 있다. 여기에서는 〈산하〉라는 시가 그즈음 소 타케유키가 한국에 대해 가지고 있었던 생각을 시사하는 것이었음을 밝혀 두고자 한다.

이별

이별의 시기

덕혜 자신은 아무것도 모르는 채, 이은 부부와 소 타케유키 사이에 협의 이혼에 대한 이야기가 진행되었다고 한다.

당사자가 결코 말하지 않고 또 화제에 오르는 일도 거의 없었던 이혼의 구체적인 경위를 지금에 와서 조사한다는 것은 쉽지 않다. 나는 두 사람의 이혼에 대해서는 필요한 최소한의 것만을 분명히 밝히고 싶다는 생각으로 자료를 찾았다. 우선 확인하고 싶었던 것은 이혼 시기가 언제였나 하는 것이다. 그런데 한국과 일본을 오가는 과정에서, 이 시기에 대해 적어도 세 가지 설이 있다는 것을 알게 되었다. 1951년, 1953년, 1955년의 세 시기이다.

1951년설은, 석주선 여사의 논문에 있는 것으로 1951년 10월 5일이라고 날짜까지 적혀 있다. 또 덕혜옹주의 서거를 전한 《나가사키신문長崎新聞》에도 1951년이라고 되어 있다.

1953년설은, 이경재씨의 《서울 정도 600년》에 따른 것으로, 1996년 방영된 MBC 텔레비전 드라마 《덕혜》도 이 설을 따르고 있다. 한국의 매스컴에서는 이렇게 보는 것이 비교적 많은 것 같다.

1955년설은, 일본의 신문(후술, 마사에의 조난사고 기사 가운데)에 나온다. 《주간한국》지(86년 6월 2일 16호)도 1955년 설이었다. 또 이방자의 《흘러가는대로流れのままに》에는 1955년으로 쓰여 있으며, 한국어판 《지나온 세월》에도 다음과 같이 쓰여 있는데, 1955년에 이혼했던 것으로 읽히는 기사 배열이다.

그 전부터 이야기가 있었던 소宗 님과 덕혜님의 사이는 덕혜님의 입원생활이 오래 계속되기 때문에 일단 이혼하기로 합의를 보았다. 소 님은 새로 얻은 부인과 근무처인 치바千葉의 학교숙사로 주택을 옮겼다. 이것도 전후 슬픈 사건의 하나였다.

《지나온 세월》

이 기사는 1955년 5월 22일 타카마츠노미야高松宮의 은혼식 기사 뒤에 있으며, 또 8월 17일 이강 공의 서거(서울에서)에 대한 기사 앞에 있기 때문에, 앞뒤가 반드시 순서대로라고는 잘라 말할 수 없지만, 아마도 덕혜의 이혼은 1955년 5월에서 8월 사이였을 것이다.

이 세 가지 설이 어떤 근거로 쓰여졌는지 불분명한 점은 있지만, 1955년 설이 협의이혼에 임했던 이방자의 기술이므로 가장 신빙성이 있지 않을까. 또 역사를 돌이켜보아도 1950년 6월에 한국전쟁이 발발했고, 1953년 7월에는 휴전협정 조인으로 이어지는데, 1951년설과 1953년설은 한국 내의 혼란을 생각한다면 성립되기 힘들지 않을까. 이은 부부와 김을한에게도 덕혜의 이혼을 진행시킬 여유는 없었다고 생각한다.

그리고 내가 1955년 이혼설을 따르는 또 하나의 이유는, 1956년 1월에 덕혜와 마사에의 한복을 비롯하여 신변에서 사용하던 물품들이 이왕가로부터 분카여자대학文化女子大學에 기증되었기 때문이다. 히라야마씨 집안에서 들은 바에 따르면, 이혼했을 때 소 타케유키는 이왕가에서 보내온 혼례물품을 모두 반환했다고 한다. 이은 부부는 1952년 4월 말에는 덴엔쵸후田園調布로 이사하게 되는데 반환된 물품들을 보관해둘 공간이 없었다고 생각된다. 그래서 당시 분카여자단기대학의 학장이었던 토쿠가와 요시미(德川義親, 오와리 尾張 토쿠가와 씨 문중 19대 당주)와의 관계도 있어서 분카여자대학의 복식박물관에 기증하였다. 그 1956년 1월이라는 기증 시기가 이혼한 다음해라는 것을 생각하면 납득이 간다.

최종적으로 확인할 수 있었던 것은 《구화족가계대성舊華族家系大成》에 1955년 6월이라고 되어 있는 것을 보았을 때이다. 그렇다 해도 세 가지 설이 있다는 것 자체는 두 사람에 대한 전기가 얼마나 사실을 확인하지 않은 채 언급되어왔는가를 보여주는 예이다.

이혼에 대한 수수께끼

이혼은 두 사람 사이에 사랑이 없었기 때문에 당연하다는 식으로 지금까지 이해되어왔다. 그러나 앞에서 밝혔듯이, "사랑이 있었다."라는 입장에 선다면, 두 사람은 왜 이혼했을까라는 새로운 의문이 생긴다.

실은 소 타케유키의 사람 됨됨이를 조금은 알고 있다고 생각되는 나로서는, 아무래도 그 자신이 덕혜와의 이혼을 바라고 있었다고는 생각되지 않는다. 소 타케유키는 사람들 간의 유대, 즉 인간관계에 아주 신경을 쓰는 사람이었다. 전형적인 귀족이란 그런 사람을 말하는 것이리라. 대마도에 대한 마음 씀씀이를 하나 예로 든다면, 대마도에서 소 씨 문중의 집사로 근무했던 쯔노에 화백이 말하기를, 소 씨 문중과 관련된 반쇼인萬松院을 비롯하여, 나리아이지成相寺* · 죠쥬인長壽院** · 타이헤이지太平寺*** · 코쿠분지國分寺**** · 레이센인醴泉院 · 세이잔지西山寺*****라는 7개 사찰에 대해 그는 매년 인사하는 것을 잊지 않았다. 전쟁이 끝난 후에도 히간彼岸과 오봉お盆절에는 그 대신 배례하도록, 얼마 되지는 않았지만 반드시 해마다 돈을 보내왔다고 한다. 코모다하마 신사小茂田濱 神社와 하치만구八幡宮의 두 신사에 대해서도 마찬가지였다. 또한 《시덴》의 〈소 타케유키 선생 추도호〉를 읽으면 그가 얼마나 많은 사람들과의 유대를 중요하게 여겼는지 잘 알 수 있다.

의외라고 생각할지 모르겠지만, 그는 인생의 불운함에 대하여 어느 누구도 원망하지 않았다. 자신의 운명을 감수하면서 혼자 견디면서 살았다.

1951년 5월, 테이메이 황태후가 갑자기 죽었다. 그런데 그 달이 채 지나기도 전에 이건李鍵 공 부부가 이혼하였다. 조선과 일본의 소위 정략결

*나리아이지, 쓰시마시 이즈하라쵸의 미야다니(宮谷)나리아이산(成相山) 산록에 있다. 1592년 대마도주 소 요시토시의 부인이 건립했으며 그 부인의 묘가 있다.

** 죠쥬인, 쓰시마시 이즈하라쵸의 히요시日吉에 있다. 소 요시시게의 보다이지菩提寺.

***타이헤이지, 쓰시마시 이즈하라쵸의 나카무라 시모야마 산록에 있다. 1367년 소 씨가 주군으로 섬기던 쇼니小貳씨의 사찰을 대마도로 옮겨서 재건한 것이다.

****코쿠분지, 쓰시마시 이즈하라쵸 소재. 조선통신사가 일본을 방문할 때는 이곳이 객관으로 이용되기도 하였다.

*****세이잔지, 쓰시마시 이즈하라쵸의 코다에 언덕에 위치하고 있다. 1512년 대마도주 宗貞國의 부인의 보다이지가 되었기 때문에 그 불교식 이름을 따서 세이잔지라 했다.

혼에 영향력을 행사해온 황태후의 죽음으로 억제장치가 없어졌기 때문에 초래된 이혼이었다고 생각된다. 그러나 소 타케유키는 이혼하지 않았다. 그는 덕혜와의 결혼을 강제로 밀어붙여서 한 것이 아니라, 운명으로 받아들였다. 그녀와의 인연이 쉽게 끊어질 수 있는 것은 아니었다. 때문에 그는 25년에 걸친 덕혜와의 생활을 견디고 있었던 것이다.

이렇게 생각하다 보면 소 타케유키가 이혼을 희망했다고는 도저히 믿어지지 않는다. 덕혜가 병 때문에 완전히 폐인과 다름없이 되었다 하더라도 그녀를 버릴 수 있었다고는 생각되지 않는다. "미쳤다 해도 성스러운 신의 딸이므로 그 안쓰러움은 말로 형언할 수 없다."(《사미시라》)라는 표현에 위선과 속임수가 들어 있다고 여겨지지는 않는다. 덕혜의 병을 생각해서 더욱 이혼할 수 없었던 것이 소 타케유키라는 인간이 아니었을까.

따라서 그로 하여금 부득이 이혼하지 않을 수 없게 만든 뭔가의 힘이 외부로부터 작용하지 않았을까. 그 힘이란 무엇일까. 그것이 의문이다.

비난과 중상의 돌팔매

여기서 한 가지 추측을 말하지 않으면 안 된다. 어떤 기록도 남아 있지 않으므로 추측이다.

김을한의 마츠자와 병원 방문기사(이 기사가 처음 나온 시기는 미확인)로 덕혜의 상황을 알게 된 한국 사람들은 소 타케유키에게 분노를 느끼지 않을 수 없었다. 재일 한국·조선 사람들도 마찬가지였다. 그들로부터 소 타케유키에게 전화나 편지 등으로 심한 비난과 항의가 갔을 것임에 틀림없다.

소 타케유키에게는 생각지도 않게 들이닥친 비난이었을 것이다. 생각해보면 1931년 덕혜와 결혼했을 때도 그런 일이 있었을 것이다. 한국과 일본의 최초의 정략결혼인 이은과 나시모토노미야 마사코 때에도, 본인들은 몰랐지만 발신인 불명의 반대 전화와 전보가 쇄도하였다. 혼례 마차에는 폭탄까지 투하되었다.[24] 또 만주국 황제 부의溥儀의 동생 부걸溥傑과 사가 히로시嵯峨浩(사가 후작의 딸)가 결혼했을 때에도 반대와 협박성 편지가 왔었다고 한다.[25] 민족 감정을 무시한 정략결혼에 언제나 따르는 일이다.

그러나 전후 화족제도의 폐지로 어쩔 수 없이 덕혜를 입원시킨 것 때문에 이와 같이 비난을 받는다는 것은 소 타케유키에게는 생각지도 못한 일이었을 것이다. 대부분은 익명으로 중상과 협박도 섞여 있었다고 생각된다. 그리고 한국과 친한 입장에 있던 일본인들도 그를 냉담한 인간으로 비난하는 눈으로 보기 시작했다. 무릇 소 타케유키가 어떻게 결혼생활의 불행을 견뎌왔는지 누구 한 사람 알아채지 못했다.

생각건대, 그는 외동딸 마사에를 위해서도 이혼할 생각이 없었던 것은 아닐까. 그러나 너무나도 무섭게 불어닥치는 광풍 속에서, 한국 사람들의 자신에 대한 반감과 분노를 풀기 어렵다는 것을 알았거나, 덕혜가 한국으로 돌아가는 것이 그녀에게는 정말 행복할지도 모른다는 생각을 거듭한 나머지, 이왕가와의 절차를 거쳐 마침내 이혼이 부득이하다는 결론에 이르게 된 것이 아닐까.

두 번째 시집 《빛방울日の雫》의 〈여름 그늘夏陰〉이라는 시 속에, '아내를 잃은 남자'라는 표현이 있다. 이것은 타케유키 자신이라고 해석된다. 이 표현은 그가 원하지 않았는데 이혼할 수밖에 없었음을 시사하고 있다.

양덕혜

1955년 이혼한 덕혜는 새로 호적을 만들었다. 어머니쪽 성을 따라 양덕혜梁德惠가 되었다. 이것은 《흘러가는 대로流れのままに》에 씌어 있는 것으로, 내게는 너무나 이상한 느낌이 들었다. 왜 이덕혜李德惠로 돌아가지 않았을까.

나는 한 가지 사례가 떠올랐다.

카토 시즈에加藤シズエ가 지은 《어느 여성 정치가의 반생ある女性政治家の半生》에는 후지와라 아키藤原アキ를 추도하는 문장이 실려 있다. 깊은 감동을 주는 다음과 같은 문장이 있다.

나카가미카와 아키中上川アキ의 아버지는 미츠이三井 재벌의 오오방가시라大番頭 나카가미카와 히코지로中上川彦次郎로, 호화스러운 집에서 화려하고 행복한 생활을 하는 사람이라고 생각했었다. 그녀는 학습원 여학부를 졸업하자 곧바로 의사와 결혼하였다. 그런데 1928년, 인기 절정에 있던 오페라 가수 후지와라 요시에藤原義江와 연애하게 되어, 남편인 미야시타宮下 박사와 이혼하였다. 이때 아키의 비밀이 알려지게 되었다. 이혼하면 곧바로 생가의 호적으로 돌아갈 텐데, 아키의 경우는 나카가미카와 가문(오빠의 代)이 거절했기 때문에, 아키는 생모의 호적에 들어가 마츠나가松永라는 성으로 불리게 되었다. 즉 어머니가 첩으로 아키가 서녀였던 것을 처음으로 알게 되었다. 이후 학습원 학급 모임이 있었는데, 명예를 더럽혔다는 이유로 제명처분하자는 의견이 대세를 이루었다. 카토 시즈에 등 2명이 반대했지만, 궁내성에서도 제명하라고 하여 마침내 정식으로 제명시켜버렸다.

여성이 자신의 의지에 따라 충실하게 산다는 것이 참으로 어려운 시대였다고 카토 시즈에 씨는 쓰고 있다.

이 후지와라 아키와 양덕혜의 경우는 비슷한 점이 있다. 덕혜는 친가인 이왕가로부터 돌아오는 것을 거부당했던 것이다. 덕혜는 하물며 아무런 '도리에 어긋난' 일을 저지르지 않았는데도. 덕혜에게 냉담했던 것은 '일본'만이 아니었다.

앞에서 말한 것처럼, 왕녀의 신분을 귀하게 여겼던 조선왕조에서는 옹주의 이혼같은 것은 있을 수 없는 일이었다.[26] (왕비의 이혼, 즉 폐비 등의 사례는 있지만 왕녀의 이혼은 없는 것 같다). 이왕가에서는 이혼한 왕녀는 받아들일 수 없다는 생각이었을 것이다.

또 하나 훗날의 일이지만, 양덕혜는 일본 국적인 채로 재일한국인이라는 신고는 하지 않은 것 같다. 덕혜옹주는 이혼했어도 한국인이 될 수 없었던 것이다. 이것은 왜였을까. 어쩌면 일본 병원에 계속 입원해 있으려면 일본인으로 있는 것이 더 유리했기 때문인지도 모른다. 이와 관련된 사정은 잘 모르겠다.

한국 여성은 조선시대도 그랬지만 결혼해도 성은 바뀌지 않는다. 부부별성別姓의 나라이다. 여성도 아버지 성을 따라 평생 바꾸지 않는다. 이런 관습으로 볼 때, 나시모토노미야 마사코가 이은과 결혼하여 이방자라는 이름을 쓰게 된 것을 한국인들은 이상하게 생각할 것이다.

소 덕혜에서 양덕혜가 되어 6년 7개월, 일본에서의 입원 생활이 계속되었다.

마사에

'아무것도 묻지 말아 달라'

'아무것도 묻지 말아 달라' 는 것이 소 타케유키의 말이었다. 마사에가 행방불명된 후의 일이다. 그 이후 히라야마 씨 집안 사람들이 소 타케유키에게 마사에에 대해 묻는 일은 결코 없었다. 히라야마 씨 집안뿐 아니라 친한 다른 사람들도 타케유키의 마음을 헤아려 화제로 삼는 것을 일절 삼가하였다. 마사에에 대한 이야기는 금기였다. 그리고 그녀는 주위 사람들의 기억에서 점점 사라졌다.

그렇지만 소 타케유키의 마음속에서 마사에는 평생 없어지지 않았다. 1983년 7월 6일부터 12일까지 1주일에 걸쳐 소 타케유키의 그림 전시회가 도쿄 긴자의 마츠자카야 백화점에서 열렸다. 그때 1931년, 1933년, 1934년에 그린 유아의 초상화 4점이 출품되었다. 마사에를 그린 것이었다. 그리고 그때 팜플렛의 표지로 사용된 그림은 생후 3개월 된 마사에의 초상화였다. 이것만 보더라도 이 어린 아이의 자취가 죽을 때까지 소 타케유키의 가슴 속에 살아남아 있었음을 알 수 있다.

아버지와 딸

마사에의 탄생과 성장에 대해서는 조금씩 언급해왔지만 더 보충하면서 더듬어보려고 한다. 1932년 8월 14일 마사에가 태어난 것을 타케유키가 너무나 기뻐하여 생후 3개월째 초상화를 그린 것은 앞에서 썼다. 나카무라 쿠니에 씨의 이야기를 통해 여섯 살에서 여덟 살 때 쯤 까지의 마사에의 모습을 그려 볼 수 있다.

소 타케유키가 만년에 자신이 편집했지만 죽은 후에 출판된 가집 《쿠로시오黑潮》는 노래가 거의 연대순으로 배열되어 있어 그의 생애를 자연스레 더듬어볼 수 있다. 그 가운데 다음과 같은 한 수가 있다.

보기 드물게 힘찬 내 아이, 방문을 두드리며 다과가 준비되었어요 라고 외친다.

めずらしく勢いしあが子部屋戸打ち 茶菓のもてなし出で來つと喚ぶ

1932～1944년 사이의 작품이니까 카미메구로의 저택에 있을 때다. 보통 때는 얌전하던 마사에가 무슨 바람이 불었는지 힘도 좋게 "차 준비가 되었어요!"하면서 문을 두드렸을 것이다. 별일 아닌 평상시의 모습이었지만 잊을 수 없는 그 목소리가 아버지의 가슴에 남은 것이다.

1942년 히라야마 타메타로 · 미치 부부가 막내딸(필자의 어머니)의 결혼식 때문에 도쿄에 올라왔을 때, 소 타케유키가 반갑게 환대하면서 한 가지를 부탁하였다. 그것은 부부의 장녀 츠기次에게 마사에의 가정교사가 되어줄 수 없느냐는 것이었다. 히라야마 츠기는 당시 도쿄에서 구립 소학교 교사를 하고 있었다. 이 이야기는 실현되지는 못했지만, 소 타케유키가 마사에의 교육을 히라야마 타메타로의 장녀에게 맡기려고 했던 것에 주목하고 싶다. 아버지로서 나름대로 이런저런 걱정을 했음에 틀림없다.

등산

1942년 여름, 타케유키는 마사에를 데리고 코후甲府 근교의 오비나 산帶名山을 넘어 쇼우센쿄昇仙峽 협곡으로 놀러갔다. 또 닛코日光에서 오다지로가와라小田代原를 거쳐 유모토湯元에 머물면서 콘세이金精 고개를 넘었다. 그때 만든 노래 14수가 《쿠로시오》에 실려 있다.

그 가운데 직접 마사에를 노래한 여섯 수가 있다.

넓은 천지 한가운데에 나랑 딸이랑 오비나 산봉우리에서 후지산과 마주

보고 있는 것이라고나 할까

　　　　　　　　　天地のま中はろけく吾と子と　帶名の嶺に富士と對えり

오비나의 산길 아침 축축한 이슬에 딸이랑 나랑 후지산을 등뒤로 젖은 양말을 짰네

　　　　　　　　帶名路の朝露しげみ子と吾と　富士を背に靴下を絞る

내 딸과 함께 먹는 오비나 산기슭의 산딸기에 안개가 서려있네

맞은편 후지산에는 햇볕이 쨍쨍

　　　　　　　　吾子と食む帶名山邊の大苺に　狹霧まとえり富士は照りつつ

시라네白根 산 숯 굽는 마을의 아담한 여관집 온천물에 도쿄의 부녀는 느

긋하게 몸을 담궜네

　　　　　　　　白根路や炭燒く村の小舍の湯に　都の父娘閑にひたれり

다리를 끌며 걷는 딸을 얼러가며 겨우 찾은 산장

벌레가 무서워 곧바로 뛰쳐 나와버렸네

　　　　　　　　足を曳く子を勵まして着きし宿　虫を怖れて直ち出できぬ

딸이랑 나랑 가마타 산장에서 겨우 신발을 벗고 계란을 얹어 먹던 보리

밥의 구수함이여

子と吾と鎌田の宿に沓ぬぎて 玉子掛け食う麥飯の良さ

이 시가 작성되기 전인 1941년에는 태평양전쟁이 시작되면서 식량난 시대로 접어들었다. 마사에가 겨우 만 10살 때 여름이다. 여름방학을 이용해서 아버지와 딸 두 사람만의 등산을 즐기려 했던 것 같다. 어린아이의 다리로는 2,000미터급 산이 꽤 힘들었을 것이다. 그러나 7 · 8살 때는 병약했던 마사에가 여기에서는 어떻게든 아버지를 따라 가고 있는 것 같다.

오비나 산길을 가면 적송의 숲에 아침이슬을 머금은 담황색의 백합나무 꽃이 피어 있고, 후지산을 마주보고 있으면 천지가 두 사람을 보고 웃고 있는 것처럼 여겨졌다. 벌레를 참을 수가 없어 산장에서 뛰쳐나온 것도, 조촐한 보리밥도 그리운 추억이 되었을 것이다.

마사에도 그후 성장하면서 등산을 좋아하게 된다. 그것이 마지막 죽음의 비극으로 연결될 줄 누가 예측했을까.

전시 중의 피난

전쟁이 격렬해지자 식량부족 때문에 마당에 밭을 만들고 감자를 심어 마사에와 수확을 즐긴 것에 대해서는 앞서 《해향海鄕》의 나가우타長歌*를 인용하여 언급하였다.

*나가우타, 와카和歌의 하나. 5음과 7음의 2구를 3회 이상 반복하여 마지막을 7음으로 마무리하는 노래.

1944년 8월 23일, 마사에는 여자학습원의 피난학교를 따라 니시나스노西那須野의 시오바라鹽原로 향하였다. 여자학습원에서는 초등과 4학년 이상, 중등과 2학년생까지 희망자(1945년 4월부터는 초등과 3학년도)를 피난시키기로 하고, 8월 23일 피난갈 학생 220명을 교직원이

인솔하여 오전 7시 30분 우에노역을 출발하여 오후 1시 30분에 시오노유鹽の湯에 도착하였다. 여관 '묘가야明賀屋'가 숙소였다. 마사에는 초등과 6학년생이었는데, 이 피난을 따라갔다고 생각되는 것은 다음의 시가 《쿠로시오》에 있기 때문이다. 패전 직후의 작품이다.

시오바라에 이길 날을 기다리며 멀리 떨어져 살고 있는 딸이여 어떤 생각으로 듣고 있니 오늘의 패전 소식을

湯の山に勝たむ日を待ち離り居し　兒ろ何と聞くや今日の嘆きを

이길 때까지만이라고 부모를 떠나 간 내딸의 모습
가을산 소낙비에 쓸쓸해하고 있겠지

勝つまでと膝を離れし兒の眉や　秋山時雨侘びつつしあらむ

산차 잎도 담뱃잎이 된다고 내 딸이 들었는지 말려서 모았다네, 아버지를 위하여

甘茶の葉煙草になると吾子聞きて　乾し溜めしとうそが父のため

처음의 두 수는 내 집을 떠나 시오바라로 피난 가 있는 마사에를 그리워하는 노래이다. 여자학습원 아이들은 1945년 11월 19일이 되어서야 1년 3개월 만에 겨우 도쿄 우에노로 돌아왔다. 세 번째 수는 집으로 돌아온 마사에가 선물로 '아마챠甘茶' 잎을 내놓은 것을 노래한 것 같다. 피난지에서 사람들한테 '아마챠' 잎이 아버지가 좋아하는 연초의 대용품이 될 수 있다는 것을 듣고, 마사에가 열심히 잎을 모아 말린 것이었다. 아버지와 딸의 마음이 서로 통하는 것을 느낄 수 있는 노래다.

〈쿠루니무우〉

　이렇게 해서 전쟁이 끝나고 시타메구로의 집으로 옮겼다. 이 무렵 마사에와의 생활을 노래한 것이 《쿠로시오》에 하나 있다.

　　배급해주는 이로쿠즈를 받으러 나의 아이는 가지 않는다
　　창고뒤의 쓸쓸한 고양이 한 마리가 춤을 추네
　　　配給のいろくず受けに吾子出でぬ　庫裡の晝寂猫ひとり舞う

　이로쿠즈는 생선을 가리킨다. 마사에는 씩씩하게 아버지를 도와 가사에도 부지런히 애썼을 것이다. 이 시기에 〈쿠루니무우의 우울〉이라는 희곡 작품같은 재미있는 시가 만들어졌다.

　　후루룩 뚝 후루룩 뚝 비가 내리고 있습니다.
　　　　　　　ととろくじ　ととろくじ　と　雨がふっています
　　술찌게미 타는 냄새가 부엌에서 퍼져 옵니다
　　　　　　かすづけの焦げる匂いが　台所から漂ってきます
　　쿠루니무우가 야옹 울면서 선생님의 얼굴을 봅니다.
　　　　　　　くるにむうが　にっと鳴いて　先生の顔を見ます
　　꺼내 주시겠어요? 나는 볼일을 보러 가고 싶은데요
　　　　　　　だして下さる?　私は用足しに行きたいのですけど
　　선생님은 고타츠에 들어간 채 뭔가 열심히 쓰고 있습니다
　　　　　　　先生は　こたつに入ったまま　何か書きものに夢中です

긴 시이기 때문에 머리 부분만 인용하는데 그쳤지만, 이 시는 마사에와의 추억이 얽힌 시다. 시 속에서는 단 한 줄 "선생님의 여자 아이가 이 불을 가지고 가서 쿠루니무우의 마법을 버리고 왔습니다."라고 있는 것만 마사에의 모습인 것 같지만, 시 뒷 부분에 다음과 같은 주가 달려 있다.

> 쿠루니무우 소전小傳 1935~45년경에 이 집에 고양이가 있었다. 꼬리가 긴 세가지 털이 섞인 고양이었다. 그것을 캣츠라고 가르쳐주어도 딸 마사에(MASAE)는 결코 받아들이지 않고 그것이 캣츠가 아니라 쿠루니무우라고 주장했기 때문에, 이것이 우리 집에서의 고양이에 대한 보통명사가 되었고, 또 이 고양이의 고유명사도 되었다(중략)
>
> 〈쿠루니무우의 우울〉은 1947년경의 희작戱作이다.

즉 '쿠루니무우'라는 말은 고양이를 의미하는 어린 마사에가 생각해 낸 말인데, 이 시 전체에 마사에에 대한 기억이 겹쳐 있다. 고양이들을 주인공처럼 만들어 1947년경 생활의 한 장면을 그려본 것이 이 시이다. 고타츠에서 떠나지 않는 선생님, 방과 부엌을 오가는 고양이들의 동작 등이 모두 희화화戱畵化 되어 전쟁 후의 개방적인 분위기를 엿보게 한다. 무엇보다 인상적인 것은 전후 해금조치 된《시혼론資本論》을 시의 소재로 받아들이면서, 그《시혼론》조차 비가 내리는 소리(통 속을 흘러내리는 빗물 소리)의 의성어로 만들어 버리는 것 같은, 요다 쥰이치与田準一＊의 말을 빌리면 "시에 기교가 없이 자연스럽고 아름답다고 해야 할까, 허점투성이라고 할까, 서정의 운율에 구애받지 않는 자유로운의 시작詩作 태

＊요다 쥰이치, 후쿠오카현 출신의 아동문학가. 1923년 키타하라 하큐수北原白秋의 문하생이 되어 시를 공부했으며 1940년 〈山羊과 접시山羊と お皿〉 등으로 제1회 아동문학상 수상.

도일 것이다. 1947년경이라고 하면 시타메구로로 이사한 지 얼마 안 된, 아마도 그해 정월쯤이 아니었을까. 이 〈쿠루니무우의 우울〉은 《시덴詩田》 제34호(1984. 7)에 수록되어 있다.

아버지와 딸의 대마도 방문

마사에는 적어도 세 번, 타케유키와 함께 대마도를 방문하였다. 첫 번째는 소학교에 입학하기 전으로, 두 번째는 전후 얼마되지 않은 1947년경인 것 같다. 이때 마사에는 아버지와 함께 사이토 씨의 집에 머물렀다. 사이토 씨네는 전쟁 전 소 씨 문중의 사무소가 있던 집으로, 타케유키의 친여동생이 사이토 씨네로 시집을 가서 인척관계에 있었다.

세 번째는 마사에가 와세다早稻田 대학 영문과에 재학 중일 때라고 생각되는데, 20살 정도의 학생 때였다. 츠노에 토쿠로 씨 부부에 따르면, 그 무렵은 우치노 큐사쿠內野久策(츠노에 화백의 백부, 당시 대마도에서 소 씨 문중의 집사)씨가 건강했으므로 자동차로 여기저기를 안내했다고 한다. 숙소로 돌아가는 차 안에서는 피곤해서 졸은 적도 있었다. 모든 사람들로부터 환영을 받고 바쁘게 돌아다녔기 때문일 것이다. 마사에는 아버지 타케유키와 뭔가 영어로 말을 주고받으며 웃기도 했다고 한다. 마사에에 대하여 우치노 큐사쿠씨는 "시원시원한 성격으로 거만하지 않고 기분 좋은 사람이었다."라면서 속으로 놀랐다고 하였다.

와세다 대학 영문과 입학

마사에가 들어간 대학을 일본이나 한국에서도 '메이지 대학'이라고 하는 문헌 투성이인 것 같다. 그런데 실은 와세다 대학이다(신문기사 가운데 소 타케유키의 말과 히라야마 씨 집안사람들의 기억에 따름). 메이지 대학이라는 것은 이방자의 자서전에 그렇게 되어 있기 때문일 것이다.

단, 나는 와세다 졸업을 확인할 수 없었다. 와세다 대학에서는 담당자가 친절하게 대해 주었지만 마사에의 이름을 찾지는 못했다. 중퇴도 생각해 볼 수 있다. 그러나 담당자가 "어느 대학을 졸업했습니까 라는 것도 프라이버시에 속합니다."라고 했던 것이 생각난다. 마사에가 어느 대학을 나왔건 그것을 찾는 것은 별 의미가 없으며, 예의가 아닐 수도 있을 것이다. 지금 내가 바라는 것은 마사에의 친구였던 사람이 그녀를 추억하여 말해줄 수 없을까 하는 것이다.

마사에의 결혼

마사에는 대학시절에 알게 된 스즈키鈴木 N씨와의 결혼을 희망하고 있었다. 아버지 타케유키는 상당히 고민했던 모양이다. 히라야마 칸지平山完二에게도 상담하였다. 칸지 백부는 "본인의 마음을 존중하는 것이 좋겠지요."라 답했다고 한다. 당시는 전후 10년이 지난 시기로, 새 헌법 제24조 〈혼인은 본인의 합의에 기초하여 성립하며—〉라는 사고방식이 젊은 사람들에게는 점차 보통 있을 수 있는 일로 받아들여지고 있었다. 이미 집안이나 나라를 위해 결혼하는 시대가 아니라는 것을 소 타케유키는 충분히 알고 있었다. 상대는 중학교 영어 교사였다. 특별히 반대할 이유는 없다. 타케유키는 한 가지만 조건을 내걸고 두 사람의 결혼을 인정하기로 하였다. 그것은 마사에가 결혼한 후에도 소宗라는 성을 사용할 것, 즉 스즈키 씨가 성을 바꾸는 것이었다.

이렇게 해서 아마도 1955년 가을쯤 23살의 마사에는 스즈키 N 씨와 결혼하였다.

소 타케유키의 두 번째 시집 《빛방울日の雫》에 〈여름그늘夏陰〉이라는 제목의 시가 있다.

夏陰 여름 그늘

그릇 굽는 것을 즐기는 사람이 있었다　　　皿を燒かせて樂しむ人がいた

이사람 저사람 가리지 않고 그렸다 하면 주었다

　　　　　　　　　　　　　　　誰彼の區別なく筆を染めては與えた

히노키 나무의 여름 그늘에 바람이 불었다　　楷の木の夏陰に風があった

시집간다는 여자아이는　　　　　　　　　嫁にゆくという女は

바람에 끌려와 상큼하게 웃는다　　　風につられて涼やかにほほえんだ

아내를 잃은 남자도 그릇을 받았다　　　　妻を失った男も皿を貰った

청산처럼 깊고 그윽하게 글자가 눈물로 뭉개져 흘러내린다

　　　　　　　　　　　　　　　青山悠悠と文字は流れた

히노키 나무 끝의 저편으로 흰구름이 지나갔다

　　　　　　　　　　　楷の木の梢の向うを白雲が去來した

시 가운데 '시집을 간다는 여자'는 마사에일 것이다. 그녀가 결혼하고

싶다고 아버지에게 알린 것이다. '아내를 잃은 남자'는 타케유키 자신이다. 그는 이해 6월에 덕혜와 이혼하였다. 이 시는 1955년 여름 아버지와 딸의 한때를 노래한 것으로 보인다. 마사에는 접시를 받아들고 분명히 행복한 듯이 웃었을 것이다. 그것을 바라보면서, 덕혜를 잃고 마사에도 자신을 떠나가는, 그 고독함을 견디고 있는 한 남자의 모습이 있다. 청산靑山처럼 깊고 그윽하게 글자가 뭉개져 흘러내리는 것은 아마도 눈물 때문일 것이다. 그것을 받았을 때에도, 이렇게 혼자 그릇을 바라보는 지금도, 지나가버린 것들까지 떠오르면서 시인의 눈에는 눈물이 고인다. 이 시는 마치 한 폭의 수묵화를 보는 듯한, 그윽한 깊이를 느끼게 한다.

도쿄의 대마회는 마사에의 결혼을 반대했다고 한다. 상대방의 집안이나 신분 등이 부족하다는 이유였던 것 같았다. 그 때문인지 마사에의 결혼식에는 화려한 피로연 같은 것은 없었던 모양이다.

그 해 가을쯤, 소 타케유키는 재혼하였다. 마사에의 결혼과 타케유키의 재혼은 그다지 간격을 두지 않고 치러졌던 것 같다. 아직 전후관계가 확실히 정리되지는 않지만, 아마도 마사에의 결혼이 먼저 치러지지 않았을까. 내 추측일 뿐이지만, 마사에처럼 젊은 여성의 심리로 봤을 때, 아버지가 재혼하기 전에 먼저 집을 떠나려 하지 않았을까? 자신의 결혼도 정해졌고, 먼저 나가는 것이 아버지와 새 부인에 대한 배려라고 생각했을지도 모른다.

또 한편으로는 타케유키가 재혼하기로 결정한 것은 마사에가 결혼하게 되었기 때문이 아닌가 싶기도 하지만, 이를 둘러싼 사건들의 인과관계가 확실하지 않다. 요컨대 이 아버지와 딸 두 사람 모두 아주 섬세하고 여린 마음씨를 가진 사람들로 서로 상대방을 배려하면서 행동했던 것 같다.

그때그때 사람의 심리를 추측한다는 것이 쉽지는 않은 것 같다. 어쨌든 두 사람은 각각 새로운 배우자를 얻어 새로운 인생의 행보를 내딛기 시작하였다. 마사에는 결혼하여 오타쿠 유키가다니大田區 雪ガ谷에 살았다. 소 타케유키는 부인과 함께 곧바로 치바현 카시와시에 있는 히로이케 학원 숙사로 이사하였다.

《해향》의 출판기념회

시집 《해향海鄕》은 다음해인 1956년에 출판되어, 그 기념회가 6월 2일 쇼유尙友 회관에서 열렸다. 소 타케유키 부부와 함께 마사에도 참석하였다. 고 키타하라 하쿠슈 부인도 초대받았다. 동석했던 히라야마 칸지의 축하 인사에, 마사에는 "아버지도 이번 출판을 아주 기뻐하고 계십니다." 라고 딸답게 똑부러지는 인사를 했다고 한다.

"마사에는 아주 마음씨가 고운 순한 성격으로 아버지 말도 잘 듣는 사람이었어요"라고 백부가 내게 말했다. 전쟁 중에 버마 전선으로 파견되어 구사일생으로 살아 돌아온 후에도 소 타케유키와의 친교가 끊이지 않았던 히라야마 칸지의 회고이다.

마사에의 실종

마사에가 집을 나가 행방불명이 된 것은 그로부터 3개월 정도 지난 1956년 8월이었다. 8월 26일 아침, 마사에는 유서를 남기고 유키가다니雪ガ谷 자택을 나간 채 소식이 끊겼다. 8월 29일자 《야마나시일일신문山梨日

日新聞)은 〈유부녀 가출〉이라는 제목으로 작은 기사를 실었다.

도쿄도 오타구 유키가다니東京都大田區雪ヶ谷, 교원 소 아사히(宗旭, 27)씨의 처 마사에(正惠, 24)씨가 27일 아침 〈야마나시켄山梨縣 아카나기赤薙 코마가다케駒ヶ岳 방면에서 자살한다〉라는 취지의 유서를 남기고 가출, 28일 아침 아사히씨로부터 나가사카長坂・니라사키韮崎 경찰서에 수사 요청이 있었다. 나가사카서에서는 그날 아침 시라스마치요코테白須町橫手, 다이보大坊, 아카나기 방면을 수사했지만 마사에씨의 소식은 아직 알 수 없으며, 가출 원인은 신경쇠약으로 보인다.

《山梨日日新聞》1956년 8월 29일

야마나시현과 나가노현의 현 경계에 있는 코마가다케는 표고 2,966미터, 아카이시 산맥(남 알프스)의 북동부를 차지하는 험준한 웅봉이다. 그 남동방향에 자리 잡은 지조다케地藏岳(2,799미터)와 칸농다케觀晉岳(2,841미터)는 합쳐서 호오잔鳳凰山이라 불린다. 3,000미터 가까운 산악으로 기후가 급변하는 일이 잦아 신중한 준비 없이는 위험한 산들이다. 이때는 태풍 10호가 지나간 후라 추위가 심하고 비가 오기 쉬운 날씨여서 마사에의 안부 때문에 안타까워했다.

그런데 그 다음날 같은 신문에는 돌연 마사에 무사히 발견이라는 뉴스가 실렸다. 〈마사에 씨는 살아 있었다. 지조다케 산속에〉라는 제목으로 다음과 같이 적고 있다.

작보昨報, 26일 아침 아카나기, 코마가다케로 간다고 가벼운 차림으로 집을 나선 도쿄도 오타구 유키가다니 미소노御園중학교 교사 소 N(宗N, 27)씨의 처 마사에(24)씨의 행방을 좇아 아버지 전 백작 소 타케유키(48)씨(千葉市立麗澤短大) 교수와 남편 N씨가 28일 협곡에 들어가, 코마가다케 등산로 입구인 키타코마군 시라스마치 코마키北巨摩郡 白州町 駒城 및 니라사키, 나가사카 서를 방문하여 수사를 의뢰하였다.

수사에 나선 시라스마치의 산악 안내인 나카야마 야마토中山倭씨 등은 29일 오후 3시경 지조다케 중턱의 오무로御室산장에서 마사에 씨가 지쳐서 쉬고 있는 것을 발견, 그중 한 사람이 나가사카 경찰서의 코마키 주재소로 연락해왔다. 니라사키 경찰서에서 마사에 씨의 안부를 애타게 기다리고 있던 N씨는 나가사카 경찰서의 연락을 받고 곧바로 그곳의 산악회원들과 함께 현지로 급히 올라갔다.

마사에 씨의 어머니 덕혜 씨(45)는 구왕족 이은 씨의 여동생으로 타케유키 씨와는 작년에 이혼하였다.

《山梨日日新聞》 1956년 8월 30일

게다가 〈아버지 타케유키 씨의 이야기〉로는 다음과 같이 실려 있다.

마사에는 와세다 대학 당시부터 산을 좋아해서 남알프스에는 몇 번이나 등산을 갔고, 산에 갈 때에는 반드시 남편에게 상의하고 갔다. 그런데 24일 코마가다케駒ヶ岳에 혼자 등산한 것은 집에 돌아온 후 26일 아침, 남편에게도 말하지 않은 채 편지만 남겨 놓고 니라사키 방면의 지도만 가지고 가벼운 차림으로 나갔다고 한다. 평소 위가 나쁘고 신경쇠약으로 고민하고 있었기에 갑자기 불길한 예감으로 가슴이 두근거려 좇아왔다. 그런데 살아

있어서 다행이다. 여러분들께 폐를 끼쳐서 죄송하다.

마사에를 찾았다는 소리를 듣고 안도하는 타케유키의 마음을 살필 수 있다. 마사에와 남편의 입장을 넌지시 배려하는 표현을 보면 아버지로서 적절한 코멘트라고 느껴진다.

마사에 조난

그러나 이 생존 소식은 오보였다. 9월 1일(土) 신문은 〈마사에 씨는 조난인가, 수사대 다시 호오鳳凰, 히로가와라廣河原로〉라는 제목의 기사를 실었다.

기보旣報, 마사에 씨 발견 소식을 듣고 키타오무로北御室 산장으로 향한 남편 도쿄도 오타구 유키가다니 미소노 중학교 교사 소 N씨와 니라사키 경찰서 스기모토杉本 순사부장 등은 30일 심야 마사에씨의 모습을 발견하지 못하고 하산하였다.

마사에 씨는 키타오무로 산장에 들르지 않았다. 도중에 만난 하산자 통산성通産省 직원 5명이 마사에씨와 비슷한 여자가 고시키가타키五ヶ瀧 부근을 걷고 있는 것을 보았다고 하기에, 히로가와라에서 아시야스구치 방향芦安口으로 나와 수사했지만 찾지 못했다. 따라서 악천후 때문에 조난당한 것으로 보이며, 1일 아침 7시 N씨는 다시 진구지神宮寺의 경찰, 산뽀카이山鳳會 회원 일행 4명과 함께 우바이시구치 방향祖母石口에서 조난지점으로 보이는 호오잔鳳凰山, 히로가와라 방면을 향해 출발하였다.

《山梨日日新聞》1956년 9월 1일

위 기사에서 마사에가 키타오무로 산장에 들르지 않았다고 되어 있는 것을 보면, 30일 기사에 마사에가 키타오무로 산장에서 휴식을 취하고 있는 것을 발견했다고 하는 것은 착오였다. 왜 이런 착오가 생겼는지는 이해하기 어렵다. 어쨌든 이 오보는 수사를 일시 중단시킴으로써 돌이킬 수 없는 공백을 만들어버렸을 가능성이 있다.

그리고 다음날 9월 2일 같은 신문에 〈남알프스의 마사에 씨, 절망시〉라는 기사가 났다.

기보旣報, 남 알프스에서 행방을 감춘 도쿄도 오타구 유키가다니 미소노 중학교 교사 소 N 씨의 처 마사에(24) 씨를 찾는 수사대는 1일 오전 7시부터 니라사키시 우바이시 방향에서 호오잔을 향해 출발했지만, 동일 오후 6시 현재 소식 불명이다. 마사에는 26일 남 알프스로 등산한 이래 1주일이 지난 점에서 절망시되고 있다.

《山梨日日新聞》1956년 9월 2일

결국 행방을 찾지 못하다

마사에의 행방은 결국 알 수 없었다.

9월 14일(금) 신문은, 지조다케地藏岳에 마사에의 유체가 잠들어 있다며, 10월 중순에 대규모 수사가 있을 예정이라고 큰 제목으로 보도하였다.(우연이지만 그 전 해 7월 16일 조난당한 또 한사람 22세의 남자에 대한 시신 수색과 동시에 진행한다고 적혀 있다) 그러나 이 수색은 좀처럼 구체화되지 않은 듯하며, 10월 2일 신문에는 〈10일 경, 남알프스에 다시 수사대〉라는 제목으로 다음과 같은 기사가 실려 있다.

소 마사에(宗正惠, 24)씨의 사체가 아직껏 발견되지 않은 것으로 보아 마사에 씨의 친아버지 타케유키(47) 씨는 30일, 코바야시小林 니라사키 서장 앞으로 문서를 보내, "모든 비용을 이쪽에서 부담하겠으니 제2차 수사 일정을 신속하게 잡아주기 바란다."라고 요청하였다. 동서同署에서는 그곳 하쿠호카이白風會에 연락을 취하여 10월 10일 전후로 수색에 나서는 것으로……

《山梨日日新聞》 1956년 10월 2일

시신이라도 좋으니 하루라도 빨리, 라고 바라는 타케유키의 초조함이 눈에 보이는 것 같다.

수색 방법을 돌이켜보면 느릿느릿 굼뜨다는 느낌을 떨칠 수가 없다. 실제로 제2차 수색이 이루어진 것은 10월 25일이었다. '수색은 그 후 중단되었는데, 낙엽이 떨어지기 시작했으므로'라고 기사는 말한다. 이날 남편 N 씨는 니라사키의 하쿠호카이 안내원 두 명을 데리고 수색을 위해 산에 올랐다.

모두 3명의 수색대라니, 너무나도 형식적이라는 느낌을 부정할 수 없다. 기대할 수 없는 수색에 협력하는 사람도 적었는지, 하루라도 빨리 딸을 찾고 싶어하는 아버지는 얼마나 애가 탔을까.

아마도 이때는 9월 하순으로 태풍 15호로 인한 피해 복구 때문에 사람들 일손이 바빴던 것 같다. 그해(1956년) 9월 27일에는 태풍 15호가 큰 피해를 가져왔다. 《야마나시 일일신문山梨日日新聞》에 따르면, 태풍은 27일 아침 10시경부터 오후 2시쯤에 걸쳐 오마에자키御前崎에서 하코네箱根를 거쳐 도쿄에서 카시마나다鹿島灘로 빠져나갔다. 손해는 1억 엔을 넘었으며, 교호쿠 · 미나미 · 나카코마가 큰 타격을 받았다.

10월 27일 아침, 후지산은 정상에서부터 3,400미터 지점까지 눈이 내려 금새 하얗게 뒤덮히고 산록 일대에는 평년보다 18일이나 빨리 첫서리가 내렸다. 11월 3일 밤 교호쿠 지방의 야츠가다케八ガ岳, 남 알프스 등의 산정에 첫눈이 내리고 4일 아침 쾌청한 가을 날씨에 살짝 얇게 눈으로 덮힌 연봉이 보였다. 남 알프스의 첫눈도 예년보다 10일은 빠른 것이라 했다.

시시각각 변해가는 계절의 변화 속에서 소 타케유키는 어떤 생각을 하면서 비통함을 견디고 있었을까.

가출 원인은?

마사에의 가출 원인에 대해 확실한 것은 말할 수 없다. 신문기사로만 보면, 그녀는 "야마나시현 아카나기 코마가다케 방면에서 자살한다."라는 유서를 남기고 가출하였다. 가출 원인은 신경쇠약으로 보인다고 되어 있다. 타케유키의 담화에서도, 약한 위장과 신경쇠약으로 괴로워했다고 하며, '두고 간 편지'라는 말도 표현은 부드럽지만 생존해 있다는 오보를 전제로 한 담화였다. 요컨대 마사에는 고민 끝에 자살을 각오하고 집을 나간 것 같다. 그런데 납득이 가지 않는 것은 자살하려는 사람이 일부러 결말을 예고하고 가출했을까 하는 점이다. 그것은 수색의 손길이 자신의 뒤를 쫓아 올 것을 예기하는 행동일 것이다. 마사에는 어쩌면 이와는 전혀 다른 방향으로 가지 않았을까. 자살을 굳게 결심한 사람이라면 결코 찾을 수 없는 방향으로 몸을 감출 것이다.

실제로 히라야마 칸지의 기억에 따르면, 소 타케유키는 타니가와다케谷川岳 아니면 후지산록의 삼림지대, 또는 미하라야마三原山의 화구에 뛰어들지 않았을까 라고 이런저런 여러 가지 경우를 추측했는데, 특히 후지산록의 삼림지대를 미심쩍어 했다고 한다.

마사에는 도대체 무엇을 고민했던 것일까. 이것은 아직까지도 잘 모르겠다. 유서라는 것을 읽지 못했고 판단할 수 있는 실마리도 적다.

단 생각해볼 수 있는 첫 번째 요인은 역시 결혼생활에 대한 고민에 있지 않았을까라는 것이다. 그러나 두 사람의 생활에 어떤 트러블이 있었는지는 상상의 영역에 속한다. 남편 N 씨는 마사에가 돌아올 수 없음을 깨닫고 곧바로 수색원을 냈다. 타케유키와 연락하여 그 자신도 산으로 들어가 수색하였다. 이것은 남편으로서 상식적인 행동이다. 아무래도 보통 사람이라면 어떻게든 잘 극복해냈을 결혼생활의 여러 가지 어려움을, 마사에는 혼자서 너무 심각하게 고민했던 것이 아닐까. 신경쇠약에 걸릴 정도로 고민하는 것은 그녀의 진지하고 순수한 성격과 관계가 있을 것이다.

어쩌면 고민하다가 어머니 덕혜의 정신병이 유전될까 걱정한 것일까. 정신분열증의 원인은 오늘날에도 해명되지 않았기 때문에 유전적 요소도 완전히 부정할 수는 없다. 그런 불안, 자신도 어머니와 같은 병에 걸리는 것은 아닐까라는 불안 속에서 신경증이 점차 악화되어 드디어는 자살을 생각하게 된 것이 아닐까(1956년 단계에서는 이미 효과적인 치료약도 사용되었지만, 일반적으로는 이해가 불충분했을 것이다). 최근에는 우울증이 자살로 이어지는 경우가 있다는 것도 지적되고 있다.

아니면 혹시 마사에에게 조선민족의 피가 흐르고 있다는 것이 어떤 형태로 그녀를 괴롭혔던 것일까. 남편은 이해한다 해도, 타민족에 대해 일본사회가 가지고 있는 어쩔 수 없는 체질적인 편견이 언제 어디에서 어떤 형태로 그녀를 괴롭히고 있었는지도 모른다. 자신이 다른 사람들과 다르다는 고독감이 어렸을 때부터 언제나 그녀의 마음속 한가운데에 자리잡고 있었던 것은 아닐까.

분명하지 않은 점이 많지만 확실하게 말할 수 있는 것은, 그녀의 가출 원인이 부모의 이혼과 불화에 있다는 인식은 맞지 않다는 것이다. 마사에는 부모가 왜 이혼하지 않으면 안 되었는지를 잘 알고 있었을 테니까.

아직 24살로 자신의 의사로 결혼한 여성이 아버지를 탓하여 자살하는 일은 생각할 수 없는 일이다. 마사에는 아버지를 사랑했기 때문에 재혼한 아버지에게 걱정을 끼치지 않으려고, 자신이 선택한 결혼의 파탄(이라고 생각됨)을 아버지에게 말하지 못하고, 순수하기 때문에 마음속으로만 고민하다가 외곬으로 깊이 빠져들었기 때문이 아닐까.

아버지의 비탄

지금 생각해보면 마사에만 살아 있었더라면 아버지와 어머니의 진짜 모습을 전할 수 있었을 것이다. 소 타케유키에게 마사에의 죽음은 커다란 타격이었다. 덕혜와의 사이에 태어나 유일한 사랑의 흔적을 그는 잃어버린 것이다.

시집 《빛방울日の雫》에 수록된 〈설산에 핀 꽃雪山の花〉이라는 시는 아마도 마사에를 노래한 것으로 보인다.

설산에 핀 꽃

너는 가버린 채 돌아오지 않는구나	おまえは行ったきり戻ってこない
너와 파란 하늘 사이에는	おまえと青空のあいだには
저 커다란 눈 지붕만 있을 뿐	あの雪の大屋根があるばかりだ
구름과 안개 빙우와 눈보라 속에서	雪と霧 氷雨と吹雪のなか
눈사태 소리가 울리는 바위 틈 골짜기에서	なだれのひびく岩間のひだに
너 혼자 봄을 맞는구나	おまえひとりが春を迎える
때타지 않은 세상은 험해요	けがれのない世界は嚴しいのよ
너는 새침을 뗀 채 미소를 떠운다	おまえはとりすましてほほえみかける
그것이야말로 너를 끌어당기는 고향의 추억이란다	それこそおまえを惹くふるさとの思い出なのだ
이렇게 얼어붙을 것 같은 겨울밤	このような氷る冬の夜
너의 새하얀 벌거벗은 몸	おまえのまっしろなはだかみに
달빛이 아프지 않니	月のひかりが痛くはないか

'때타지 않은 세상은 험해요'란 타케유키의 귀에 마사에가 그렇게 말하는 것처럼 들렸을 것이다. '그것이야말로 너를 끌어당기는 고향의 추억이란다.'란 어떤 추억일까. 아버지와 둘이 올랐던 산에 대한 추억일까, 대마도에 대한 추억일까, 마사에의 고향은 어디일까.

이 시는 《SEA-LAND》에도 수록되어 있으며, 이 부분(7~9행)은 다음과 같이 번역되었다.

This pure world is severe--
You smile down nonchalantly,
but your smile betrays
your ardent love of home.

"너의 새침 뗀 미소가 사실은 집으로 돌아가고 싶다는 너의 강렬한 생각을 자신도 모르게 보여주고 있는 것이다" 라는 영역을 읽으면, 마사에가 사실은 자신의 집으로 돌아가고 싶었던 것이라고, 그녀의 마음을 헤아리지 않을 수 없는 아버지의 심정을 읽을 수 있지 않은가.

노래집 《쿠로시오黑潮》는 마사에에 대한 추억을 노래하고 있다.

니라사키의 비가 내리는 산길   韮崎の雨ふる山路吾子ゆきて
내 아이 가버린 후 아직도 돌아오지 않는다
오늘도 이슬비가 부슬부슬 내린다   今に歸らず今日もそぼ降る

그리고 마사에와 관련된 시 가운데서 가장 사람의 마음을 울리는 것은 다음의 작품일 것이다.

빛방울

태양 빛이 점점이 떨어져 내릴 것처럼 내리쬐는 저 애수어린 빛방울을

창가에 받아두고 싶어라   日の雫 その愁れたきを 窓邊に受けむ

저 희고 큰 입을 가진 항아리에 받아둘까   かの白き緣廣の壺にか受けむ

꽃 중에서 가장 귀한 것을 창가에 꽂아두고 싶어라

咲く花の 珍らかなるを 窓邊に活けむ

저 희고 큰 입을 가진 항아리에 꽂을까   その白き緣廣の壺にか活けむ

아아! 어린 내 아이의 깜빡 깜빡 조는 모습 천진난만한 웃음

ああ まどろみや ほほえみや

갈고 닦아 기품있고 그지없이 아름답게 자란 내 아이여

ろうたけて きよらに ありし吾子

언젠가 내눈에 담아두고 싶다 창가의 하얀 항아리에

いつの日か 眼にとめよ 窓の白

하얗고 테두리가 넓은 큰 입을 가진 항아리란 틀림없이 조선 백자일 것이다. 어린 시절의 귀여웠던 〈졸리운 모습〉과 〈미소〉, 그리고 훌륭하게 성장하여 아름다웠던 내 아이여, 〈아리시ありし〉의 〈시し〉는 과거를 나타내는 조동사이다. 〈로우타케테ろうたけて〉는 노력해서 뛰어난 사람이 되는 것, 〈키요라きよら〉는 기품있는 최고의 아름다움을 나타내는 고어다.

그리고 "언젠가 보아라"라고 말한다. 여기에는 아직 마사에의 죽음을 확인하지 못하고 있는, 한 가닥 희망을 버리지 못하는 아버지 타케유키의 마음이 있다. 언젠가 살아서 이 항아리를 보아라라고 말한다. 조선 왕족

의 피를 이은 내 아이에 대한 한없는 애석함을 담은, 뭐라 말할 수 없는 조용한 슬픔을 노래한 시가 아닌가(이 시는 추도이면서 사실은 추도가 아니다).

시집 《빛방울》이라는 책이름이 이 시 전체를 지배하고 있는 것은 분명하며, 이 시집의 숨겨진 핵심이 마사에의 존재인 것도 틀림없다. 마치 일본 최초의 카나로 쓴 일기문학이라고 하는 《토사닛키土佐日記》에 작자 키노 츠라유키紀貫之*의 잃어버린 아이(토사土佐에서 어려서 죽은 여자아이)에 대한 추억이 전편을 관통하는 저류인 것처럼.[27]

*키노 츠라유키, 헤이안 시대 전기의 가인歌人·수필가. 수필로는 《土佐日記》의 저자로 유명하다. 남성은 한문으로 글을 쓰는 것이 상식으로 되어 있었던 시대에 여성 작가인 것처럼 하여 토사에서 교토까지의 기행을 히라가나로 작성하였다. 그 때문에 본문 가운데의 화자는 여성으로 되어 있다. 일본 문학사상 히라가나로 작성된 최초의 산문으로 그 후의 일기문학이나 수필, 여류문학의 발달에 큰 영향을 미쳤다.

한 알의 진주

마사에는 부모의 비극적인 생애를 아는 거의 유일한 사람으로 타케유키의 희망이었다. 마사에의 죽음으로 타케유키는 가장 훌륭한 이해자를 잃었다. 살아 있었다면 마사에의 입장에서 한국과의 '화해'도 가능했을 것이다.

한국에서는 마사에가 현해탄에서 투신자살했을 것이라는 소문을 믿고 있었으며, 일본에서도 그렇게 생각하는 사람이 있는 것 같다. 그러나 그것은 수정되어야 한다.

마사에의 불행은 역시 어머니를 잃은 것이 아닐까. 소 백작가에 근무했던 나카무라 쿠니에 씨를 처음 만났을 때, 마사에는 "오래오래 있으세요, 할머니가 될 때까지 있어요"라고 말했다 한다. 마사에는 언제나 자신을 지켜주는 사람이 필요했음에 틀림없다. 오래까지 있어주기를 바랐던 것은 정말은 어머니였다. 그녀는 엄마가 없는 상태나 마찬가지였다.

슈빙 부인의 '어머니라는 존재의 상실'이 인간의 정신에 얼마나 큰 불행을 가져올 수 있는가라는 지적이 여기에서도 떠오른다. 덕혜와는 이별이라는 형태로, 마사에는 다시 어머니를 잃었다.

어머니 덕혜의 불행을 마사에도 필연적으로 이어갈 수밖에 없었다. 덕혜의 비극을 지탱하면서 자신의 인생을 헤쳐나가지 않으면 안 되었다. 그녀가 진 무거운 짐의 크기를 생각해본다. 그의 부모와 마찬가지로 사람들에게는 말할 수 없는 고뇌를 등에 지고 있었던 것이다.

마사에의 장례식은 작은 항아리에 한 알의 진주를 넣고 그것을 상자에 담아 치렀다고 한다. 소 타케유키의 생전에는 끝내 마사에의 사망신고를 내지 못했다. N 씨와의 이혼 절차를 밟지 못했던 것은 그 때문이었을 것이다. 소 타케유키의 마음속에 마사에는 언제까지나 살아 있었다.

1976년 7월에 발표된 그의 시를 소개하면서 이 절을 마무리 한다.

진주

여름 산 푸른 잎 우거진 길을 넘어갔음에 틀림없다

　　　　　　　　　　夏山の青葉は越えたにちがいない

바위가 많은 곳을 지나가면　　　　　　　　　　岩場をわたると

작은 돌들이 뒹구는 강가　　　　　　　　　　　賽の河原

그날 그 언저리는　　　　　　　　　　その日そのあたりは

비가 내렸을 것이라 한다　　　　　　　　降っていたはずだという

조금만 더 가면 길은 끊겨버린다   しばらく行くと道は跡絶える

하늘로 나는 것 이외에는 방법이 없다   天翔けるより術はない

하늘로 날아가 버린 걸까 하얀 비둘기처럼   天翔けったか白い鳩

(일부러 버렸을까 젊은 날의 갈피를)   （わざわざ棄てたか若い日の栞）

납골당의 작은 항아리에   納骨堂の小さい壺に

면으로 휘감겨 있는 작은 진주여!   綿にくるまっている小さい眞珠

《시덴》제4호

5

고국으로

상궁들이 바치는 꽃다발을 말없이 받아든 옹주는 눈부신 듯이 하늘을 잠시
올려다보았지만, 표정은 굳어 있었으며 누가 누구인지도 모르는 것 같았다.
옛날 유치원과 소학교에서 함께 공부했던 친구들을 보아도 표정은 변하지 않았다.
준비된 의과대학 부속병원 차에 오를 때까지 한마디 말도 없고 표정도
움직이지 않았다. 차는 경찰 순찰차를 선두로 서울로 향했다.
덕수궁 앞을 지나가도 옹주의 얼굴에 아무런 표정이 없었기 때문에 옆에서
시중들던 유모 변씨는 눈물을 닦을 뿐이었다.
창덕궁 낙선재에 들어가서는 상궁들로부터 정중한 큰 절을 받고,
윤대비에게 인사를 드리러 방으로 들어갔다.

옹주의 귀국

계속되는 입원

덕혜는 1955년 6월 이혼하고 나서 고국으로 돌아올 때까지 무려 6년 7개월이라는 시간을 마츠자와 병원에서 지내야 했다. 여기에는 당시 한국 정치상황이 크게 작용하였다. 이은 부부도 마음먹은 대로 귀국하지 못하고 있었다. 이승만 대통령이 구왕족 이씨에 대하여 아주 냉담했기 때문이라고 한다.

이승만은 원래 이은과 본관이 같은 전주 이씨다. 그는 조선왕조의 시조인 이성계의 후손으로, 대군大君의 계보를 잇는 정실 자식 계통인 것을 자랑으로 삼았다 한다.

그리고 무엇보다 이은이 귀국하는 것에 대해서 이승만의 정치적 입장에 악영향을 미친다고 생각했던 것 같다. 만약 구왕족인 이은이 귀국하여 그를 추대하는 사람들의 중심이 된다면 곤란하다고 경계했을 것이다. 한국에서는 이은의 형 이강을 왕위에 앉히려는 움직임조차 있었던 것 같다.

일찍부터 일본에 붙잡힌 것이나 다름없이 연행되었던 이은은, 이번에는 왕제王制 부활에 의구심을 품는 공화제 고국에 의해 귀국을 거부당하는 꼴이 되고 말았다. 이은 부부가 메서추세츠 공과대학을 졸업하고 결혼한 아들 구玖 부부를 만나기 위해 미국에 가려 했을 때도, 이승만 정부는 여권 발행조차 승인하지 않았다. 이 때문에 이은 부부는 일본 국적으로 여권을 만들어 도미하고 말았다. 이것이 나중에 큰 문제가 되고 만다. 겨우 조국이 독립하여 한국인이 된 것을 왜 스스로 나서서 일본 국적을 취득했는가라는 비난이 떠들썩하게 끓어올라 이은의 귀국은 더욱더 어렵게 되고 말았다. 그것도 이승만의 책략이었는지 모르지만 어쨌든 그는 냉담하였다.

그러나 독재적인 이승만 정권이 드디어 붕괴하였다. 1960년 4월 19일, 부정선거에 반대하는 2만명이 넘는 학생 데모가 일어나 경무대 앞 등에서 142명의 사망자(경찰 발표)가 발생했다(4 · 19혁명). 결국 4월 27일 이승만은 국회에 사표를 제출하고, 5월 29일 하와이로 망명하였다.

7월 29일, 민 · 참의원 선거가 실시되었으며, 8월 13일에는 윤보선 대통령이 취임, 같은 달 23일에는 장면張勉 내각이 성립되었다. 그러나 1961년 5월 16일 장도영 · 박정희에 의한 쿠테타가 일어났고, 7월에는 박정희가 최고회의 의장이 되어 실권을 장악하였다.

한국정부의 이왕가에 대한 인식은 이승만 정권이 무너진 후부터 서서히 변화하기 시작하여, 박정권에 이르러서는 확실하게 호의적이 되었다. 1961년 7월 말, 이방자 측에 한국대표부의 김비서가 전화로, "박의장이 전하의 용체를 크게 걱정하고 계십니다."라는 연락이 있었다. 또 특사 2명이 파견되어 병상에 있는 이은의 요양비와 이왕가의 생활비를 한국 정부가 보장하겠다라는 취지를 전달했다. 일찍부터 지병이 있었던 이은은 그해 5월 중순 이후 재발해서 병상에 있었다. 이 연락은 이은 부처에게 이제야 겨우 고국에서 내민 구원의 손길이었다. 박정권은 친일적 포즈를 취함으로써 일본으로부터 경제 원조를 받아 조국 부흥을 앞당기려 했다. 그렇지만 한편으로는 구왕가를 따뜻하게 맞아들임으로써 국민의 민족적 감정을 만족시키려 했는지도 모르겠다. 이은은 병상에 있었고, 이미 정치적으로 움직일 수 없다는 것은 확실했다. 박의장에게는 이은의 존재를 잊어버릴 이유가 조금도 없었다.

　이러한 움직임 속에서 덕혜의 귀국은 이은보다 1년 빨리 실현되었다.

덕혜옹주의 귀국

　덕혜는 1946년 이래 이미 15년 남짓을 마츠자와병원에서 지냈다. 이혼 후부터 치면 6년 7개월이 지났다. 그녀의 귀국을 위해서는 김을한·박찬주 여사(고 이우李鍝의 비)·민병기閔丙岐(민영환의 손자로 프랑스 대사)와 같은 인물이 중심이 되어 힘썼다고 한다. 박찬주 여사와 둘째아들 종淙이 덕혜옹주를 데리러 일본을 방문한 것은 1962년 1월 16일이었다. 덕혜는 만 49세의 나이였다.

　김을한의《인간 영친왕》에 따르면, 이때 덕혜의 국적이 일본으로 되어 있었기 때문에 여러 가지 곤란을 예상하고 있었다. 그런데 마침, 일본 측에서 이것을 인도적 문제로 여겨 최대한의 성의를 보인 한편, 궁내성과 외무성이 협력하여 불과 1주일 만에 여권을 만들어주었다고 한다. 그 덕에 덕혜는 1월 26일에는 노스웨스트 항공편으로 귀국할 수 있었다.

　　그날 도쿄 하네다羽田 공항에는 이른 아침에도 불구하고 궁내청과 외무성 관계자가 많이 나와서 환송하였는데, 특히 30여 년 전 덕혜옹주가 학습원을 졸업했을 당시의 학우들이 십수 명이나 손에 손에 꽃을 들고 나와서, 말도 못하고 사람도 잘 알아보지 못하는 이 가엾은 '이국의 왕녀'를 위하여 눈물의 전별을 하여 이채를 띠었다.

　　　　　　　　　　　　　　　　　　　　　　　　　　《인간 영친왕》

소마 유키카相馬雪香 여사도 이날 전송 나온 학우들 가운데 한사람이었다. 《흘러가는대로流れのままに》는 다음과 같이 전한다.

1월 26일 아침, 덕혜는 궁내성과 외무성의 특별 배려로 하네다공항에서 기다리는 특별기 바로 아래까지 병원차로 운반되어, 꿈인지 생시인지도 모르고, 이별의 인사에 대답도 없이 비행기에 올랐다.

《흘러가는대로》

고국에 돌아오게 되었지만, 덕혜는 자신이 어디로 가는지도 몰랐다. 기쁨도 슬픔도 모른 채 그녀는 비행기 안의 사람이 되었다. 《인간 영친왕》에 따르면, 덕혜가 기내에서 발작을 일으키지나 않을까 하고 무척 걱정했다고 한다. 덕혜의 병은 언제나 안정되어 있는 상태는 아니었던 것 같다. 다행히 별사고 없이 비행기는 김포 공항에 착륙하였다.

26일 낮 12시 35분, 비행기가 김포공항에 도착하자마자 덕혜는 '옹주'로서 맞아들여졌다. 당시의 《조선일보》는 사진을 게재하여 크게 보도하였다. "덕혜옹주 포환抱患의 환국 / 일제 인질된 지 38년만에/그립던 산하─그러나 의식없는 몸", "무표정─말 한 마디 없이/꽃다발을 받고 낙선재로"라는 제목은 옹주를 맞는 사람들이 환영을 해도 얼마나 허망한 느낌을 받았을지를 여실히 말해준다.

비행기가 도착하자, 일찍이 덕혜옹주의 유모였던 변복동邊福童씨가 비행기를 향해 큰 절을 올렸다. 그녀는 이미 71세였으나 옹주의 귀국을 가장 기뻐하며 마중나온 사람이었다. 또 낙선재에서 마중 나온 상궁들, 운현궁의 친척들, 이수길李壽吉 구황실 재산관리총국장, 진명여고 동창생

1962년 1월 26일 창덕궁 낙선재에 도착한 덕혜옹주_(조선일보)

등이 옹주가 모습을 드러내는 것을 기다리고 있었다. 덕혜는 갈색의 동그
란 모자에 밤색 외투를 걸친 양장 차림으로 시중드는 사람의 어깨부축을
받으며 위태로워 보이는 발걸음으로 트랩을 내려왔다. 작은 몸이었는데
도 그것을 지탱하는 다리는 너무나 연약해 보였다.

　상궁들이 바치는 꽃다발을 말없이 받아든 옹주는 눈부신 듯이 하늘을
잠시 올려다보았지만, 표정은 굳어 있었으며 누가 누구인지도 모르는 것
같았다. 옛날 유치원과 소학교에서 함께 공부했던 친구들을 보아도 표정

은 변하지 않았다. 준비된 자동차(의과대학 부속병원 차)에 오를 때까지 한 마디 말도 없고 표정도 움직이지 않았다. 차는 경찰 순찰차를 선두로 서울로 향했다. 덕수궁 앞을 지나가도 옹주의 얼굴에 아무런 표정이 없었기 때문에 옆에서 시중들던 유모 변씨는 눈물을 닦을 뿐이었다. 창덕궁 낙선 재에 들어가서는 상궁들로부터 정중한 큰 절을 받고, 윤대비에게 인사를 드리러 방으로 들어갔다.

이날, 공항에서 구황실 재산총국의 관계자들은 옹주의 국적을 다시 한국으로 옮기는 절차를 밟고 있는 중이라는 것을 시사하였다(이상, 《조선일보》의 기사에 의함).

신문기사의 문장에는 이미 옛날과 같은 경어는 사용하지 않았다. 일반인들과 마찬가지로 취급하고 있는 것은 과연 공화제로 변한 한국에서의 신분이다.

그러나 상궁들의 큰 절은 옛날 그대로여서 궁중에서 해온 관습은 지키고 있는 것 같았다. 낙선재에 살고 있는 윤비와 마찬가지로, 덕혜에 대해서도 과거 왕족의 품위와 명예는 지킨 채 고국으로 맞아들인 것이다. 그것이 한국인의 방식일 것이다. 그녀는 다시 〈덕혜옹주〉가 되었다.

낙선재에서 고 순종비인 윤비에게 인사를 마친 후 덕혜옹주를 태운 차는 서울대학 의학부 부속병원으로 향하였다. 그녀는 그곳에서 입원요양하게 되어 있었다.

신문기사에 소개된 덕혜의 생애

《조선일보》는 귀국 기사에 이어 덕혜의 생애를 소개하고 있다.

부왕 고종에게는 순종제를 비롯하여 의친왕·영친왕의 세 아들이 있었고 막내따님으로 늦게야 덕혜공주를 얻었다. 고종은 손바닥에 쥔 보물처럼 덕혜옹주를 무척 사랑했다. 옹주의 나이 일곱 살이 되자 덕수궁 안 준명당에다 유치원을 특설해서 훌륭한 옹주가 되도록 훈육에 애썼다. 고종은 영친왕(당시 李王 전하)의 전례도 있어 자칫하면 옹주도 또한 왜놈에게 출가하게 되지 않을까 몹시 염려하여 이를 막기 위해 퍽이나 부심했었다.

옹주의 나이 열 살이 넘어 일출^{日出}(지금의 일신) 소학교에 다닐 때 고종은 비상한 결심으로 그때 가장 미더워했던 시종 김황진의 양자를 부마(사위)로 삼기로 마음먹고 어느 날 밤 몰래 그 아이를 데리고 와서 보기로 했다. 이것은 고종이 미리 앞질러 먼저 약혼을 발표해서 왜인들이 꼼짝할 수 없게 하자는 깊은 생각에서였다. 그러나 이 비밀은 탄로되었다. 시종은 경무총감부로 잡혀가고 왜인들은 도리어 옹주를 어서 일본으로 데려가려고 서둘렀다.

달은 가고 해는 흘러 기미년 3·1운동 직전에 갑자기 고종황제가 승하했다.

왜인들은 이때를 놓칠 새라 옹주를 일본으로 억지로 끌고 가서 19살 되던 해에 한국과 쓰시마와는 지리적으로 가깝다는 구실로 전 쓰시마번주의 후예인 무네^{宗武志} 백작과 강제로 결혼을 시켜버렸다.

처음 옹주가 이 말을 듣고는 사흘 동안이나 음식을 전폐하고 밤낮으로 울었다고 했다. 결혼 수년 만에 딸 하나를 낳고부터 옹주는 정신병에 걸렸다. 감옥처럼 음산한 공기가 떠돌고 유리창마다 쇠창살로 막아 둔 정신병원의 생활이 시작되었다. 콧노래를 즐겁게 부르다가도 금방 울음을 터뜨리는 서글픈 몸으로 변해버렸다. 누가 찾아가도 대답이 없고 그저 멍청히 천정만 쳐다볼 뿐. ―

구중궁궐에서 금지옥엽으로 자라나 산천이 낯설은 외국으로 끌려간 데다 왜인과 뜻하지 않은 강제결혼을 하게 되자 모든 것이 구슬프고 귀찮고 무서워 세상살이를 체념하고 살려다가 심한 고민 끝에 정신병환자가 되었는지도 모른다.

《조선일보》 1962년 1월 26일

1962년 당시의 이 기사가 역사상 경위에 대해 많은 오해를 담은 채 이야기되고 있음을, 지금까지 읽어온 독자들은 금방 알아챘을 것이다.

우선 '소宗'를 '무네'라고 읽어 버렸다. 이미 그런 것조차도 기억되고 있지 않았다. 고종의 외동딸로 귀여움을 받고 김황진의 양자와 약혼을 시도했던 것은 김을한의 책에도 씌어 있다. 그러나 그 언저리부터 전후관계가 이상하게 되어 있다. 1919년에 갑자기 고종이 죽고, 그 국장을 계기로 3·1운동이 일어난 것이다. 그리고 덕혜가 일본으로 끌려간 것은 이때가 아니라 6년 후인 1925년 3월이다. 또 히노데日の出 소학교에 다녔던 것은 고종이 죽은 후이다.

특히 문제가 되는 것은 그 뒷부분인데, "결혼 수년 만에 딸 하나를 낳고부터 옹주는 정신병에 걸렸다."라고 되어 있다. (마사에가 태어난 것은 결혼 다음해인 1932년 8월 14일) 이 서술로 보면 결혼했기 때문에 정신병에 걸린 것으로 밖에 받아들일 수 없다. 소 타케유키와의 결혼이 얼마나 불행했던가에 대한 인상을 한국 사람들에게 심어주는 결과가 되었다. 그것도 병에 걸리자 마자 바로 정신병원에 집어넣었다라고 읽히는 표현이다. 감옥과 같이 음침한, 유리창에 격자모양의 쇠창살이 들어간 병원이라는 묘사는 김을한의 저서에 나오는 문장을 그대로 인용했을 것이다.

기자가 덕혜의 운명에 깊은 동정을 느끼고 있는 것은 알겠지만, 이 신문기사는 덕혜옹주와 소 타케유키의 관계를 너무나도 부정확하게 전달하고 있다. 아니, 한일 국교도 회복되지 않았던 이 시대에, 기자를 포함하여 한국 사람들에게는 이렇게 밖에는 알려져 있지 않았다고 할 수 있을 것이다. 한일조약이 조인되어 국교가 회복되는 것은 이보다 3년 후인 1965년이다. 귀여운 12살 소녀의 몸으로 떠난 지 38년, 덕혜의 변할대로 변한 모습을 바로 눈앞에 보면서 한국 사람들은 새삼 일제가 행한 일일이 셀 수도 없는 여러 가지 잔혹한 행위를 생각해냈을 것이다. 그리고 그녀가 짊어진 고난을 우리 민족의 고난으로 받아들였다. 그렇게 수용하는 것은 잘못된 것이 아니다. 오히려 당연한 감정일 것이다. 그리고 이 수용이 오늘날까지도 기본적으로 변하지 않고 있음을 우리들 일본인은 인식해야만 한다.

육영수 여사의 병문안

1월 30일, 박정희의장 부인 육영수가 입원 중인 덕혜를 병문안 왔다. 한韓 문화재 관리국장의 안내를 받은 육 여사는 대학병원 5동 19호실에서 요양중인 덕혜에게 청초한 〈카라〉꽃 화분과 한복 한 벌을 선물하면서 "그동안 병환은 좀 어떠십니까?"라고 말을 건넸다. 단발머리에 붉은 가운을 입고 있었던 옹주는 침대에서 일어나 앉아 있었는데, 말을 알아듣지는 못하면서도 아주 반가운 듯한 표정을 자주 지었다고 한다. 《조선일보》는 '측근과 담당간호사들의 말에 따르면 병환이 좀 나아진 편이다.'라는 기사를 덧붙이고 있다.

한국에서 정치적으로 최고위에 있는 사람의 부인이 병문안을 왔다. 일본에서 받은 처우의 냉담함과 한국에서 받은 대우의 따뜻함을 확실히 알 수 있을 것이다.

또 이때 선물로 받은 한복은 석주선 여사가 박의장의 의뢰를 받아 밤을 새워 바느질 한 것이었다. "그 무렵의 박의장에게 의뢰를 받은 것이니까 웬만해서는 거절할 수가 없었어요"라고 여사는 필자에게 말했다. 석주선 여사의 글에 의하면, "옹주가 귀국한 지 2일 후라고 기억되는데 대통령(당시는 의장) 비서실에서 옹주의 옷을 한 벌 만들어달라는 급한 연락을 받고, 즉시 종로 보신상회에 가서 대화단大花緞으로 남색치마(조선시대 여성 예복의 하나)에 전자篆字 무늬 옥색의 반회장 저고리(소매끝, 옷깃, 옷고름을 옷과 다른 천으로 대서 만든 저고리), 흰 비단 속치마, 버선 등을 대강 짐작해서 밤새워 정성스럽게 만들어드렸다."고 한다. 신문에는 '양단 한복'이라고 적혀 있었지만 금은의 색실로 자수를 놓은 아름다운 견직으로 만든 한복이었다. 석주선 여사는 덕혜옹주보다 한 살 위로 "옹주와는 보이지 않는 인연의 끈이 서로를 연결해 주고 있는 듯한 착각이 스쳐 지나갔다."라고 쓰고 있다.

귀국해서 1주일 정도 지난 2월 5일 《동아일보》는 "병세가 좋아진 덕혜옹주"라는 제목으로 서울대학 병원에 입원 중인 덕혜의 근황을 전하고 있다. 기사에 따르면, 덕혜는 일본에 있는 오빠 이은에게 1일, 자필로 문안 편지를 썼다고 한다. 또 4일 아침에는 윤비에게 문안 편지를 보냈다. 신문에는 자필로 쓴 한글 편지의 사진을 실었다. 비교적 또박또박하게 쓴 글씨다. 또 같은 신문에 의하면, 옹주는 매일 아침 9시에 일어나 밤에는 8시에서 9시경에 취침한다. 유모인 변복동 씨는 물론 담당 의사와 간호부도 잘 알아보며, 식사도 자신의 손으로 잘 하고, 특히 빈대떡과 사과를 좋아한다고 하였다. 2일에는 성신여고생 일동이 옹주를 병문안 왔다.

이렇게 신문은 고국에 돌아온 옹주가 몸 상태를 회복하여 밝은 나날을 찾아가고 있음을 전하려 했다. 옹주에 대한 관심이 다시 살아나는 듯한 느낌이다.

창덕궁 낙선재로

수강재

그러나 서울대학 병원에서 7년간의 요양으로도 덕혜의 병은 회복되지 않았다. 고국의 따뜻한 간호가 어느 정도 그녀의 마음을 누그러뜨리기는 했겠지만, 이미 진행되어 버린 정신분열증을 낫게 할 수는 없었다.

1966년 2월 3일, 윤대비가 낙선재에서 죽었다. 3년상이 끝나자 덕혜가 낙선재로 들어갔다. 1968년 가을이다. 1963년 귀국해서 한남동 외국인 주택에서 살고 있던 이방자도 같은 무렵에 이사하였다(이은은 서울 성모병원에 입원한 채였다).

낙선재 안쪽에 있는 수강재壽康齋가 덕혜옹주의 마지막 거처가 되었다. 낙선재는 원래 왕이 죽은 후 왕비가 살기 위하여 지은 건물로 창덕궁 남동쪽 일각에 있다(원래는 이웃해 있는 창경궁의 일부로 지어졌다고 한다). 왕궁 건물이지만 알록달록한 색채의 단청은 입히지 않았으며, 하얀 나무색을 그대로 살려 지은 건물로 간소한 취향에 우아함을 더한 건물이다. 사계절

낙선재_(경향신문), 1996. 9. 27, 최문길씨 제공

의 꽃이 흐드러지게 피는 아름다운 정원이 딸려 있다.

오빠 이은이 죽은 것은 1970년 5월 1일. 그 소식을 전해주어도 덕혜는 이해하지 못했기 때문에 주위 사람들이 눈물을 흘렸다고 한다.

유모 변씨도 마침내 죽고 덕혜의 신변은 점점 더 쓸쓸해졌다. 그러나 그녀의 텅 빈 가슴은 어쩌면 이 세상의 기쁨과 슬픔을 모두 초월한 경지에 살고 있었는지도 모르겠다. 가끔 의식이 맑을 때는 딸 마사에의 이름을 써보기도 하고 불러보면서 슬픈 표정이었다고 한다.

조용한 생활을 보내면서도 몸은 점점 허약해졌다. 기분이 좋을 때는 텔레비전을 보거나 아리랑 노래를 부르기도 했다. 그러나 1986년 1월경부터 덕혜의 건강 상태가 나빠지기 시작한 것 같다. 격주로 덕혜옹주의 치료를 맡았던 석재호 박사는, '영양 관리를 잘해 나이에 비해 신체적 건

강은 양호한 편이나 신경이 심히 쇠약한 상태로 정신은 어린애와 같다'
고 했다. (《중앙일보》 1986년 1월 25일)

옹주의 죽음

1989년 4월 21일, 낙선재의 수강재에서 덕혜옹주는 영면하였다. 당시
매스컴은 서거를 크게 보도하였다. 죽은 다음날 신문은 〈'왕조의 비운'
을 껴안고 한 많은 일생을 끝내다〉, 〈마지막 황녀, 덕혜옹주의 생애〉라는
제목으로 다음과 같이 쓰고 있다.

> 조선왕조의 비극을 대변하듯 정신분열증과 실어증으로 50여년을 침묵
> 속에서 살아온 마지막 황녀 덕혜옹주는 마지막 가는 길도 쓸쓸하기만 했
> 다. 당뇨와 정신질환으로 시달려온 덕혜옹주는 최근 감기까지 걸려 끝내
> 회복하지 못하고 여염의 아낙네들보다 더 기구하고 한많은 일생을 한 마
> 디 유언도 남기지 못하고 마감했다.
>
> 《한국일보》 1989년 4월 22일

옹주의 임종은 평소 돌봐주던 간호부 두 사람이 지켜보았다. 옹주는 2,
3년 전부터 걷기가 힘들어져, 1년 반 전부터는 침대에 누운 채로 지냈다
고 한다.

위 기사는 덕혜가 실어증에 걸려 있었음을 말해주며, 그녀가 유언도
없이 일생을 마쳤음을 강조하고 있다. 덕혜옹주는 한국에 돌아와서도 아
무것도 말하지 않고 침묵을 지킨 채 세상을 떠났다.

돌이켜보면, 그녀가 일본에 억지로 끌려왔을 때 무언으로 있는 것이 그녀가 할 수 있는 유일한 저항이었다. 그러나 어머니의 죽음에 직면하자 그녀의 정신은 견디지 못하고, 마침내는 정신병에 걸렸다. 인간적인 따뜻함을 추구하였지만 일본이 계속 방해한 결과이다. 아마도 현실의 고독이라는 고통에서 탈출하려고 병에 걸린 것이다. 정신의 이계異界로 떠남으로써 그녀는 자유롭고자 했을 것이다. 그런 만큼, 그녀의 침묵을 일본에 대한 저항의 결과 또는 저항 그 자체로 볼 수 있을 것이다. 확실히 정신분열증에 걸린 그녀를 일본은 이미 이용할 수 없었다. 그러나 덕혜옹주에게 그것은 너무나도 애처로운 대가를 강요했다. 그녀는 인생의 괴로움을 버림과 동시에 기쁨도 또한 버렸을 테니까.

덕혜옹주의 장례식은 가족장으로 치러졌다. 구 이왕가(전주 이씨)가 중심이 되어 치른다는 의미일 것이다. 장례는 오일장으로 치러졌으며, 장지는 홍유릉洪裕陵의 부속림 가운데 있는 땅으로 정해졌다. 그리고 영결식은 1989년 4월 25일, 낙선재 앞에서 서울 전주 이씨 대동종약원大同宗約院과 낙선재의 주관으로 제례가 치러졌다.

만년을 보낸 낙선재 수강원은 창덕궁 일각에 있다. 옛날 그녀가 어머니 양귀인과 살았던 관물헌도 창덕궁 안에 있다. 영결식 후 옹주의 유해는 차에 실려 깊은 추억이 깃든 창덕궁에 마지막 이별을 고하고 영원한 휴식처로 향했다.

덕혜옹주지묘

덕혜옹주의 유해는 아버지 고종이 묻힌 홍릉洪陵(금곡릉金谷陵)의 뒤쪽,

봉우리 봉우리로 이어지는 산골짜기의 조용한 품에 묻혔다.

옹주의 묘소를 처음으로 참배한 것은 1996년 여름이었다. 홍릉은 순종의 유릉裕陵과 합쳐 홍유릉이라 불리며, 서울에서 북동쪽으로 약 40킬로, 차로 약 1시간 남짓 걸리는 남양주시에 있다. 훌륭한 문을 갖춘 능묘로 안이 널찍하였고 숲과 큰 나무들이 줄지어 서 있는 공원 같았다.

우선 사무소를 방문하여 덕혜옹주의 묘소에 참배하고 싶다는 뜻을 전하자 소장이 나와서 설명해주었다. 더워서 선풍기를 틀고 있었다. 임종林鍾 소장은 종이에 한자를 써서 이 금곡릉 일대의 주요 능묘에 대해 설명해주었다. 고종과 순종은 왕(황제)의 지위에 있었던 사람이므로 왕비(황후)와 함께 묻혀 '능'이라 한다. 고종은 명성황후(민비)와 함께, 순종은 순명효황후(요절)·순정효황후(윤비)와 함께 잠들어 있다. 왕세자였던 영친왕 이은과 이방자의 묘소는 영원英園이라 한다. 즉위하지 않았기 때문에 '원園'이라고 하고, 덕혜옹주의 경우는 '묘'라 한다고 했다.

그리고 직원의 안내로 홍릉과 유릉으로 갔다. 완만한 경사를 이용하여 만든 길을 돌아 공원처럼 정비된 나무들과 연못 사이를 뚫고 지나가자, 하얀 웨딩드레스를 입은 신부와 신랑이 기념촬영을 하고 있는 모습이 보였다. 시민들에게는 이곳도 평화롭고 행복한 휴식 장소였다.

홍릉·유릉을 돌아보고, 이제 옹주의 묘는 어디쯤에 있을까라는 생각이 들자 문밖에서 기다려달라는 소리가 들렸다. 조금 기다리자 오토바이를 탄 안내원이 앞장을 서고 나를 태운 차가 그 뒤를 따라갔다. 왼쪽으로는 능묘를 이루는 산과 들, 오른쪽으로는 나무들과 밭이 펼쳐지는 풍경을 보면서 비포장도로를 차로 천천히 5분 정도 달리자 멈추었다. 차에서 내린 곳은 영원이었다.

덕혜옹주의 묘

　그곳에서 또 몇 분인가를 더 달려서야 겨우 덕혜옹주의 묘소에 닿을
수 있었다. 울타리를 들어가자 기복이 있는 넓은 녹색 대지가 펼쳐지는
가운데 가장 안쪽 깊숙한 곳에 녹색 잔디로 덮힌 동그란 분구가 있었다.
사람 키 정도 되는 작은 풀 무덤은 조심스럽고 고요하게, 그러나 사방은
녹색의 푸르른 자연에 둘러싸여 조용하고 편하게 쉬고 있는 것 같았다.
무덤 오른쪽에는 '대한 덕혜옹주지묘'라고 새긴 석비가 있었다. 또 앞면
에는 중앙과 좌우에 석탑이 3개나 서 있었다. 그중 한 석탑을 들여다보았
더니 다람쥐가 호두를 주우러 쫓아가는 듯한 모습이 새겨져 있던 것이 너
무나 귀여웠다.

　묘 앞의 돌로 만든 대 위에 가지고 간 작은 꽃다발을 바치고, 나는 마음
속으로 한 편의 시를 읊었다. 어떤 시였는지 새삼 밝힐 필요는 없을 것이
다. 단지 내가 이곳까지 와서 옹주의 혼에 전해야 할 말이 있다고 한다면

그것은 그 시 말고는 없었다.

무덤 뒤쪽으로는 낮은 산림이 이어지고 있었다. 아마도 아버지 고종의 홍릉과 연결되는 것 같았다. 인적이 드문 이 근처는 들토끼와 다람쥐가 자유롭게 뛰어다니겠지. 새들이 한가롭게 지저귀는 소리도 때로는 옹주의 혼을 위로해주겠지. 겨울이 되면 온통 깨끗하고 하얀 눈이 쌓여 작은 봉분은 더욱 더 맑고 차가운 침묵 속으로 잠들어버리겠지.

한국 사람들이 조선왕조의 옛날 예법에 따라 덕혜옹주의 묘소를 조성해서 아주 소중하게 지키고 있음을 보고, 나는 감명을 받음과 동시에 가슴 속에서 무거운 감회를 되내이고 있었다. 옹주는 77년에 걸친 생애 가운데 60년을 정신병 속에서 살았다. 그녀의 불행에 대하여 일본은 어느 정도의 보상을 했는가라고.

옹주가 태어난 곳, 덕수궁을 방문한 지 3년째, 간신히 여기까지 왔다는 기분이었다. 나는 여행이 마지막에 가까워지고 있음을 느꼈다.

소 타케유키의 그 후

편안한 후반

소 타케유키는 재혼 후 치바현 카시와시로 옮겨 히로이케 학원의 레이타쿠 대학 교수로 영어학 · 영문학을 강의하면서, 시작詩作과 회화繪畵에 몰두하였다. 그의 편안한 후반은 전반과는 대조적이다. 새로운 부인과의 사이에서는 2남 1녀가 태어났다.

소 타케유키가 만년에 쓴 글씨

시작에서는 특히 1975년 시 잡지 《시덴》(계간)을 창간했으며, 죽을 때까지 10년에 걸쳐 스스로를 연마하고 젊은 시인들을 육성하는 데 심혈을 기울였다. 그림에 대한 정열도 시들지 않아 만년에는 더욱 더 몰두하였다고 한다. 세 번째 개인전을 1985년 5월 도쿄의 긴자 마츠자카야 백화점에서 가지려 했지만, 그 직전에 힘이 다하여 죽었다. 그의 마지막 저작이 된 《쿠로시오》는 생전에 교정까지 끝내놓은 상태였지만 죽고 나서야 출판되었다.

그는 자신이 유명하게 되는 행동은 일체 피했던 것 같다. 세상 사람들과의 교제는 담백하였다. 구화족 사회와의 교류를 포함하여 그렇게 많은 사람들과 교제를 하면서도 자신의 과거를 파헤치려는 듯한 사람과는 일절 교류하지 않으려 했던 것 같다. 그가 가장 괴로워하는 부분을 누군가가 언급하는 것을 견딜 수 없었을 것이다.

그리하여 그의 과거를 문제 삼지 않는 친한 스승과 친구, 특히 시와 그림을 애호하는 젊은이들과 교류하는 것을 즐겼다. 기꺼이 그들의 지도에 힘썼다고 한다. 어느 날 그는 미술부 학생을 데리고 해돋이 광경을 그리기 위하여 이즈伊豆의 산에 올라간 적이 있다. 그런데 그날 밤 학생들은 친구들끼리 즐겁게 어울리다가 그만 밤을 새워 버려, 새벽녘에야 깊이 잠들었다. 그곳까지 깨우러 온 소 타케유키는 "너희는 도대체 뭘하러 왔느냐"

고 꾸짖었다 한다.[28]

모처럼 아름다운 서광을 보여주려고 고대하고 있었는데, 정작 중요한 학생이 오지 않기에 참다못해 깨우러 간 것이다. 그 소탈한 에피소드는 스승으로서의 그의 모습과 그림을 그리기 위해서는 자연을 직접 보는 것이 가장 좋다는 그의 신념을 여실하게 보여준다.

소 타케유키의 그림 〈山百合〉_1974. 소 씨 문중

《시덴》 추도호에 수록된 문장을 읽어보면, 많은 문장들이 미사여구 대신에 아주 꾸밈없고 솔직하며, 또 진심이 넘치는 문장인 것에 감동을 받는다. 그는 영어학에 대한 깊은 학식과 정열을 가지고 있었을 뿐 아니라, 유머를 잊지 않고 제자들을 따뜻하면서도 엄하게 지도했다고 한다. 그런 그의 인내력과 극기심은 지나가버린 먼 옛날에 겪은 시련과 무관하지 않다. 생전에 아주 친하게 그와 접촉했던 사람들의 머리 속에 소 타케유키의 모습은 탁월한 인격자로서 각인되어 있다.

그의 후반의 평온하고 조용한 모습은 다음 시에 상징적으로 나타나 있는 것 같다.

바람이 이는 밤에 風の夜に

하는 수 없이 가만히　　　　　　　　　　しかたなしに だまって
그냥 바람소리를 듣고 있으면　　　　　　ただ風を聞いていると

안녕하세요라고 인사를 하면서 학생들이 찾아온다

今晩は　と　學生が訪ねてくる

밝은 목소리다　　　　　　　　　　　　　　陽氣な聲だ

안녕하세요　안녕하세요　안녕하세요　　　　今晩は　今晩は　今晩は

저마다 그렇게 말하며 방으로 들어온다　　　口口にそう言って上ってくる

나도 옛날엔 저랬다　　　　　　　　　わたしも　むかし　そうしたものだ

아내는 생긋이 웃으며 다과를 내온다

家内はにこにこしてお茶菓子を持って出る

학생은 고매한 주제를 화제에 올리고　　　學生は　高邁な話をして

마침내 만족스런 얼굴로 돌아간다　　　やがて　顔を輝かして歸ってゆく

좋은 사람들이네요　　　　　　　　　　いい方たちですわね

아내는 기쁜 듯이 말한다　　　　　　　家内は　うれしそうに言う

나는 안심하고 시를 생각한다　　　　わたしは安心して　詩を考える

아마 옛날에도 이랬겠지　　　　　　たぶん　むかしも　こうだったろう

어떤 때라도 아마 이러겠지　　　　いつの世も　おそらく　こうなのだろう

그런 가운데 한사람이　　　　　　　　あのうちのひとりが

가만히 어느 날 밤 바람소리를 듣는다　　だまって　ある夜　風を聞く

안녕하세요　안녕하세요　안녕하세요　　　今晩は　今晩は　今晩は

그의 아내도 생긋이 웃으며　　　　　彼の細君も　にこにこして

좋은 사람들이네요 라고 말하겠지　　いい方たちですわね　と言うのだろう

그는 생각하겠지 아마 옛날에도　　彼は思うだろう　おそらく　むかしも

그리고 어느 때라도 어느 때라도　　そして　いつの世も　いつの世も

《빛방울》

이것은 후반에서야 겨우 평안한 경지를 보여주는 시일 것이다.

그러나 이렇게 사색의 경지에서 평온해하는 그의 가슴속 더 깊은 곳에서는 언제나 언제나 그의 불행의 동반자였던 첫 아내와 첫 딸에 대한 추억이 결코 사라지는 일은 없었다고 상상한다(위의 시에서는 '바람'이 하나의 키워드일 것이다. '바람'은 '인생의 슬픔'을 상징하는 단어라고 생각된다).

1985년 4월 22일, 그는 만 77세로 세상을 떠났다. 덕혜옹주보다 4년 앞선 시기였다. 묘는 후나바시船橋(千葉県)에 있으나, 고인의 희망에 따라 대마도 반쇼인萬松院에도 분골하여 묘비를 세웠다. 울창하게 들어선 삼나무 거목이 우뚝 서 있으며, 역대 소씨 문중 당주의 묘비가 이끼 낀 채 줄지어 있는 경내의 일각에 '宗武志公奧城'이라고 새겨진 석비가 고요히 서 있다. 대마도는 죽을 때까지 그의 고향이었다. 이 비는 대마도를 고향으로 사랑한 마지막 당주였던 그에게 걸맞은 것으로 영원히 전해질 것이다.

침묵의 이유

이덕혜는 아무 말도 하지 않았다.

소 타케유키의 침묵이 그에 호응하고 있었음을 사람들은 눈치 채지 못했을까? 그는 아무 것도 말하지 않는 것이야말로 덕혜에 대한 성실함(사랑)의 증거라고 생각했던 것이 아닐까.

덕혜는 끝내 그가 행복하게 해주지 못한 여성이었다. 이혼하게 된 이상, 어떤 비방을 당해도 그에 반론하는 것은 변명에 지나지 않는다. 자신의 입장과 진심을 한국과 덕혜 주변 사람들에게 이해해달라고 하는 것은 불가능하다고 그는 생각했다. 그리고는 입을 다물어버린 것이다. 어떤 사람에게도 이해를 구하지는 않았다. 그 대신 다른 사람이 그를 향해 덕혜에 대해 말하는 것을 용서하지 않았다. 그의 인간으로서의 자긍심이 그렇게 하지 못하게 했을 것이다. 그는 시끄러운 세상에 등을 돌렸다.

그러나 그가 이해해주었으면 하는 사람이 단 한 사람 있었다. 그것은 다름 아닌 덕혜였다. 그가 남긴 시로 덕혜를 노래한 것은 모두 덕혜에 대한 호소이다.

> 그리운 아내여, 바닷물 치는 소리가 들리는가. 해궁의 회랑에도 〈한회閑懷〉
> 아내여, 들리는가.   〈사미시라〉
> 홀릴 듯한 시선으로 생긋 웃음지어 보이는 어린 아내여.   〈해향海鄕〉

'사미시라' 라는 소녀는 그가 현실의 무게를 견디기 위하여 설정한 허구였다. 해궁이라는 이야기도 그렇다. 그 허구 속에서 그는 덕혜에 대한 사랑을 믿으려 했으며, 자신의 사랑이 불변하는 것임을 호소하려고 했다 (그 사정을 도대체 누가 이해할 수 있었을까).

허구는 그러나 현실과 멀어져 간다. 그가 그것을 확실히 알게 된 것은 덕혜를 하는 수 없이 병원에 입원시킨 뒤였을 것이다. 특히 1950년 이후 밀물처럼 밀려 들어오는 비난의 태풍.

고민하던 끝에 그는 이혼을 결심하였다. 그런 가운데 마사에만은 그를 이해해주는 사람이었고 둘도 없는 희망이었다. 마사에는 아버지와 어머니 사이의 일을 잘 알고 있었기 때문이다. 타케유키는 시집 《해향》을 언젠가 마사에가 읽고 이해해줄 것을 기대하고 있었는지도 모르겠다. 그런데 그 마사에가 행방불명이 되고 말았다. 그의 더 깊어지는 침묵은 절망의 침묵이다. 그 침묵이 깨지는 일은 결코 없었다.

그는 자신의 인생에 대해서는 거듭해서 몇 번이고 언급했지만, 덕혜와의 25년에 대해서는 공백으로 남았다.[29) 그 공백의 의미를 분명히 하고자 나는 이 글을 쓰고 있다.

덕혜의 불행과 소 타케유키의 불행은 이렇게 깊이 관련되어 있다. 그의 침묵이야말로 그 관련의 깊이를 암시하고 있는 것은 아닐까.

이덕혜는 한마디도 그를 탓하지 않았다. 그리고 소 타케유키는 한국측이 그렇게 반감과 증오를 드러내도, 결코 한국에 대한 비판이나 비난 비슷한 것도 입에 올리지 않았다. 사랑하는 아내의 고국이었기 때문이다.

먼 바다 갈매기가 모여드는 섬에서 내 사랑하는 아내를 잊지 않을 거야 세상이 다할 때까지

沖つ島鴨著く島に我か率寝し妹は忘れじ世のことごとに

《코지키古事記》에서도 노래하고 있듯이, 대마도와 관련 있는 해궁 전설, 호호데미와 토요타마히메에 대한 이야기를, 그는 아마도 그 자신의 내면의 진실에서 완성시켰다.

소 타케유키가 평생 마사에를 잊지 않았던 것처럼, 이덕혜도 만년에 이르기까지 의식이 또렷할 때는 마사에라는 이름을 불렀다고 한다. 두 사람의 마지막 끈이었던 것은 마사에였다. 또 사랑의 아픔을 상징하는 것도 바로 마사에였다.

두 민족의 불행한 관계의 상징이라고 할 수 있는 덕혜옹주의 생애에서 시간이 흘러도 없어지지 않는 진실을 인정하고, 오늘날 새로운 의미를 발견해 내는 것은 과연 불가능한 일일까.

그들의 침묵이 우리를 향해 조용히 묻고 있는 것 같다.

필자주

1 德惠姬, '토쿠케이 히메'라고도 하며, 덕혜왕녀라는 호칭도 있다. 한국에서는 '덕혜옹주'라 부르지만, 역사상 인명으로는 '이덕혜'라고 하는 것이 본래적 의미에 맞을 것이다. '토쿠에'라고 읽는 것은 우연하게도 일본 여성의 이름으로도 통용되지만, 소 타케유키가 이렇게 불렀는지 어땠는지는 알 수 없다. 단 첫째 딸을 마사에라고 이름지은 것으로 보아 가능성은 있다. 내 기억 속에서는 '토쿠에 히메'라는 호칭이 가장 인상 깊었기 때문에 서명으로 썼지만, 실은 '덕혜'라고 쓰면서 토쿠에라는 일본식 호칭과 덕혜라는 한국식 호칭이 내 머릿속에서도 혼재해 있어서 이 책 가운데서도 '德惠姬·덕혜옹주·이덕혜' 등의 호칭을 혼용하고 있음을 양해해주기 바란다. 또한 황녀로 불린 적이 있는 것은 조선 말기에 국호를 대한제국으로 고치고 고종을 황제라 칭했기 때문이다.

2 日帝, 한국에서는 1910년 한국병합 이후 1945년까지의 36년간을 일제시대라고 부른다. '일제'라는 말에는 대일본제국이라는 뜻과 일본제국주의라는 뜻이 있는데, 이 '일제'라는 말에는 두 가지 의미가 다 포함되어 있을 것이다. 전자는 1945년에 멸망하였다. 제국주의란 강대국이 무력으로 타국을 침략·지배하여 경제적 이익을 얻으려고 하는 사고방식을 가리킨다. 필자가 1994~1996년 8월 서울을 방문했을 때 텔레비전에서 일제라는 말이 수없이 반복되는 것을 들었다. 이 말은 오늘날에도 한국에서는 결코 사라진 말[死語]이 아니다.

3 石宙善, 〈德惠翁主遺物小考〉, 《韓國服飾》제9호, 1991년 단국대학교 석주선기념민속박물관.

4 《덕수궁德壽宮》, 111~112쪽.

5 《朝鮮亡滅》상, 287쪽.

6 《朝鮮朝宮中風俗研究》, 444～446쪽.

7 《韓國女性史》, 이화여자대학교 출판부, 부록의 연표.

8 이 사진에 대해서는 《韓國女性洋裝變遷史》, 俞水敬 저, 一志社 1990, 132～133쪽에 1895년의 斷髮令 이후의 것이라고 되어 있다.

9 《朝鮮獨立運動の血史》 2, 20～23쪽.

10 石宙善, 〈德惠翁主遺物小考〉, 《韓國服飾》 제9호, 1991년 단국대학교 석주선기념 민속박물관.

11 中川絲子, 그녀가 덕혜의 여자학습원 졸업 후에 德川家의 가정교사로 들어간 것이 榊原喜佐子 저 《德川慶喜家の子供部屋》(草思社)에 보인다.

12 《조선왕조실록》, 순종실록 부록 권 11.

13 《梨本宮伊都子妃の日記》, 133쪽.

14 《朝鮮朝宮中風俗研究》에는 '老宮人들 이야기에 따르면, 그는 한쪽 눈이 부자유스러웠으며 키도 작고 아주 못생긴 남자였다고 한다'라고 씌어 있다. 소 타케유키의 한쪽 눈이 사시였던 것은 사실이다. 그러나 이것 말고는 사실이라 할 수 없으며, 만약 궁녀들이 한번이라도 그의 사진을 볼 기회가 있었다면 이런 오해는 생기지 않았을 것이다.

15 두 사람의 대마도 방문을 환영하여 대마도에 사는 한국인들이 기념비를 세웠다. 〈李王家宗家御成婚記念碑〉라고 새겨진 커다란 이 석비는, 이즈하라 하치만궁嚴原八幡宮 맞은편에 있는 '서일본은행西日本銀行' 땅에 세워져 있었다. 그러나 나중에 철거되어 지금은 반쇼인萬松院의 宗家文庫 옆에 가로놓여 있다(현재는 다시 이즈하라의 신지이케에 세워져 있다 -역자).

16 이날과 같은 날인지 어떤지는 알 수 없지만, 쯔노에 미츠코 씨에 의하면, 소 타케유키 부처는 당시 미야타니宮谷의 네오 야시키根緒屋敷에 있는 宗家文庫를 방문하였다(《對馬風土記》 제33호, 편집후기 小松勝助씨).

17 히로이케 치쿠로에 대해서는 〈모랄로지 개설〉(모랄로지 연구소, 廣池學園出版部) 〈心づかいの指針〉(동) 등에 의함.

18 이 해석은 작자 자신의 영역에 의한 것이다.

〈한회閑懷〉를 지은 타케유키 자신의 영역. 《SEA-LAND》에 수록.

AFTER THOUGHTS

Hohodemi Remembers The Sea-Lands

That old guide must have been the Sea-God himself-disguised,
the wind singing and playing in his eight-hand-long beard.
I remember he grinned suddenly, an ancient grin---

That wicker 'ship' without seams must have been the Shark;
for it plunged, in one gulp, and with one flick of the fins,
deep into the sea's midst, a thousand fathoms down---

The wind is rising high in the cercis tree.
The waves are rising high outside the boat-house.
The clouds are scudding towards the open sea.
The current is hurrying to the North---

My dearest! does that floating room resound with the ebb tide?
And do many birds come there and flutter, as in the old days?
I picture you, looking at that white stone
hanging from the red beam of that house by itself
along the wooden walks--and I see you, lamenting---
My love! there's been no journey since then;
and the bond between us is forever broken-
although our child sleeps now, here in my arms---

19 후술할 타카무라 미츠타로 · 치에코 부부의 예(〈レモン哀歌〉 등)를 생각해 볼 수
   있을까.
20 타나카 히로코田中洋子, 1943년 7월생, 1994년 12월 병사.
21 《朝鮮王朝最後の皇太子妃》, 172쪽.
22 《朝鮮王朝最後の皇太子妃》 218쪽에 〈김이 이왕가를 방문한지 1개월 후인 1950

년 2월에―〉라고 되어 있는 것에 의한 것이다.

23 왜놈倭奴, 한국인이 일본인을 멸시해서 부르는 호칭.

24 《朝鮮王朝最後の皇太子妃》, 114쪽 및 《흘러가는 대로流れのままに》 62·72쪽.

25 愛新覺羅浩 저 《〈流轉の王妃〉の昭和史》(主婦と生活社), 32쪽.

26 《韓國女性史》, 425쪽에 '무릇 결혼한 왕녀들은 칠거지악의 적용을 받지 않았다고 보아도 좋다'라고 있다. 즉 아이가 태어나지 않아도 부모를 모시지 않아도 이혼당하는 일은 없었다고 하는 것일 것이다.

27 예를 들면 《토사닛기土佐日記》가운데에는 다음과 같이 내 아이를 그리워하는 노래가 많이 들어 있다.

> 살아 있다고(죽은 것을) 잊어버리고 죽은 아이를 어디에 있느냐고 묻는 것이 슬프다.
>
> あるものと忘れつつなほき人をいづらと問ふぞ悲しかりける
>
> 조개를 주우면 그리운 사람을 잊을 수 있다고 하는 짓도 하지 않을 거야 진주같은 그 아이를 그리워하는 마음만이라도 그 아이가 남긴 흔적이라고 생각할거야
>
> 忘れ貝拾ひしもせじ白珠を戀ふるをだにも形見と思はん
>
> 이곳에서 태어난 그 아이가 돌아오지 않는데도 집마당에 작은 소나무가 자라고 있는 것을 바라보는 아픔이여
>
> 生まれしも歸らぬものを我が宿に小松のあるをみるが悲しさ

28 히라야마 칸지平山宗二의 차남 케이지敬二(당시 藝大 학생으로 합숙에 참가)의 이야기를 따른 것이다.

29 소 타케유키 자신이 '공백'이라는 말을 사용하고 있다. 〔뭐랄까, 이 시집(竹內隆二 시집을 가리킨다)은 그 곳에서 25년에 대한 침묵을 보여준다. 1929년 이후 1945년까지는 완전히 공백이다. 나에게도 비슷한 공백이 있으므로 아주 이상하다고 하지 않겠지만 나하고는 또 다른 이유가 있을 것이다〕(《시덴詩田》 6호).

저자후기

어머니는 그 사람을 '타케사마武様'라고 불렀습니다. 내가 어렸을 때 들은 옛날 추억은 언제나 "대마도에서는 말이야—"라고 시작되었습니다. 대마도가 어디에 있는지도 확실히 모르는 어린아이였지만, 자연이 풍요로운 섬 이야기는 기다려졌습니다. 그 이야기 가운데는 언제나 장난기 넘치고 고집 세며 재능 있는 소년 '타케사마'가 등장했습니다. 그 '타케사마'는 성장해서 '덕혜옹주'라는 분과 결혼을 했습니다. 그러나 그것은 너무나 불행한 결혼이었다는 것이었습니다. 어린아이는 물론 불행이라는 의미를 알 수는 없었습니다.

소 타케유키씨는 대마도의 이즈하라嚴原에 있던 내 어머니 쪽의 친정에서 소년시대를 보냈습니다. 이 책 가운데 나오는 히라야마 타메타로·미치 부부는 내 조부모가 됩니다. 내가 소 타케유키의 모습을 처음 보게 된 것은, 대학에 입학하기 위해 도쿄로 올라간 4월, 할머니 미치의 장례식 때였습니다. 1968년이니까 그때 이미 60살, 백발에 큰 키였습니다. 장례식이 끝나고 화장터로 가서 할머니가 뼈로 변할 때까지 기다리는 동안, 히라야마 집안의 백부 백모들과 편안하고 부드럽게 이야기에 열중인 모습이 인상적이었습니다.

나 자신은 소 타케유키씨와 아무런 관계가 없는 것이나 마찬가지입니다. 그 무렵 내가 그에게 관심을 갖기에는 너무 아무것도 몰랐으므로, 언제나 사람들에게 둘러싸여 있는 그의 모습을 멀리서 바라볼 뿐이었습니다. 그러나 그것은 이 책을 쓰는 데는 객관적으로 사물을 볼 수 있기에 오히려 잘 된 일이었다고 생각합니다. 나는 소 타케유키씨의 시에 끌리면서도 그를 변호할 생각은 털끝 만큼도 없었습니다. 이 책에서도 분명해진 것처럼 그는 다른 사람의 변호를 필요로 할 것 같은 사람은 아니었습니다. 단지 사실이 어디에 있는지를 확인하는 것이 나의 일이었습니다.

한편, 일본여성사를 공부하는 동안 한국여성사가 내 눈에 들어오기 시작했습니다. 그리고 기억 저편에서부터 되살아난 것이 덕혜옹주였습니다. 마침 막부말·메이지 초기를 살아온 여성의 전기를 쓴 후였기 때문에 나는 근대여성사에 관심을 갖기 시작했습니다. 그때까지 근대사는 어렵다고 생각하고 있었는데, 근대야말로 현대를 살고 있는 우리들에게 중요한 의미를 가지고 있음을 뒤늦게나마 알게 된 것입니다. 그리고 근현대사에서도 이덕혜의 모습을 확실하게 그려내고 싶다는 생각에 빠졌습니다. 덕혜옹주의 생애를 찾아가면서 나는 한국과 일본의 근대사가 안고 있는 너무나 커다란 상극에 휘청거릴 것 같았습니다.

동시에 소 타케유키씨가 남긴 저작의 중요한 의미에 생각이 미치게 되었습니다. 시작품 가운데는 분명히 그의 진실한 생각이 감추어져 있었습니다. 한국에서 그에 대한 평가가 조금의 여지도 없이 냉엄하다는 것을 알게 될수록, 그가 왜 시 속에서 진실을 말할 수밖에 없었는지를 깨달았습니다.

한국 사람들이 만약 소 타케유키의 진실된 인간상을 알고, 그가 덕혜옹주를 위해 얼마나 고뇌했는지를 이해한다면, 그에 대한 터무니없는 오해와 증오도 반드시 사라질 것입니다. 그리고 덕혜옹주를 불행하게 만든 것이 무엇이었는지 우리는(일본인도 한국인도) 새삼 확인하게 될 것입니다.

특히 강조하고 싶은 것은, 우리 일본인이 그것에 눈을 감아버리는 것은 허용되서는 안된다고 생각합니다. 한국 사람들이 '일제'라고 부르는, 전쟁 전 일본의 어두운 권력기구의 정체를 확실하게 꿰뚫어보아야 합니다. 그렇게 했을 때만이 비로소 우리는 덕혜옹주의 비극을 이해했다고 말할 수 있을 테니까.

'일제'는 정말 멸망했을까요. 어쩌면 그것은 전쟁 후에도 집요하게 살아남아 우리 사회를 안에서부터 파들어가고 있는 것은 아닐까요? 덕혜옹주의 불행을(소 타케유키와 마사에의 불행도 포함하여) 다시 반복하지 않으려면, 일본의 현재 모습에 대한 엄격한 자기반성이 필요하다고 생각합니다. 그런 후에야 비로소 일본인은 한국인과 공통의 입장에 서서, 인간을 불행하게 만드는 것에 대해 함께 싸우는 것이 가능하게 되겠지요.

이덕혜와 소 타케유키를 연결시킨 것이 정치이고 사회이며 국가였다면, 그들을 찢어 놓은 것도 같은 힘이었습니다. 누구라도 살아가기 위해서는 어려움과 싸우고 인생을 개척하지 않으면 안 됩니다. 그러나 두 사람의 경우는 도대체 얼마나 큰 어려움을 겪었을까요?

오늘날 한국에는 왕제王制가 존재하지 않고, 일본에는 화족제도가 없습니다. 양쪽 모두가 인간은 평등한 존재라는 것을 알고 있습니다. 그러나 아직도 양국 사이에는 서로 응어리가 존재하고 있습니다. 그것을 풀어가기 위해서는 역사적 사실을 반복 검증해서 공통인식에 이르는 노력을 하는 수밖에 없습니다.

아마도 덕혜옹주의 삶은 오늘날에 와서 더욱 한국과 일본 사람들이 서로를 이해할 수 있는 열쇠를 하나 쥐고 있다고 말할 수 있을 것입니다.

붓을 놓기 전에 여행자였던 나의 기억을 감사하는 기분으로 조금만 더 언급하려고 합니다. 여름날 서울에서, 좌우도 분간 못할 정도로 아무것도 모르던 나를 안내해주신 분들은 성두현 · 임은희 · 한태한 · 임광혁 · 유주연씨 같은 젊은 사람들이었습니다. 성두현씨의 어머니 전금신씨 덕택에 나는 그 은사이신 석주선 선생님을 만나 뵐 수 있었습니다. 최문길씨의 편지, 또 남윤희씨가 준 편지도 마음 든든한 격려가 되었습니다.

도쿄에서는 소마 유키카相馬雪香 선생님이 전화로 나의 소박한 질문에 정중하게 대답해주셨습니다. 마지막에 "덕혜님이 상처받지 않도록 써주세요"라고 말씀하신 것은 잊을 수가 없습니다. 키무라 히로시木村博씨는 필자의 요청에 응하여 귀중한 《시덴詩田》을 보내주셨습니다. 전쟁이 끝나기 전 소 백작가에 대한 추억을 진심을 담아 말씀해주신 나카무라 쿠니에中村國枝씨의 이야기는 읽는 사람들의 마음에 꼭 남을 것입니다.

소 나카마사宗中正씨는 여러 가지로 너그러운 배려가 있었습니다.

대마도에서는 특히 쯔노에 토쿠로津江篤郎 선생님 부부의 따뜻한 도움이 있었습니다.

자료수집에서는, 서울 국립중앙도서관 · 단국대학교 석주선 기념민속박물관 · 조선일보사 조사부, 도쿄의 국립국회도서관 · 아시아 경제연구소(淸水씨) · 한국문화원(原田美佳씨), 그리고 나가사키 현립도서관의 여러 분께 신세를 졌습니다.

그리고 히라야마 집안의 칸지 백부 · 타카 백모 · 케이지씨, 카메타니 카츠코龜谷克子 백모, 그리고 내 어머니 · 죽은 언니 · 남편으로부터도 진심어린 협력을 얻은 것은 정말 다행이었습니다. 이름 밝히기를 꺼려하신 분들도 포함하여 도와주신 모든 분들께 충심으로 감사드립니다.

덕혜옹주 관련 연보

1863.12.	고종 즉위로 대원군 정권 성립
1873.12.	명성황후의 정권 장악
1875. 9.	강화도 사건
1876. 2.	조일수호조규(강화도 조약) 조인
1882. 7.	임오군란
1884.12.	갑신정변 일어남
1894	갑오농민전쟁 일어남. 청일전쟁 시작
1895.10. 8	서울 경복궁에서 명성황후 시해당함(을미사변)
1896. 2. 11	고종, 러시아 공사관으로 피난. 7월 독립협회 결성
1897.10. 12	국호를 대한제국, 연호를 광무光武라 함. 고종 황제 즉위
10. 20	이은 태어남. 어머니는 엄상궁
1898.11.	독립협회 해산
1904. 2. 8	러일전쟁 시작. 23일, 한일의정서 조인
8.	제1차 한일협약 체결
1905.11.	제2차 한일협약(을사보호조약) 체결
1906. 2. 1	일본의 한국통감부 개청. 초대통감 이토 히로부미
1907. 3.	이은을 위한 첫 번째 간택. 민갑완이 뽑힘
7.	헤이그 특사사건을 계기로 고종이 양위를 강요당함. 제3차 한일 협약
12. 5	황태자 이은, 이토 히로부미를 따라 일본으로 유학
1908. 2. 16	소 타케유키, 쿠로다 타케유키라는 이름으로 도쿄에서 태어남
1909.10. 26	안중근, 하얼빈 역에서 이토 히로부미 사살
1910. 8.	일본의 한국 병합. 조선총독부 설치
1911. 7.	엄비, 장티푸스로 사망

	10.	중국에서 신해혁명이 일어나 청나라 멸망
1912.	5. 25	이덕혜, 덕수궁에서 태어남
	7. 30	메이지 천황 사망
1914.	7.	제1차 세계대전 발발(~1918)
1916.	4.	덕혜를 위해 덕수궁 안의 즉조당에 유치원 개설
	8. 3	이은과 나시모토노미야 마사코의 약혼 발표
1917.	1.	쿠로다 카즈유키(쿠로다 타케유키의 친아버지) 사망
1917		러시아에서 2월혁명, 7월혁명
1918.	9.	쿠로다(소) 타케유키, 대마도로 옮겨 이즈하라소학교 5학년으로 전입
1919.	1. 21	고종 사망
	3. 1	3 · 1 독립운동이 일어남. 3일, 고종 국장
	4.	상하이에서 대한민국 임시정부 수립
	11.	이강 공, 상하이 탈출미수사건
1920.	봄	이덕혜, 어머니 양귀인과 함께 창덕궁 관물헌으로 옮김
	4.	쿠로다(소) 타케유키, 대마중학교에 입학
	4. 28	이은과 나시모토노미야 마사코의 결혼
1921.	4.	이덕혜, 히노데소학교 제2학년에 입학
	5.	'덕혜'라는 이름으로 정식으로 부르게 됨
1922.	4. 23	이은 부부가 아들 진을 데리고 조선으로 출발
	5. 8	진의 발병. 11일, 덕수궁 석조전에서 사망
1923.	1.	소 히사코(타케유키의 양어머니) 사망
	3.	소 시게모치(타케유키의 양아버지) 사망
	9. 1	관동대지진

10.	쿠로다 타케유키, 정식으로 소씨 문중을 계승하여 백작 소 타케유키가 됨
1925. 3.	소 타케유키, 대마중학교를 졸업하고 다시 도쿄로 올라감
3.	쿠로다 레이코(타케유키의 친어머니) 사망
3. 30	이덕혜, 도쿄 도착
4.	소 타케유키, 학습원 고등과 입학
4.	이덕혜, 여자학습원 본과 중기 2학년으로 편입
1926. 4. 25	조선왕조 제 27대 순종 사망. 6월 10일 국장
12. 25	다이쇼 천황 사망
1927. 4. 7	순종 1주기에 이덕혜는 이은 부처와 함께 경성을 향해 출발
5. 23	이은 부처의 유럽 방문
6.	소 타케유키의 시가 처음으로 《근대풍경近代風景》에 실림. 그 후 키타하라 하쿠슈에게 사사함
1928. 3.	소 타케유키, 학습원 고등과 졸업
4.	소 타케유키, 도쿄제국대학 문학부 영문과 입학
5.	덕혜옹주, 순종 2주기에 경성으로 돌아옴
1929. 5. 30	복녕당 양귀인 사망. 6월 5일 장례식
10.	세계대공황이 시작됨
1930. 3. 3	키오이쵸의 새 저택으로 이은 부부와 덕혜 이사함
	이 무렵 덕혜옹주의 신경쇠약 징후가 보이기 시작했으며, 여름 방학에는 이카호로 피서감
9.	가을에 학교가 시작되었으나 등교 거부. 밤에는 심한 불면증. 오이소 별장에서 정양을 했지만 조발성치매증이라는 진단이 내려짐
11.	초순에 이덕혜와 소 타케유키, 쿠죠 가문의 저택에서 첫 대면.
1931. 3.	이덕혜, 여자학습원 본과 졸업
	소 타케유키, 도쿄대학 영문과 졸업
4. 8	약혼 예물의 교환

5. 8	이덕혜와 소 타케유키의 결혼식 거행
9. 18	만주사변이 일어남
10. 5	이건 공과 히로하시 요시코의 결혼식에 이덕혜 · 소 타케유키 부부 참석
가을	소 백작가, 카미메구로로 이사
10. 30	이덕혜 · 소 타케유키 부부의 대마도 방문
1932. 5.	소 타케유키가 히로이케 치쿠로의 사사를 받으며 도덕연구 시작
8. 14	외동딸 소 마사에 탄생
1934. 4.	《대마민요집對馬民謠集》 간행
1935. 4.	소 타케유키, 도덕과학전공학교의 개설로 강사가 됨
5. 3	이우 공과 박찬주의 결혼식
1936. 2. 26	2 · 26 사건
4.	소 타케유키, 도쿄제국대학 대학원 입학(~39년 졸업)
1937. 7.	노구교사건으로 중일전쟁 시작. 12월 난징 대학살
1938. 6. 4	히로이케 치쿠로 사망
1939. 4.	소 마사에, 학습원 초등과 1학년에 입학
9.	독일의 폴란드 침입으로 유럽에서 제2차 세계대전 시작
1940. 8.	《조선일보》와 《동아일보》 폐간당함
11.	소 타케유키, 도덕과학전공학교의 강사를 그만둠
1941.12. 8	하와이 진주만 공격에 따라 태평양전쟁 시작
4. 18	도쿄에 첫 공습
여름	소 타케유키, 마사에를 데리고 등산
1944. 4.	소 타케유키, 내각정보국 사무촉탁(주임)
8. 23	마사에, 여자학습원의 피난학교를 따라 시오바라로 피난감
1945. 3. 10	도쿄 대공습
7.	소 타케유키, 소집을 받고 육군독립 제37대대에 입대
8. 6	히로시마에 원자폭탄 투하, 이우 공이 폭탄에 맞아 사망

8. 9	나가사키에 원자폭탄이 투하됨
8. 15	일본, 포츠담 선언을 수락하고 무조건 항복
11. 19	마사에, 피난학교였던 시오바라에서 도쿄로 돌아옴
1946. 2.	소 타케유키, 연합국 군최고사령부총본영민간정보부교육국 고문이 됨
4.	소 타케유키, 도덕과학전공학교 후신인 동아전문학교 교수가 됨
6.	소 타케유키, 귀족원 의원에 선임됨
11. 3	일본국헌법 공포
가을	이 무렵 덕혜가 마츠자와병원에 입원하였으며, 소 백작가가 시타 메구로로 이사한 것 아닐까?
1947. 5. 3	일본국헌법 시행
10. 14	이은 부부는 왕공가규범에서 벗어나 〈외국인등록령〉에 따라 등록하고, 구역소에 신고를 마침
1950. 1.	김을한이 처음으로 이왕가를 방문. 마츠자와병원으로 덕혜를 찾아감
3.	소 타케유키, 히로이케학원에서 레이타쿠 단기대학교수가 됨
6. 25	한국전쟁(6·25)이 시작됨
1951. 5. 17	테이메이 황태후 사망(66세)
1952. 4.	이은 부부, 덴엔죠후로 이사
1953. 7.	판문점에서 휴전협정 조인
1955. 6.	덕혜와 소 타케유키 이혼, 덕혜는 호적상 양덕혜가 됨
가을	이 무렵 소 마사에, 스즈키 씨와 결혼(宗姓을 사용)
	타케유키는 재혼하여 곧바로 카시와로 집을 옮김
1956. 4.	소 타케유키의 첫시집《해향海鄉》출판. 6월에 출판기념회
8. 26	소 마사에, 행방불명
1959. 4.	소 타케유키, 레이타쿠 대학의 신설을 계기로 교수가 됨
1960. 4.	이승만 대통령 퇴진
1961. 5. 16	박정희, 군사 쿠테타로 국가재건최고회의 의장이 됨

1962. 1. 26	덕혜 옹주, 하네다에서 특별기편으로 고국에 돌아옴. 서울대학병원에 입원
1963.11. 22	이은 부부, 하네다에서 특별기로 한국에 돌아옴
1965. 6.	한일조약 체결
1966. 2. 3	윤대비 사망
1968. 가을	덕혜옹주, 창덕궁 낙선재에서 수강재로 옮김
1970. 5. 1	이은 사망(만 72세)
1978. 6.	소 타케유키의 두 번째 시집 《빛방울日の雫》 간행
1985. 4. 22	소 타케유키, 사망(만 77세)
1989. 4. 21	덕혜옹주, 낙선재에서 사망(만 76세)

주요 참고문헌

한국편

- 《조선왕조실록》, 탐구당, 1979
- 김용숙, 《조선왕조 궁중풍속 연구》, 일지사, 1987
- 석주선, 《한국복식사》 正·續, 보진재, 1971·1982
- 이만열, 《한국사연표》, 역민사, 1985
- 이경재, 《서울정도 600년》 1~4, 서울신문사, 1993
- 김을한, 《인간 영친왕》, 탐구당, 1981
- 김을한, 《무명기자의 수기》, 탐구당, 1984
- 민갑완, 《백년한》, 문선각, 1962
- 이방자, 《지나온 세월》, 여원사, 1956
- 김영상, 《서울육백년》, 대학당, 1994
- 《조선일보》, 1920년 3월~
- 《조선일보항일기사 색인 1920~1940》, 조선일보사, 1986
- 《동아일보》, 1920년 4월~
- 《동아일보색인》 1~10(1920~62년), 동아일보사, 1982
- 한국여성사편찬위원회 편, 《한국여성사》, 이화여자대학교출판부, 1972

- 한국여성사편찬위원회 편, 《한국여성사 부록》, 이화여자대학교출판부, 1972
- 김순일 글 · 김종섭 사진, 《덕수궁》, 대원사, 1991
- 장순용 글 · 김종섭 사진, 《창덕궁》, 대원사, 1990
- 조풍연 해설, 《조선시대》正 · 續(사진집), 서문당, 1987
- 이규헌 해설, 《독립운동》 상 · 하(사진집), 서문당, 1987

일본편

- 李方子, 《流れのままに》, 啓佑社, 1984
- 海野福壽, 《韓國倂合》, 岩波新書, 1995
- 武田幸男 · 宮嶋博史 · 馬淵貞利, 《朝鮮》, 朝日新聞社, 1993
- 姜在彦, 《日本による朝鮮支配の40年》, 朝日文庫, 1992
- F · A · マッケンジー, 渡邊學訳注, 《朝鮮の悲劇》, 平凡社東洋文庫, 1972
- H · G · ハルバード, 岡田丈夫 訳, 《朝鮮滅亡》上, 太平出版社, 1973
- 朴殷植, 姜德相訳 注, 《朝鮮独立運動の血史》1 · 2, 平凡社東洋文庫, 1972

- 權藤四郎介, 《李王宮秘史》, 朝鮮新聞社, 1926
- 本田節子, 《朝鮮王朝最後の皇太子妃》, 文藝春秋, 1988 ; 文春文庫, 1991
- 相馬雪香, 《心に懸ける橋》, 世論時報社, 1987
- トク・ベルツ 編, 菅沼龍太郎 訳, 《ベルツの日記》, 岩波文庫, 1952
- G. シュヴィング, 小川信男・船渡川佐知子訳, 《精神病者の魂への道》, みすず書房, 1966
- 宮本忠雄, 《精神分裂病の世界》, 紀伊國屋書店, 1977
- 《こころの科學》第60号 〔特別企画 分裂病の現在〕, 日本評論社, 1995. 3
- 石川信義, 《心病める人たち》, 岩波新書, 1990
- 山下格・菊川寛, 《女性の精神障害》, 診療新社, 1984
- 《高村光太郎》日本詩人全集 9, 新潮社, 1966
- 宗武志, 《春庭樂》, 廣池學園事業部, 1978
- 宗武志, 《海鄉》, 第二書房, 1956
- 宗武志, 《日の雫》, 沙羅詩社, 1978
- 宗武志, 《ＳＥＡ－ＬＡＮＤ》, 麗澤大學出版部, 1978
- 《詩田》 1～36号, 宗武志先生追悼号, 1975～1985
- 宗武志 編著, 《對馬民謠集》, 第一書房, 1934
- 《黑潮》, 宗武志歌集, 1985
- 田中駿平, 《宗武志教授略譜》, 1978
- 滿井錄郎 監修, 《創立七十周年記念誌》, 長崎縣立對馬高等學校, 1976
- 土田千代田 編, 《背振嶺》, 土田恒 遺歌集, 葦書房, 1984
- 《增訂對馬島誌》, 名著出版, 1973 復刻版

· 小田部雄次,《梨本宮伊都子妃の日記》, 小學館, 1991

·《平山爲太郎日記》, 未刊

· 學習院史編纂委員會,《學習院百年史 第一～第三編》, 學習院, 1980～1987

· 倉田憲司・武田祐吉 校注,《古事記　祝詞》, 岩波書店, 1958

· 西宮一民 校注,《古事記》, 新潮社, 1979

· 加藤シズエ,《ある女性政治家の半生》, PHP 研究所, 1981

· 角田房子,《閔妃暗殺》, 新潮社, 1988

· 洪思重,《韓國人の美意識》, 三修社(文庫), 1986

· 金兩基 監修,《韓國》, 新潮社, 1993

대한제국 마지막 황녀 덕혜옹주

1판 1쇄 2008년 5월 10일
1판 5쇄 2010년 3월 16일

지은이 ㅣ 혼마 야스코
옮긴이 ㅣ 이　훈
펴낸이 ㅣ 주혜숙
펴낸곳 ㅣ 역사공간
　　　　　서울시 마포구 서교동 463-31 플러스빌딩 5층
　　　　　전화: 725-8806~7
　　　　　팩스: 725-8801
　　　　　등록 2003년 7월 22일 제6-510호

ISBN 978-89-90848-40-6   03900

가격 14,800원